舞台芸術入門

ギリシア悲劇、伝統芸能から現代劇まで

渡邊守章

角川文庫
24600

はじめに

東京だけで、年間に上演される作品が三〇〇〇本に迫ると言われてすでにかなりの時間が経《た》つ。三〇〇〇回ではなくて、興行件数である(ぴあ総合研究所の一九九三年「首都圏文化イベント供給市場」調査)。それは演劇の東京一極集中のしるしとして非難される場合にも、また、それほどの数の舞台をプロの劇評家といえども全部は見られるはずはないのだからと、演劇批評の側で、舞台を見ないことの口実にも使われる。銘々勝手でよいのだという状況。言うまでもなく、それは演劇なり舞台芸術が市民の一人一人に身近なものとなっていることを全く意味しないし、演劇なり舞台芸術について広く共有され、世界で通用するような知見や経験は、相変わらず不在である。

たとえば放送大学の面接授業などで、舞台を見るか、見る場合はどのような舞台か、といったアンケートをしても、そこから浮かび上がってくるのは、舞台芸術とか演劇といったものに接する機会そのものが極めて少ないことの告白であり、伝統芸能、特に歌舞伎を見に行く習慣のある人を除くと、そもそも劇場という空間に足を運んだことのない人が多い。そこには、切符が手に入らないとか、情報がないとか、劇場までの時間が掛かりすぎるといった、それなりに根拠がないわけでもない理由が挙げられているが、こうした理由自体、しばしば通念の繰り返しである。確かなことは、作る側だけというよりは、観客の側における極端な縦割り構造であり、共通の話題となるような舞台がないか、あっても極めて少なく、それとて国際的にみれば、現代日本の「井の中の蛙《かわず》」的な視座を超えることはまずない。

　現在の日本のマスコミのように強大な権力を握っても、文化や特に芸能などとなると、公的な基準が曖昧であるから、担当の新聞記者が流す演劇情報は、一見総花的・客観的に見えて、実は極めて偏っていて、それに対する批判もまず起きない。演劇の公《おおやけ》性の欠如は、マスコミが公性を欠けば、更に助長されるだろう。これはどこの国にもある業界の癒着だろう、などと言ってすませる問題とはレベルが違う。

　文化現象としても、この国では、演劇や舞台が、市民の知的な会話の話題となることが極めて少ない。それが欧米諸国と比べて異常なことだとは、駐在員にせよ留学生にせよ、劇場のある町に長期滞在した者なら、誰でも気づくことであり、事実そのような日本の文化的貧困についての批判も、思い出したように聞かれないわけではない。

　そこには、この国の近代化＝西洋化の歴史の内部で、演劇が被った不可思議な排除の体験が根強く関わっていると思われる。強調してし過ぎることはないと思われるが、中学・高校の教育はいうに及ばず、大学でも演劇科を置いているところは極めて限られている。平成六年次には七大学のみのはずだ。そればかりではなく、いわゆる一般教養のカリキュラムでも、あるいは専門課程の内部でも、演劇や舞台芸術に関する講義や演習を出している大学は少ない。あったとしても、多くの場合それは、文学の肩身の狭い一分野か、美学の隅にお義理のように並べられているかであって、グローバルに演劇の問題を考えるような授業にはなっていない。

何も西洋的な記憶だけが意味のある記憶だなどと言っているのではない。日本の伝統芸能についての知見や経験も、ヨーロッパ近代の劇場芸術についてのそれとさして違わない程度に乏しいのではないか。しかし、多くの文化において演劇は、極めて重要な価値創造の営為であったことを考え併せれば、人類の文化についての記憶の内部で、演劇や舞台芸術の記憶だけがすっぽり欠落しているのは、文化や芸術を、そして一般に人間を考える場合に、かなり異常な事態だと言わなければならない。

演劇の公性と言った。演劇もすべての美的な価値にかかわる体験と同様、「好きなものは好き、嫌いなものは嫌い」という私《わたくし》的な「初心」はそれなりに大事である。ただ、教育や研究という場では、そういう私性に閉じこもりがちな体験を、他者と共有できるような経験に転換する必要がある。これは、日本の文化と諸外国の文化との関係についても言えることだ。特に、演劇がその根本において、他者によって成り立つ創造行為であることを考えれば、世阿弥が説いた「離見《りけん》の見《けん》」は、演劇を考える際にも基本的な態度となるべきだろう。

国際化であるとか、発信型の文化交流だとか声高な掛け声は聞かれるが、それがどこまで市民の実感に響くものなのか。やはり根底に「文化は市民の一人一人の権利」だと考える意識がなければなるまい。そしてその意識が単なる仲間うちの「私性《わたくしせい》」の肥大したものではなく、現代の世界の中で他者に向かい合い得る積極的なものにならなければ、税金に頼る助成金のばらまきも、真に芸術的な創造行為には繋《つな》がらないだろう。

いささか挑発的な書き出しとなったが、要は体験のレベルでも言説のレベルでも、舞台創造について共有できるような〈場〉を作り出すことである。ヨーロッパ語で「場」を意味する「トピック」は、そのまま「話題」でもあるから、せめて「話題」つまり言説の場で、共有できる思考と体験を増やしていきたいと思う。

演劇といっても舞台芸術と呼んでも、それが内包している領域は極めて広く、またアプローチの仕方によってさまざまに異なる多様な局面が現れてくる。ここでは、そのすべてを網羅的に扱うことなどできるわけはないのだが、少なくとも次のことは心掛けようと思う。

すなわち、演劇を中心とした舞台芸術の最も基本的で重要な特徴を取り上げ、それをできるだけグローバルな視点から考えてみる。

どのような社会でも、演劇あるいは舞台芸術の歴史は古いから、歴史的な視野は不可欠である。しかし、単なる演劇史の概説をするのではなく、現代の問題意識に照らして歴史的な記憶を読み直してみる。

「現代の問題意識」と言った意味は、あくまでも「生きた表現」としての舞台芸術を考えることである。同時にまた、一時の「流行《はや》り廃り」にばかり目を奪われるのではなく、そこに立ち現れる問題が普遍的な「問題形成」に展開できる類のものであるかどうかを検証する、批判精神を前提としている。

近年とみに、欧米の文化の輸入に専心した近代化の作業の反動として、欧米にはもはや学ぶべきものはないといった短絡思考があるが、この国の近代化の内部で、その歪《ゆが》みも含めて、西洋世界の経験とその記憶は、無視することはできない。批判するにせよ、相手を知った上でなければならないのは当然であろう。特に、国際的に体験や情報の交流が進むなかでは、単に欧米の例だけを切り離して論じるのでもなく、また日本で行われていることだけを問題の対象とするのでもなく、国際的な視野で、舞台芸術の多様性とその豊かな可能性を考えてみたいと思う。

先に述べたように、この国では、明治以来の教育体制の内部で、演劇についての教育は、中等教育レベルでも高等教育レベルでも、全くと言ってよいほど無視され、排除されてきた。これは諸外国に比べても異常な事態だが、それを少しでも改め、舞台芸術を、そして舞台芸術について考え・語ることを、少しでも市民にとって身近なものとしたい。地方自治体などに数多く建設されている芸術ホールを始め、舞台創造の現場に携わる人たちにとっても、少しは役に立つよう努力したつもりである。

私は、演劇の研究者であり戯曲の翻訳者であると同時に、プロの現場で演出に携わっている。したがって、対象の選択も、それへのアプローチ・切り口も、単純に客観的なものではありえない。舞台創造の現場に関わっている研究者が、自分の問題意識に従って選びだした「トピックス」を、できるだけ有効性の高い「問題のパラダイム」へと転換していく問題形成の作業だと言うべきだろう。

最後に、この本の作成に協力して下さった多くの方々に深い感謝の意を表したい。

一九九六年一月

渡邊守《もり》章《あき》

目次

第1章　演劇　この多様なるもの

1　「舞台芸術」と「演劇」

本書のタイトルとなっている「舞台芸術」と「演劇」とはどう違うのか。結論を先に言ってしまえば、ほぼ同じ対象を指しているのだが、やはり説明は必要だろう。

「舞台芸術」は、ほぼ英語の"performing arts"に当たる。ケネディー大統領の時代に、芸術に対する助成のありかたを答申した古典的名著に、ウィリアム・J・ボウモルとウィリアム・G・ボウエンの二人の経済学者が書いた『舞台芸術——芸術と経済のジレンマ』があり、京都大学の池上惇教授と訳したが、その時にも、表題にある"performing arts"の訳語が問題であった。「実演芸術」とでもするのが一番当たっているが、これは耳馴《みみな》れない言葉である。しかも、ここではオーケストラの演奏会や歌手のリサイタルが含まれると同時に、テレビ・ラジオ、映画などの媒体を使うものは含まれていない。結局、日本語としては「舞台芸術」が分かりやすいので、これを取ったが、通常の劇場やステージで演ずるものには限らないという前提のもとである。

「演劇」のほうは、その歴史がもう少し長いだけに、議論は複雑である。

「演劇」という、中国語起源の単語が日本で使われるようになったのは明治以降だが、それはヨーロッパ語の訳語としてであった。この単語自体は、すでに江戸末期の式亭《しきてい》三馬《さんば》の『客者評判記《きやくしやひようばんき》』に出てきていて、「きょうげん」と仮名をふっている。要するに歌舞伎のことである。明治維新後の文献としては、一八七〇年（明治三年）刊行の『西国立志編《さいこくりつしへん》』のB・リットンの伝に、「屢々宴会に赴き、演劇を楽しみ」という記述があり、次いで公文書としては、二年後の一八七二年に、教部省の布告に用いられるのが最初だとされる。

『西国立志編』の「演劇」は、一般に劇場芸術としての演劇を指しているが、教部省の布告が前提としているのは、式亭三馬の場合と同じく、歌舞伎であり、教部省の布告を受けた明治の「演劇改良運動」の対象も歌舞伎であった。一八八六年八月に創設される「演劇改良会」、翌八七年四月に時の外務大臣井上馨《かおる》の邸で催された「天覧歌舞伎」といった、歌舞伎の「近代化」の企てが、そのまま演劇のそれであったのは、当時、欧米諸国で劇場芸術として通用していたものに見合うジャンルとしては歌舞伎しかなかったからである。事実、明治時代には「演劇」に「しばい」というルビがふられることも多かった。能・狂言は江戸幕府の「式楽」としての過去を担っていたし、劇場芸術としての創造力は失われて久しかった。それに明治政府は、徳川政権が室町以来の代表的な芸能である猿楽の能を式楽としたように、自分たちの公式の舞台表現を必要としてもいた。幕末以来、欧米に派遣された使節団は、多かれ少なかれ彼《か》の地の劇場芸術に接してきたのだから、近代社会における劇場芸術の公式性には気づいていた。

この「演劇」という言葉は、ヨーロッパ語の訳語として持ち出されたものだと言った。それは英語の“theatre《シアター》”、フランス語の“théâtre《テアートル》”、ドイツ語の“Theater《テアター》”であり、これらの単語の語源はギリシア語の“theatron《テアトロン》”である。「テアトロン」は「見る」という動詞から派生した言葉で、元来「見物する場所」「見物席」を意味し、部分で全体を表す意味の転換によって、「劇場」を、更には「劇場で演じられるもの」、つまり「劇場芸術」、「演劇」を指すこととなった。それは、日本で「芝居」という言葉が、元来は中世の延年舞曲で「芝生に居て見る場所」を指したものが、「演じられるもの」や、そのようにして「物を演じ・見せ・見る」という仕組み全体を指すようになった経過と軌を一にする。

もちろん、厳密に言えば、今挙げたヨーロッパ語の間でも、この言葉の意味の広がりは異なるのだが、ただ、ヨーロッパの演劇の歴史の特殊性から、それは「言葉の演劇」を指してオペラやバレエを指さないことが多く、後者の場合には、それと分かる限定辞をつけるのが普通であることは付け加えておいてよいだろう。

こうして、「舞台芸術」と「演劇」とは、意味的にほぼ重なりあうのだが、本書では、「舞台芸術」は音楽の演奏会などを含まないという点でその意味を狭め、また「演劇」はオペラやバレエ、あるいは民俗芸能なども含み得るという点で、意味を広げて用いることとする。

2　さまざまな演劇

ところで、「舞台芸術」といい「演劇」といい、その指し示す対象は極めて広く、そこにはさまざまに多様な表現が含まれている。現在、日本で見られる舞台を幾つか拾い上げてその多様性を見てみよう。もちろん、これですべてが尽くされている訳ではないが。

まず、日本の現代劇。一九六〇年半ばまでは、日本で「現代劇」と言えば「新劇」のことだったが、六〇年代末から出現したいわゆる「アングラ演劇」（アンダーグラウンド・シアター（地下演劇）を略した呼び名）以降、西洋近代劇をモデルにした新劇が批判されて、現代劇即新劇ではなくなり、「小劇場」という呼び名で括《くく》られるジャンルが生まれている。しかし、この両者の境界は必ずしも明確ではないから、ここでは新劇を現代劇ではないとする立場は取らないでおく。因《ちな》みに、新劇のレパートリーには、いわゆる「創作劇」と「翻訳劇」があったが、「翻訳劇」の演じ方も、「赤毛物」と言われたような欧米の舞台のコピーという形は、一部の商業演劇を除けばなくなっている。

三島由紀夫作『サド侯爵夫人』は、主題・設定は一八世紀フランスだが、純然たる創作劇である。一九六五年にNLTにより初演され、以後坂東玉三郎の演じた舞台もあった。一九九五年初頭に発表された日本の「国際演劇批評家協会」の「戦後50年の戯曲についてのアンケート」で、ベスト・ワンに挙げられた作品である。同年、ルクセンブルグの「欧州文化首都フェスティヴァル」に、私の演出したヴァージョンが招かれたので、あわせてパリのアテネ・ルイ・ジューヴェ座（かつての名優ルイ・ジューヴェの拠点劇場だった所）、フランス語圏ベルギーの大学都市ルーヴァン＝ラ＝ヌーヴのジャン・ヴィラール劇場、イギリスのロイヤル・シェ

図1-1　『サド侯爵夫人』（三島由紀夫・作）
サド侯爵夫人：剣幸、モントルイユ夫人：峰さを理
（吹田市文化会館メイシアター、1996年）

イクスピア・カンパニーの拠点ストラットフォード・アポン・エイヴォンの「ジ・アザー・プレイス」を巡演し、帰国後埼玉県与野本町《よのほんまち》の彩の国さいたま芸術劇場で凱旋《がいせん》公演をした（図1－1、配役はルネに大輝《だいき》ゆう、モントルイユ夫人に峰さを理）。因みにこの三島作品は、フランスの作家ピエール・ド・マンディアルグの優れた翻訳によって、フランス語圏での上演も盛んであり、パリではすでに二つの演出があったが、日本人による日本語ヴァージョンの公演は初めてであった。三島は、フランス古典主義悲劇の代表的な作家ジャン・ラシーヌの悲劇『ブリタニキュス』の上演台本を作ったこともあり、それに倣って、劇の力関係の幾何学的なまでに精緻な構造と、硬質な台詞《せりふ》によって成立する戯曲を書くことに成功しているが、日本の近代劇つまり新劇の主流が、一九世紀末からの自然主義演劇をモデルにして発展してきたことを考えると、『サド侯爵夫人』は例外的な傑作だと言える。

しかしこのような現代劇に対して、日本には伝統演劇があり、しかも歴史的に起源の異なる複数の表現形式が併存している。

歴史的に新しいものから遡ると、まず歌舞伎がある。一七世紀に成立し、一八世紀から一九世紀前半にかけて発展した町人階級の舞台芸術である。図1－2は、歌舞伎十八番の内『助六由縁江戸桜《すけろくゆかりのえどざくら》』。「曽我兄弟の仇討《あだう》ち」の物語を江戸時代の遊廓《ゆうかく》の風俗にもどいた作品で、曽我五郎は「男立て」の花川戸助六に身をやつしている。その愛人である吉原の花魁《おいらん》揚巻とともに、「かぶき者」と「遊女」という、成立期の歌舞伎の原型的登場人物とも言うべき形象である（揚巻は中村歌右衛門）。

一方、一七世紀に歌舞伎と平行して成立し、一八世紀前半には、歌舞伎を凌駕《りょうが》して栄えた人形浄瑠璃がある。糸操りと手遣いを組み合わせた精緻な人形とそれを遣う三人の人形遣い、劇の言語的・音楽的な生命をそこに吹き込む太夫《たゆう》と三味線、これら複数の表現様態が舞台上に並列されて技を競いつつ、一体となってダイナミックな劇を出現させる。世界に類のないこの人形劇は、人形のテクノロジーの発達に先んじて、近松門左衛門という劇作家と、竹本義太夫という作曲家・演奏家によって、卓越した音楽劇の基盤を作っていた。

現在、文楽と呼ぶのは、明治初期の興行師の名前に因んだものである。近松門左衛門は、町人階級のドラマを描いて、それを悲劇の密度にまで高めた劇作家として、世界的にも評価され始めている。図1－3は近松門左衛門作の心中物

図1-2　歌舞伎『助六由縁江戸桜』
揚巻：六世中村歌右衛門

図1-3　人形浄瑠璃文楽『曽根崎心中』
お初：三世吉田簑助、徳兵衛：四世豊松清十郎
協力：人形浄瑠璃文楽座　図版提供：放送大学

『曽根崎心中』「天満屋の場」（人形は吉田簑助《みのすけ》のお初と豊松清十郎の徳兵衛）。

これら江戸時代の舞台芸術に先立つものとしては、能と狂言があった。一四世紀から一五世紀にかけて成立した総合的な舞台芸術のジャンルで、創成期から、高貴で深刻な表現である能と、その「もどき」である狂言とが交互に上演された。特にその能の部分は、観阿弥・世阿弥父子《おやこ》による都市型芸能としての洗練の成果によって、同時代の代表的な芸能の地位を確立した。当時は「猿楽」と呼ばれており、「田楽」と共に、足利将軍家の支援のもと、成功を競ったが、やがて田楽は猿楽の能の隆盛に押されて、民俗芸能として形を残すだけとなる。室町時代には、上は上皇・将軍・摂関家から下は一般庶民に至るまで、すべての社会階層の熱狂する舞台芸術であったが、江戸時代になると、徳川幕府の「式楽」として武家階級の独占物となり、演劇としての創造的なエネルギーは失われた。もっとも、これによって能・狂言が日本人の演劇的な想像力の場から全く後退した訳ではない。将軍家が江戸の町人階級のために毎年開催する「町入能《まちいりのう》」はあったし、特に「稽古事」として能の「謡《うたい》」の習得と、やや遅れて「仕舞」のそれも、町人階級の教養の一部をなすに至った。稽古事の普及によって、世阿弥系の文章も節付けも優れた作品は、かえって重要な位置を占めるに至ったとも考えられる。

能・狂言は、明治維新とともにその庇護《ひご》者を失い、大きな危機に直面する。しかし、技芸の上でも創造力の点でも優れた名人が輩出し、新しい知識階級などに支持者を見いだして、大正・昭和と、近代社会における「古典芸能」の地位を確立する。「能楽」という言葉が、能・狂言を指すものとして定着するのもこの時期である。第二次大戦後は、観世《かんぜ》寿夫《ひさお》らの新しい世代が、積極的に他の演劇や芸術ジャンルと交流をはかり、また世阿弥の伝書読解も創造の現場で共有されるなどして、能・狂言のルネッサンスと呼べる時期を画した。図1－4は、世阿弥作の複式夢幻能の代表的傑作『井筒』で、観世寿夫のシテ。在原

図1-4　能『井筒』
シテ：観世寿夫
（撮影：吉越立雄）

業平の妻の亡霊が、在原寺を訪れた諸国一見の僧の夢に、亡き夫の装束を着けて現れ、愛する男の霊が乗り移ったようにして「男姿」で舞を舞い、井戸の底に映る影に業平の姿を見て惑乱するという、官能的な美的両性具有のイメージである。

日本固有の舞台表現としては、猿楽と田楽は最初に構造的システムを確立したジャンルであった。もちろんその同時代にも、あるいはその先行形態としても、多くの芸能はあったが、その中で、田楽と猿楽の隆盛にもかかわらず生き延びた芸能がある。雅楽であり、その舞の部分を舞楽と呼ぶ。

「雅楽」とは本来儒教の典礼楽を指す言葉だが、日本に八世紀の半ば、主として唐から輸入されたのは「世俗的典礼楽」であり、そこには朝鮮半島の音楽から、遠くは現在のインドシナ半島の曲まで含まれていた。一〇世紀に日本的な感覚によって整備され、一方では寺社の典礼楽として、他方では平安貴族の楽しみである宮廷舞踊として発達した。外国起源の曲には歌がなく、ポリフォニックな器楽演奏で舞うのだが、日本が知った最初の組織立った音楽と舞であった。舞には「文ノ舞」「武ノ舞」「童舞」「走物《はしりもの》」の四種類があり、「走物」は多少とも「物語」を持つが、他は抽象的な群舞である。図1‐5は、大阪四天王寺の舞楽『迦陵頻《かりょうびん》』（童舞）である。

以上の例からも想像がつくように、日本の演劇史の特徴は、新しいものが必ずしも古いものを駆逐しないという点にある。歴史的に起源の異なる舞台表現が、そのまま

図1-5　『迦陵頻』の衣装
高島千春、北爪有郷『舞楽図』左（芸艸堂、1905年）より
（国立国会図書館デジタルコレクション所蔵）

では言えないにもせよ、現実に伝承されて現代に残っている。あたかも露呈した地層のように、記憶の古層が読めるのだと言ってもよい。これは加藤周一氏が説かれるように、一般に日本文化の歴史的な特徴にも通ずるものだが、たとえばヨーロッパなら、中世の聖史劇のようなものは、完全に書物的な知識になってしまっていて、劇場の体験として共有できるものは、一六世紀末から一七世紀以降の表現だと言って間違いはない。古代ギリシアの傑作の幾つかは、確かにテクストとしては

伝承されたが、演劇として生きた姿で伝えられたわけではない。ルネッサンスの発明であるバレエやオペラの場合にしても、二〇世紀の観客が普通に共有しているものは、バレエなら一九世紀三〇年代のロマン派バレエ以降、オペラも一八世紀末からの形態である。

アジアの伝統芸能には、植民地時代の復活上演も多いことを考えると、日本の場合は確かに「演劇の記憶」が極めて豊かだと言える。しかしそれが、一見連綿と継続しているかの印象を与えるだけに、実は伝承と創造との関係についての意識が、多くの韜晦《とうかい》に覆われる危険もあるのだ。

今、オペラとバレエというジャンルに触れたが、この二つは、西洋近代つまり一九世紀ヨーロッパが完成させた舞台表現の代表だと言ってもよい。日本は、特に八〇年代のバブルの恩恵もあって、世界中の優れたオペラとバレエを呼ぶことができたから――もちろんそのために個々人が支払うチケット代も世界に類を見ない高さになったが――この分野での知見や体験はかなり国際化したと言える。

一九世紀ヨーロッパを集約するような舞台表現としてオペラが見直されたのは、実はそれ程古いことではない。二〇世紀の後半、主として七〇年代からであり、言葉の演劇の優れた演出家が、指揮者との共同作業で、モーツァルトやヴェルディのオペラ、あるいはワーグナー楽劇の「読み直し」を企てるに至ってからである。

二〇世紀後半におけるオペラの大流行は、新作オペラのそれではないが、バレエは違う。現在我々が「クラシック・バレエ」と呼ぶものは、時代的に言えば「ロマン派バレエ」であり、その技法を「アカデミック・ダンス」と呼ぶ。一九世紀三〇年代から四〇年代にかけて、『ジゼル』や『ラ・シルフィード』といった「妖精の踊り」を主題とする幻想的なバレエが成功し、以後世紀末にかけて、チャイコフスキーの音楽、プチパとイワーノフ振付の『白鳥の湖』に至るまで、現在「バレエ」と言えば想《おも》い浮かべる表現様式と踊りの技法が確立した。しかし二〇世紀になると、ディアギレフの「ロシア・バレエ」におけるニジンスキーの出現など、新しい踊りの実験が繰り返される。特に第二次世界大戦後は、ヨーロッパでもアメリカでも、優れた前衛的な振付家が従来のバレエの技法も発想も覆すような舞台を作ってきた。その中でもモーリス・ベジャールは、踊りに本来的に託されていた神聖な機能を過激な官能性に繋げて、トータルな演劇としての

図1-6　『パ・ド・ドゥの芸術』
振付：モーリス・ベジャール
図版提供：放送大学

バレエを創造した振付家であり、現代の舞踊演劇の「古典」と言ってよい。図1－6はアテネのヘロデス・アティクス・オデイオン古代劇場での公演の抜粋で、音楽はデューク・エリントン、ガートルードでありオフィーリアである女性はキャサリン・ブラッドニー、ハムレットはイゴール・ピオヴァノが踊っている。

一九世紀の末に、すでに「未来の群衆的祝祭演劇」のモデルとしては、神話的楽劇とバレエが考えられると予言したのは詩人のステファーヌ・マラルメだったが、二〇世紀末のオペラとバレエの大流行は、その予言の有効性を思わせもする。オペラやバレエといったヨーロッパ起源のジャンルに対して、「歌」と「ダンス」が入る演劇と言えば、ブロードウェイで隆盛をみたミュージカルがあり、長い間その成功はアングロ・サクソン圏に限られていたが、今や国際的なレヴェルで評価されつつある。あるいは、一九五〇年代の「不条理劇」や一九六〇年代の「肉体の演劇」のような前衛劇、ハプニングや即興によるパフォーマンスという名の実験、また日本語がそのままジャンル名となった"Butô"〔舞踏＝暗黒舞踏〕など、現在我々が触れることのできる舞台表現はまだ数多くある。日本では更に、興行会社の営利事業として「商業演劇」の呼称で括られるジャンルがあるが、そこで演じられる舞台は、劇作術の上では近代劇の亜流に違いない。日本の伝統芸能の領分では、地域に残る民俗芸能の他にも、東京などの寄席の芸があり、特に落語は、座ったままの話劇として、世界に類のない洗練をとげた。また新しい風俗産業の地平で、時としてクラブなどのフロア・ショーが先端的な舞台を作ることもあるのは、パリを始め欧米の大都市に共通の現象でもある。
前衛的表現の中からは、ジャン・ジュネ作『女中たち』を挙げる。これは一九四七年にルイ・ジューヴェによって初演され、その時は成功せず、六〇年代になってようやくその真価が認められるようになった戯曲である。「奥様」の留守の間に、姉妹の女中が「奥様と女中ごっこ」をしている。奥様から受ける幻惑と奥様への憎悪を肥大して演じる「ごっこ芝居」で始まるのだが、最後は奥様毒殺の計画に失敗して、妹のクレールが「奥様」となって毒入りのお茶を飲んで死ぬ。一種の逆転した「生贄《いけにえ》の祭儀」である。

図1-7　『女中たち』（ジャン・ジュネ・作）
クレール：本木雅弘
（シアターXカイ、1995年）

一九九五年一〇月に、本木雅弘のクレール、青山良吉のソランジュ、大浦みずきの奥様で上演した。ジュネは「朗誦的な調子を手に入れる」ために、「演劇の上に演劇を立てる」企てだと説いているが、この時の演出では二人の女中役を男性が演じることで——しかも単なる女装ショーに陥ることを避けつつ——登場人物のアイデンティティーがイメージの強度として散乱していく劇を現前させる。本木雅弘は、これが演劇の初舞台であった。

3　演劇の多様な局面

ざっと眺めただけでも、現在の我々が見・聞きすることのできる舞台芸術の多様性は窺《うかが》えようし、これに民間芸能や東洋の伝統演劇を加えていけば、その拡《ひろ》がりは一層大きくなるだろう。「舞台芸術」と呼ぶにせよ「演劇」と名付けるにせよ、具体的には極めて相異なる、多様な芸術表現を相手にしなければならないのであり、その全体を捉えようとするならば、一種の「キマイラ」との格闘の感を受けるだろう。「キマイラ」とは、ギリシア神話において、頭が獅子《しし》、胴が山羊《やぎ》、尻尾が竜の「幻想獣」を指し、近代においても「現実には存在しえぬ物」の比喩として使われるが、そのような「怪物」として演劇は、現実に存在している。

ヨーロッパ演劇に比して、歌舞伎を特長づける整合性の欠如を「キマイラ」に譬《たと》えたのは坪内逍遙であったが、先に引いたフランスの詩人ステファーヌ・マラルメにとっては、演劇という営為そのものが、同時代の社会の中にぽっかりと開いた「キマイラの顎《おとがい》」なのであった。それは、今述べたように、演劇に多様なジャンルがあるからだけではない。演劇が、一見しても分かるように、俳優の演技や、美術、音楽、そして文学などの諸芸術の総合から成り立っており、しかもその関係が極めて複雑かつ曖昧であることに由来するのだ。

事実、演劇あるいは舞台芸術についての研究や分析、あるいは単なる批評ですらも、それらを困難にしているのは、同じ一つの舞台や上演を論じても、そこで論じられている対象が実はさまざまだからである。一九六〇年代に、構造主義のプログラムとして「記号学」の可能性が文化の多くの分野で検討され、演劇についても当然その議論が起きた時に、イタリアの哲学者で、日本でも後に『薔薇《ばら》の名前』で名高くなるウンベルト・エーコは、演劇の記号学の不可能性について、挑発的な論文を書いた。その理由は、演劇と一口に言っても、それを表す言葉は実は多様であり、しかもそれらの言葉によって意味されている内実が異なるから、分析の対象そのものが一定しないからであると。

始めにも挙げた単語で言えば、英語の「シアター」"theatre"は「劇場」と「そこで演じられるものの総体」を指しうるし、フランス語ならば、更に一作家の作品＝戯曲の全体をも指す。ただ、一般的には、ギリシア語源の記憶もあって、「見る物・見せる物」という意味の傾斜が強い。

英語の「ドラマ」"drama"は、起源はギリシア語の同じ単語「ドラーマ」で、「行為・行動」を表すから、英語ではそのまま演劇も指せるが、フランス語の〝drame〟〔ドラム〕では、一九世紀ロマン派以降の「深刻な劇作」――これは「正劇」という訳語があるが、定着はしていない――か、劇的な内容を指す（「内心の劇」と言うように）。

英語の「プレイ」〝play〟は戯曲や上演を意味するが、フランス語の〝jeu〟〔ジュー〕と同じく、含意としては「演戯性」や「虚構性」が見える。

英語の「ショー」〝show〟あるいはフランス語で「スペクタークル」〝spectacle〟と言えば、舞台上演の耳目を驚かす仕掛けや、美術・音楽などの効果を思い浮かべるし、始めに述べた「舞台芸術」も、フランス語で表せば〝art des spectacles〟〔アール・デ・スペクタークル〕となるだろう。

英語の「リプリゼンテイション」〝representation〟、フランス語の「ルプレザンタシオン」〝représentation〟は「舞台上演」の意味だが、その根底には、「役者が、自分自身ではない人物を、それになり代わって再現する」という、少々哲学的な「再現・代行・表象」という演技の構造がある。

最後に、近年日本でも乱用される「パフォーマンス」〝performance〟という言葉も、字面通りに取れば、「特殊な身体技の達成」が意味の内実である。

このように列挙すると、ひどく堅苦しい議論に聞こえるかも知れないが、体験的に

つくだろう。

も、劇場に足を運ぼうと思ったとき、その動機、つまり何を見に行くのかでも想像が真面目なと考えられる観劇態度からすると、まず「作品」があるだろう。ポスターやチラシという「宣材」（宣伝材料）を見て、あるいは書物や雑誌で戯曲を読んでいて、ということもあるかも知れない。

しかし「芝居好き」ともなれば、「役者」を見に行くのが選択の基準となることが決定的であろう。これは、歌舞伎やいわゆる商業演劇を律している動機だが、それが能・狂言ともなれば、作品名だけで見に行く舞台を選ぶことはあり得ない。東京の英字新聞などの案内を見て、外国人にこの能は見るべきかなどと聞かれても、返答ができないのは当然である。もっとも、商業演劇の「スター中心主義」と、伝統芸能の場合とを同一に論じるのは問題だが、しかしその区別を鮮明にするのが困難な場合もある。

ヨーロッパなら、演出を見に行くというのは、古典であれ新作であれ、動機の最も重要なファクターをなす。もちろん、演出家が育てたり、協力者として持っている俳優は重要であり、演出だけを見に行くというのは、一種の倒錯であるが、しかし伝統の牙城のように言われることもあるコメディ゠フランセーズでさえも、近年はポスターやチラシに作品名と演出家しか示さない場合もあるのだ。日本ではまだそこまでは行かないのが現状だが、それは演劇制作の内部での演出家の一般的な地位の低さと、そうなっても止《や》むを得ぬような才能の欠如も原因をなしている。それでも、演出家によって見る・見ないを決める観客は、新劇やそれ以降の舞台については存在するので、演出家が演劇製作の決め手となる場合もないわけではない。

最後に、劇場へ行くこと自体が楽しみだという動機もある。実は、これは観劇体験の質にも関わる重要な点で、服部幸雄氏が説くような「江戸時代の芝居見物」の興奮は望むべくもないとして、現在でも「初芝居」や「能の発会」、あるいは恋人と芝居でも見てその後で食事をするといった、日常生活の中での「ハレ」の時空を、劇場は提供しうるのだ。ワーグナー楽劇のための「バイロイト詣で」ともなれば、そこに参加する事自体がすでに一種の「信仰の業《わざ》」である。

ともあれ、舞台芸術なり演劇なりは、さまざまに多様な局面を持っているが、同時にそれらの総体として機能しているからこそ、その多様性も保証されているのだ。

4 演劇の四要素

さまざまな演劇、舞台芸術の多様な局面と言った。しかし、それらを通して、これがないと演劇でも舞台芸術でもなくなってしまうもの、つまりそれが成り立つために最小限必要な要素は何か。

常識的に考えても、まず〈演じる人〉がなければ演劇は成り立たないが、同時に、それを〈見る人〉が居なかったならば、舞台は成立しない。

ピーター・ブルックは現代イギリスの演出家で、シェイクスピアや前衛劇に画期的な演出を作った後、一九七〇年からはパリに本拠を置いて実験的な創造をしており、日本にも『カルメンの悲劇』や大叙事詩劇『マハバーラタ』などを持って来ている。そのブルックが、一九六八年に出した『なにもない空間』で、次のように語っている

――

どこでもいい、なにもない空間、それを裸の舞台と呼ぼう。そこを一人の人間が歩いて横切る、もう一人の人間がそれを見つめる。演劇行為が成り立つためには、これだけで足りるはずだ。

この一節は、演劇の始まりというものを極めて美しく語っていて、しばしば引用されるが、しかし、ブルックの命題には、実はすでに幾つかの暗黙の了解がある。「行動する者」は「見せる者」でもあり、しかもそのように「見せている事柄」と「それを見せる者」との間には、ある種の距離がある。虚偽ではないにしても、虚構であることを、「見る者」も暗黙の内に了解して見ている。こう書くと、ブルックの喚起す

る始原的であるが故に感動的な舞台のイメージを、殊更にルーチンへと引き下ろそうとする印象を与えるかも知れない。しかし、体験的に言っても、もしそこで「見せられている者」が「本当に餓《う》えた人間」であって、しかもそれを黙って「見ている人」がいたならば問題であろうし、逆に「飢えた演技」に対して「パンを差し出した」ならば、それは滑稽だろう。つまり、現実の時空の内部に、生身の人間の行為を通して、ある種の虚構的な時空が出現することが必要なのだ。これが演劇的幻想であり、この演劇に固有の幻想が成立するためには、それを共有する「演じる者」と「見る者」が不可欠なのである。

　この演劇に固有の「虚構性」の問題は、実は極めて本質的な問いなのであり、別の機会に詳しく論じなければならないだろう。

　いずれにせよ確かなことは、「演じる者」がいること、それを「見る者」がいることである。「演じる者」は「演者」とか「役者」「俳優」と呼び、「見る者」は「見物」あるいは「観客」と呼ぶ。しかし、「演じる者」は、そこで「演じる事柄」を持っていなければならない。例えば、一九六〇年代のある種の前衛的舞台では、役者が出て来て二〇分間、何もしないでじっと立っている、という手のパフォーマンスがあったが、しかしそこでは、まさに「何もしない」という行為をしているのである。

　この「演じられるもの」が戯曲という形を取るのは、演劇がある発展を遂げた後のことだし、それが書かれて残され、あるいは読まれるのは、更に後のことである。歌舞伎なども、初めは「口立て」の形を取っていた。しかしここでは便宜的に、「演じる行為」を「劇」と呼び、その「劇の作り」という意味で、「演じられるもの」を「劇作」、そのシステムを「劇作術」と呼んでおく。

以上述べてきたことに暗黙の前提となっているのは、「演じる者」と「見る者」を一つの空間あるいは場所に結び付けておく仕組みが必要だという点である。「演劇の場」という意味で「劇場」と呼んでおくが、それは常設の建造物を前提とするわけではない。しかし、町や村の広場であれ、貴族の邸《やしき》の広間であれ、あるいは教室のなかでも、そういう場所が設定できなければ、演劇行為が始まらないことは事実である。その意味で、「演じる者」「見る者」「演じられるもの」「演者と観客を一つに結ぶ空間＝劇場」が、演劇の四要素だと言える。

以上の考察からも分かるように、演劇とは、その根拠において、本質的に「社会的な」行為である。「演じる者」は「観客」という「他者」を前提にするだけではなく、現実の空間で目の前にいるその「他者」の視線に対して演じる。「見る側」も、そこにいる自分ではない生身の人間が、体と魂を晒《さら》して行っている事を、複数の他者とともに、公然と見なければならない。そして、このような「演じる行為／見る行為」が成立するのは、社会の現実の空間の直中《ただなか》においてである。秘密結社と背中合わせになりかねないこの営為――事実、秘密結社の側へとそのまま移行してしまう場合もあるのだが――を可能にする「劇場」という仕組みは、たとえそれが「悪場所」として囲い込まれた場合でも、原則として公の場所なのである。

今、江戸時代の歌舞伎を想定しながら、「悪場所として囲い込まれた場合」などと書いたが、すべての文化でこのような「劇場の囲い込み」が起きたわけではないし、一般に、これら四要素の具体的な内容もその相互関係も、時代や文化によって異なる。歴史的な研究と、比較・対照的な分析の作業が不可欠である所以《ゆえん》だが、まずは、今日の我々の記憶の中で、これら演劇の基本的な要素がどのような力線に貫かれているのか、それを大雑把にでも捉え返しておく必要があるだろう。

舞台芸術の「社会的な局面」に注目するために、まずは「劇場」についての記憶を掘り起こしてみる。

第2章　劇場の系譜

この章と次章で劇場の問題を扱うが、始めに建築としての劇場の系譜を大雑把に捉え、ついで、システムとしての劇場の分析を行う。その際、建築として残ったものだけが劇場でないことは言うまでもないから、見えない記憶を掘り起こす必要がある。システムとしての劇場にとってまず重要なのは、舞台と客席の関係だが、単に建物（ハード）としての劇場のみに気を取られて、そこで上演された作品がどういうものであったかを忘れると、舞台芸術論としては不十分な議論になるだろう。

1　ヨーロッパの記憶

劇場建築の歴史と言うと、必ず古代ギリシアの劇場から始める。それは劇場の遺構として地上に残された物として最も古いというだけではなく、少なくとも次の三つの点で正当化される。第一に、そこで上演された古代劇が、ルネッサンス以降の西洋世界の、演劇のみならず芸術文化一般にとってモデルとして機能したこと、第二に、そのようにして作り上げられた西洋型演劇は、世界の近代化の内部でやはり重要な作用を持っていたこと、第三に、何よりも、二〇世紀に建てられている劇場あるいはそれに類した建築物は、すべてこれら西洋型劇場の記憶をモデルにしていること、である。

現に、日本の劇場建築は、一九七〇年代に多く建てられて悪名の高かった「多目的ホール」式の文化会館型劇場にせよ、近年地方自治体に林立する豪華な専門ホールにせよ、すべて西洋型であり、しいて言えば能舞台が例外であるが、その能舞台にしても、西洋建築の内部に組み込まれた形で機能している。したがって、建築としての劇場を考えるためには、西洋世界の劇場の歴史を見ておくことは不可欠であり、その際、古代ギリシアから始めるのが、やはり筋道なのである。

西洋古代

古代ギリシアの劇場の記憶と言えば、やはりアテネのディオニュソス劇場から始めなくてはなるまい。

アクロポリスの丘の南側斜面を利用して作られた劇場で、紀元前五世紀にはここでディオニュソス神に捧《ささ》げる「大ディオニュシア祭」の演劇コンクールが催された。アイスキュロス、ソポクレース、エウリピデースなどの傑作が演じられた記念すべき場所である。

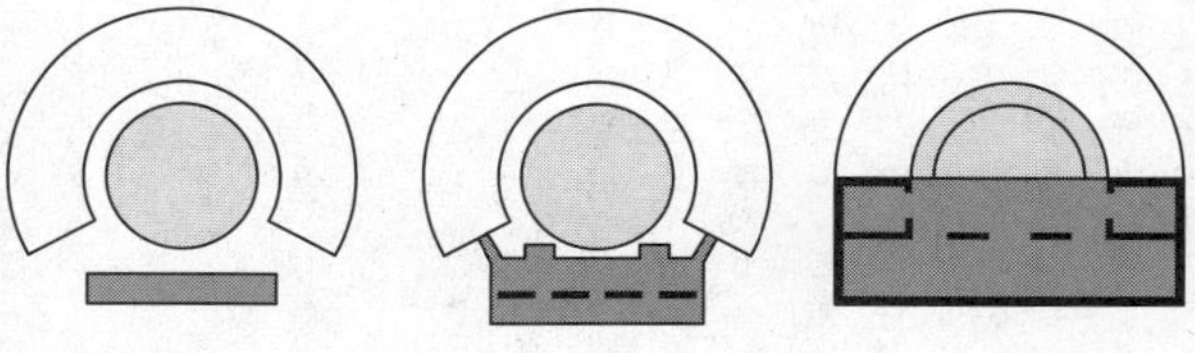

図2-1　古代劇場の変遷

ただし我々が目にする形は、紀元前四世紀にリュクルゴスにより改築されたものを、更にローマ時代に、皇帝ネロの時に現在の形に改造されたもので、オルケストラーが半円形になっている。

実は古典期ギリシアのままの形で残っている劇場はなく、最も古い形でも、後に見るエピダウロスのように、ヘレニズム時代の遺構である。古典期の形では、円形のオルケストラーがコロスの展開する場所として、舞台の主要な部分を占め、その中央にはディオニュソスのための祭壇（チュメレー）が設《しつら》えられている。

客席つまりテアトロンは、半円形より角度の深い扇形で――フランス語などでは「馬蹄《ばてい》形」と言うが――円形のオルケストラーを取り囲む形で階段状に、自然の斜面を利用して拡がっている。これも、創設期には木製のベンチだったものが、紀元前五世紀前半に崩壊するという事故があり、以後石のベンチになったという。また、始めはオルケストラーの位置も、現在の位置より一五メートル程南にあった。古典期には一万七〇〇〇人を収容したという。

客席から見てオルケストラーの背後には、スケーネーと呼ばれる壁が、初めは木造で設えられていて、その左右の端に作られた側壁と共に「コの字型」の壁が装置の一部をなしていた。このスケーネーの壁の前の空間がロゲイオンと呼ばれ、仮面を付けた人物が演技をする舞台となっていた（因みに、「オルケストラー」"orchēstra"はヨーロッパ語の「オーケストラ」の語源だが、フランスでは劇場の一階席（平土間）をオルケストルと呼ぶ。「スケーネー」"scēnē"はヨーロッパ語で「舞台」の意となる語である）。

この半円形劇場の特徴は、客席がコロスの演技場であるオルケストラーを取り囲む形（包囲型）で配されており、大ディオニュシア祭という都市国家を挙げての祝祭の空間として機能した点である。

アテネのアクロポリスの丘の西側の麓には、ヘロデス・アティクスのオディオン劇場があり、これは紀元二世紀のもので、ローマ型の半円形のオルケストラーに、すり鉢状のかなり急斜面の客席をもち、五〇〇〇人から六〇〇〇人を収容できる。現在では修復されて、アテネのフェスティヴァルに使われている。

古典期ギリシアの古代劇場は、ヘレニズム時代、ローマ時代に改築した形でしか残っていないが、比較的それに近いものがヘレニズム時代（紀元前三三〇年前後から前一世紀まで）のものだと言った。ペロポネソス半島の東海岸に近いエピダウロス、医学の神アスクレピオスの聖域として多くの巡礼者を集めたこの地の劇場（紀元前四世紀の建設）が、オルケストラーと客席に関しては最も完全な形で残っている。

オルケストラーは完全な円形で、直径二〇メートル、半円形の客席の直径は一一四メートル、一万四〇〇〇人を収容する。音響がよいので名高く、オルケストラーの中心で囁《ささや》いても聞こえるとされるが、実際には声が、中心にいて発語している者のところにビンビン返ってはくるが、客席にいて聞く者に伝わるためには、やはりそれなりの声を出さなければならない。

建築学上は、スケーネー部分が建築物として発展し、壁と開口部を持ち、スケーネー前（プロスケニオン）が高く広くなり、演技エリアとして重要になっていたと推定される。

アポローンの予言がギリシアを越えて広く古代世界で信じられたデルポイ（デルフィ）の遺跡も、古代劇場を備えている。そのアポロンの神殿はパルナソス山の麓にあり、神殿の後側に、天然の斜面を利用して劇場が作られており、更にその上に競技場がある。劇場は紀元前四世紀に作られ、ローマ時代に改築されたもので、オルケストラーの幅は一八メートル、客席は四〇〇〇人を収容したという。競技場は全長一七七メートルで七〇〇〇人を収容した。因みに古代世界では、劇場と競技場は二つの重要なコンクールの場であり、そのようなものとしての祝祭空間であった。

古典期ギリシアから、ヘレニズム時代を経て、ローマ時代への劇場の変遷は、要約すれば次のようになるだろう。古典期ギリシアでは円形のオルケストラーと、それを取り囲む半円より深い扇形の階段座席からなり、スケーネーは円形のオルケストラーの後ろに離れてあった。主要舞台はコロスの展開するオルケストラーで、客席が舞台を「包囲する」形で、都市国家を挙げての祝祭空間として、上演の神話的一体感を保証していた。ヘレニズム時代になると、スケーネー部分が建築として発展し、その前の空間も深くなるが、これは演技空間としてのスケーネー前が重要になることと見合っている。更にローマ時代になると、劇場全体もオルケストラーも半円となり、スケーネーは建築物として発展し、その前の部分(プロスケニウム)が主要な舞台となって、半円形のオルケストラーは貴賓席に変わる。舞台・客席の関係は「包囲型」ではなく「対面型」へとはっきり変わるが、それは舞台上演が、「世俗的見世物」へと変質したことに見合っている。

中世からルネッサンスへ

古代世界とは違ってヨーロッパ中世の劇場は、常設ではなかったために、遺構として残されているものはない。文献からの復元によって推定されるために、まだ不分明な様相も多い。キリスト教会が社会と文化を律した中世では、演劇も、教会の内部で行われる典礼劇が、やがて教会の前庭に出、ついで都市部の富裕な町人階級やインテリ層による、受難物語や聖母伝説に基づく大規模な宗教劇へと発展し、町の広場に屋《マン》台《ション》を組み、あるいはページェント型で演じられた。一五世紀中葉以降のフランスの聖史劇《ミステール》となると、数万行の詩句を持ち、幾日にもわたって上演された（一四五二年のアルヌール・グレバン作『受難聖史劇』は三万五〇〇〇行、四〇〇〇人の人物による四日間の上演であった）。

聖史劇の並列舞台として名高いのは、一六世紀前半のフランス、ヴァランシエンヌにおける舞台図だが、近年の研究では、一五世紀の古文書や、同時代の『聖アポロニアの殉教』の図像などから、単に一列に並列された屋台によるのではないだろうとされている。貴族の邸の中庭のような「閉ざされた空間」に、壁に沿って複数の屋台を組み、それらの屋台と中庭の中心部を演技エリアにして、観客は屋台と屋台の間の桟敷で見物する形であり、すでにその頃〝théâtre〟は「閉ざされた空間」を意味していたという。

ここでも、上演の宗教的な背景が、舞台を単に見せるものではなく、群衆が一体となってそこに参加する形を取らせていた。一種の舞台・客席混在型の配置である。一六世紀中葉、一五四八年にパリ高等法院がこのような受難劇を禁じたのは、これらの上演そのものが、キリスト教会の教義に従った教化的性格を失って、受難物語のサド・マゾ的な官能性の強調された煽情《せんじよう》的見せ物になっていたからであった。一五九八年に再度の禁止令が発せられたことからも想像できるように、禁令はなかなか守られず、むしろ新教徒と旧教徒の熾烈《しれつ》な内乱が聖史劇の上演に終止符をうった。一七世紀以降ほぼ絶滅してしまうジャンルだけに、その実態を想像するのは難しいのだが、「見る物・見せる物」としての演劇の危ない両義性が噴出したのだといえる。

ルネッサンスは劇場建築の分野でも、古代世界の知の復活に情熱を傾けた時代である。西洋世界の劇場建築の歴史では、古代に続いて大きな転機だとされるのも、謂《いわ》れのないことではない。

ルネッサンスの劇場建築の中から、一つの典型を取り出して見る。北イタリア、ヴェネチアに近いヴィチェンツアにあるテアトロ・オリンピコがそれである（図2−2）。

アンドレア・パラディオ（一五〇八—一五八〇）によって一五八〇年から建設が始まり、かれの死後、弟子のヴィンチェンツォ・スカモッツィによって一五八五年に完成した。ローマ式の古代劇場の客席と半円形のオルケストラーを持ち、舞台の背後には、古代ローマのスケーネーの壁が、豪華な彫刻を施され、三つの開口部のある凱旋門を模した姿で立ちはだかっている。

ここで注目すべきことは、この凱旋門風の壁の背後に、ルネッサンスの発見である

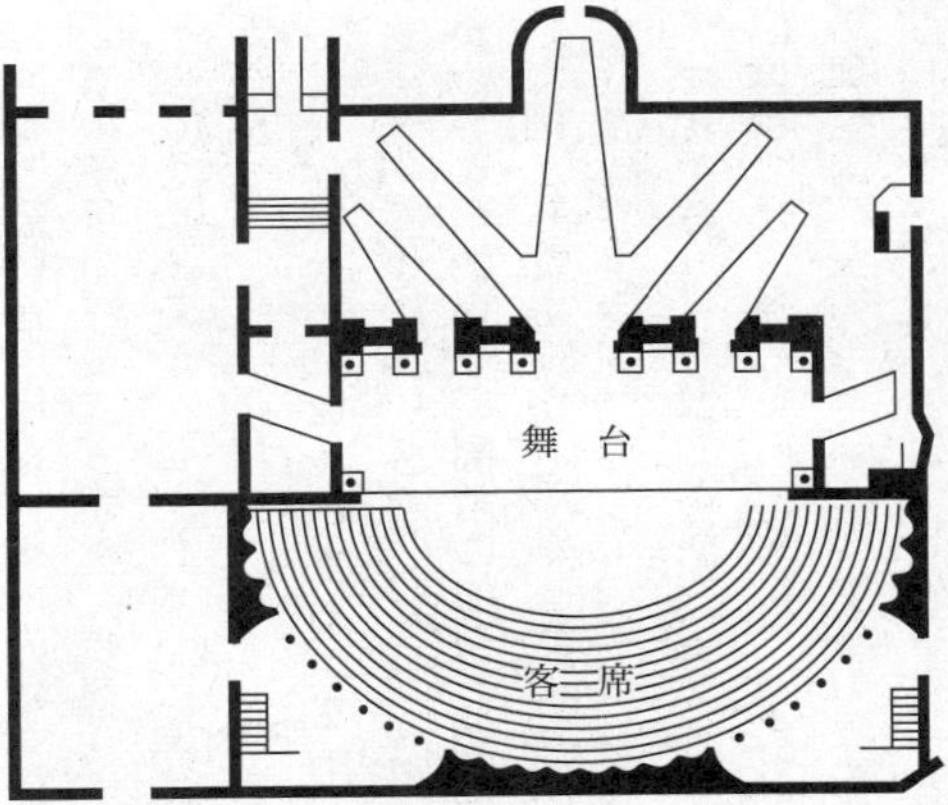

図2-2　テアトロ・オリンピコ平面図

遠近法に基づき、スケーネーの壁の門から奥へと放射状に遠ざかる街路が装置として組まれていることである。この常設装置は開場式の演目、ソポクレースの『オイディプース王』の上演のために構想されたもので、テーバイの町並みを表すという。ヴィンチェンツォ・スカモッツィの作である。

原理的には、客席部分はローマ式古代劇場をモデルにしているのであるが、そこでも、オルケストラー部分は半円形よりは平たくなり、縮小していること、客席の背後には列柱のある回廊を配し、更に天井に「騙し絵《トロンプ・ルイユ》」で空を描いていることが注意を引く。劇場空間は室内なのだが、あくまで野外劇場の幻想を保有しようというのである。

因みにこの劇場の開場した一五八五年には、九州のキリシタン大名たちが法王庁へ派遣した使節団、いわゆる「天正の少年使節団」がローマ法王庁からの帰路、ここに立ち寄り歓待を受けた。その光景を描くフレスコ画が別室の壁に残されている。この劇場の特長は、オルケストラー部分が縮小して、舞台・客席対面型が鮮明になったことであるが、しかしすぐに舞台・客席対面型が一般化するのではなく、包囲型が復活する。

北イタリアのパルマにあるテアトロ・ファルネーゼ（一六一八年、アレオッティ設計）を例に取ると、オルケストラー部分が演技エリアとして張り出していることが分かる。この劇場は、同時に舞台の側に、初めてプロセニアム・アーチ（額縁）が出現した例としても引かれるが、共に、演技空間を客席に対して垂直軸に展開させようとする志向である。

オルケストラー部分が演技エリアとして張り出すのは、エリザベス朝の劇場の「張出舞台」にも見られる。更には一六世紀末からフランスを中心に発達する宮廷バレエの舞台も、長方形のホールの三方に二層の客席を配し、それに囲まれるようにして、演技エリアが設定されていた（たとえば『女王の劇的バレエ』一五八一年）。後者は、生まれつつある絶対王政の「王権神話」を謳《うた》いあげる新しい祝祭演劇として機能したし、エリザベス朝演劇においても、変革期の混沌《こんとん》のエネルギーと新しい共同幻想の表象は、

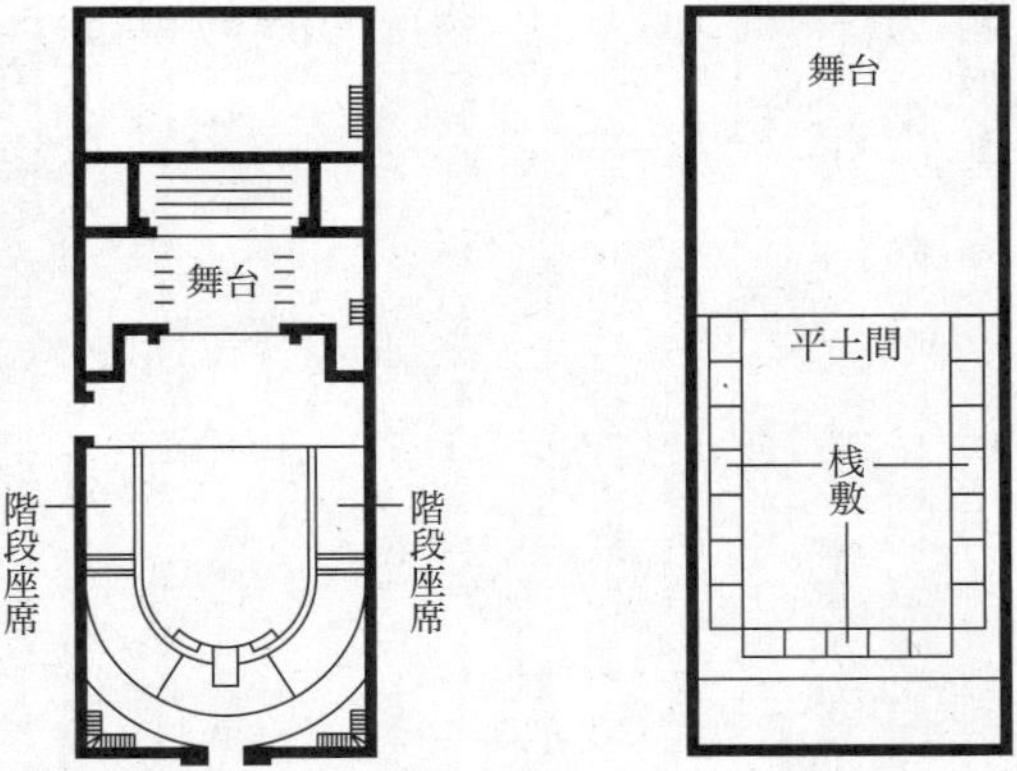

図2-3　テアトロ・ファルネーゼ平面図（左）
ブルゴーニュ座平面図（右）

客席包囲型の劇場を求めていたのであろう。

同時代のコメディア・デ・ラルテを描くカロの版画などからは、よりプリミティヴな形で、修道院領の市《いち》で催される小屋掛け芝居の模様が窺えるが、ヨーロッパの多くの都市が常設劇場を持つに至るのは、一七世紀になってのことである。

古典主義の時代

純粋に建築学の立場から書かれる劇場建築の歴史には、フランス一七世紀のパリの常設劇場は、余り関心の対象にはならないもののようである。もっともフランスにも、イタリア人であったマザラン枢機卿《すうききょう》が、自分の邸に作らせたオペラ専用の劇場はあったので、イタリア起源である同時代の劇場のテクノロジーを駆使し、ジャコモ・トレリやカルロ・ヴィガラーニなどの建築家が同時に装置家兼演出家として、バロック的演劇の幻想を展開する空間はあった。それは、ルイ一四世のヴェルサイユ宮における一大祝典にまで発展するのだが、それと平行して、演劇の主流となるのは、ピエール・コルネイユ、ジャン・ロトルー、モリエール、そしてジャン・ラシーヌを頂点とする「言葉の演劇」なのであった。

これらの、古典主義演劇と呼ばれる作品は、その文学的な水準の高さもあって、音楽・舞踊入りのオペラや宮廷バレエとは違った集中を、役者にも見物にも要求することになったに違いない。パリの最初の常設劇場はブルゴーニュ館劇場と呼ばれるが、それは従来、興行の許可権を握っていたブルゴーニュ公の邸の敷地内にあったからで、中世以来の受難劇組合の所有であった。日本ではブルゴーニュ座と通称するこの劇場は、幅一三・五メートル、全長三三メートルの長方形のホールを半分に仕切って、舞台と客席を作っている。舞台部分は間口九・五メートル、奥行き一三メートル、客席の一階と二階の周囲には桟敷席を配し、一階平土間は立ち見席であった。このように、四角いホールを二つに仕切り、舞台と客席を正面から向かい合わせるという配置が、言葉の演劇の表現にも、またそれを受け取る観客の生理にも適合したのだと考えられる。

バロックのオペラ劇場

一六八〇年にコメディ＝フランセーズが成立し、古典と見なされる劇作を上演するようになると、劇場も豪華になり、同時にオペラ・バレエのための劇場も一定の形態を取るようになる。一七世紀末からはヨーロッパ中でオペラ劇場の建設が起こり、逆説的であるが、一八世紀半ばまでオペラ劇場を持たなかったヴェルサイユ宮殿にも、オペラのための華麗な劇場が作られることとなる。

これらの舞台・客席対面型の劇場では、原則として舞台の張出はなくなり、舞台はプロセニアム・アーチによって截然《せつぜん》と客席から区分される。こうすることで、舞台裏の機構を発展させることが可能になった。オペラのためには、オーケストラ・ピットが舞台と客席を分断する形を取る。通常の劇場でも、舞台・客席対面型が支配的となり、客席は馬蹄形で、桟敷席をもち、上方へと階を重ねることになった。これが一九世紀ヨーロッパで最も普及する劇場形式、すなわちイタリア式額縁舞台またはプロセニアム舞台と呼ばれるものである。

2　一九世紀型劇場

イタリア式額縁舞台（プロセニアム舞台）の普及

現在でもヨーロッパの代表的な劇場の形はこれであるが、それはオペラ劇場に限ったことではない。言葉の演劇を専門にし、かつ最も伝統があり、しかも革新的な舞台をつくる劇団、コメディ＝フランセーズの拠点劇場を取り上げてみる。

その拠点はリシュリユー劇場で、リシュリユー街にあるからそう呼ばれる。この劇場は、フランス大革命の最中、一七九〇年に建ったもので、コメディ＝フランセーズがここを本拠とするのは、一七九九年からのことであった。なおこの劇団は、一九九三年以来、セーヌ左岸の学生街、カルチエ・ラタンにある小劇場ヴィユー・コロンビエ座を、実験劇場として持っている。この小劇場は、ジャック・コポー（一八七九—一九四九）の創設になり、二〇世紀フランスの演劇改革運動の発祥地である（一九九六年以降、客席数一三〇の小劇場「ステュディオ・テアートル（le Studio-Théâtre）」もカルーセル・デュ・ルーヴルに擁している）。

ところでリシュリユー劇場（図2−4）は、馬蹄形の客席が垂直軸に延びており、日本式に言えば五階までである。一階には桟敷（ボックス席）が残されている。この垂直軸の重要性は、当然舞台機構にも見られる。注目すべきことは、客席と舞台が近い

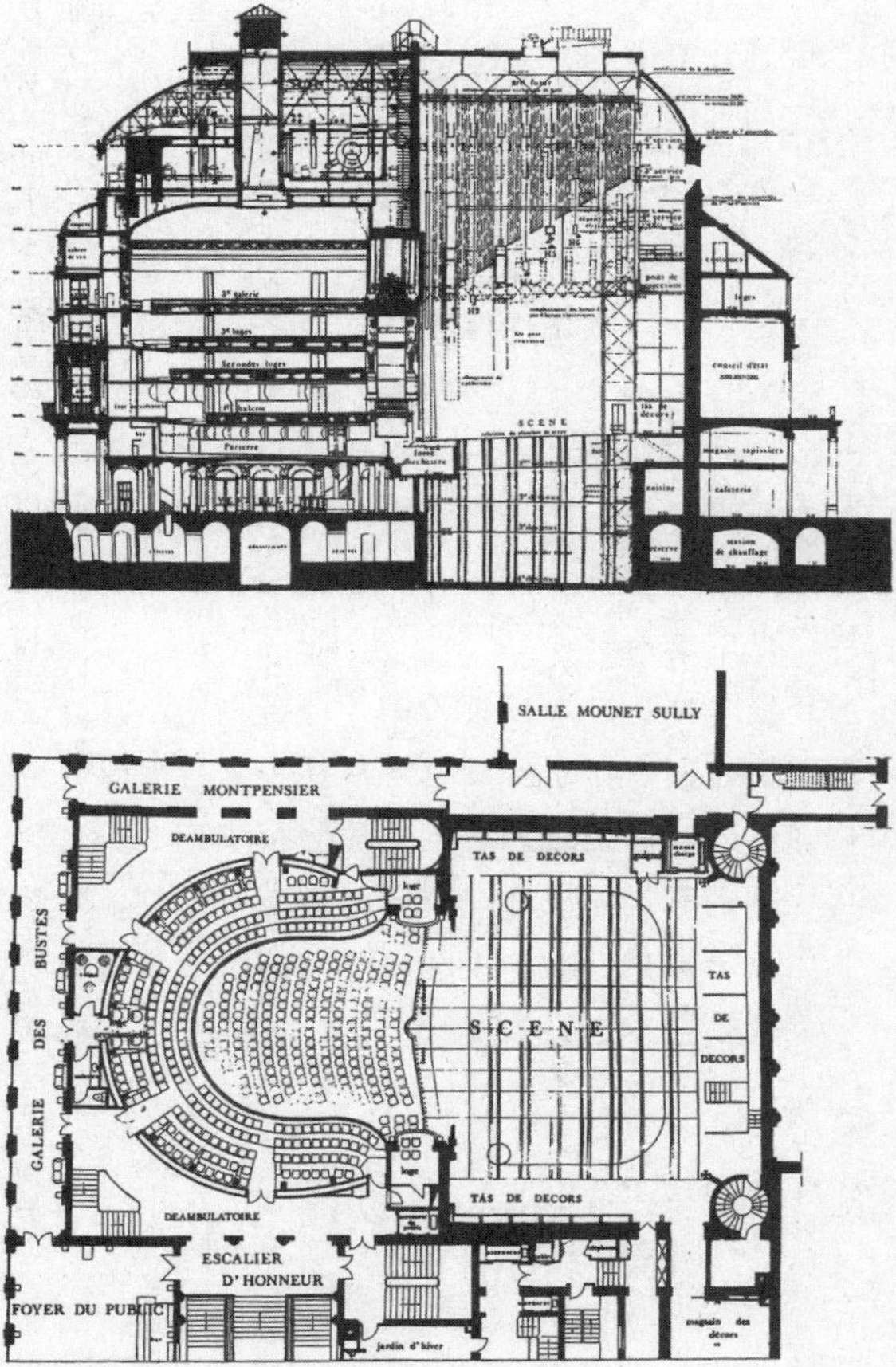

図2-4　コメディ＝フランセーズ

ということだ。一階は一四列あり、最前列で二二席、馬蹄形の二階席は正面で五列、最前列で四五席、客席の総数は九〇〇足らずであるから、規模は中劇場だが、パリの劇場――言葉の演劇を専門とする劇場――としてはむしろ大きいほうに属する。しかし、舞台から客席への直達性は優れていて、舞台の臨場感は、安い席で見ても十分に楽しめる。これが無闇と大きいばかりであったり、中ホールと称しても客席の勾配が小さいために、極めて見にくい日本の劇場とは大いに異なる点である。この劇場も、一九九四年から一年間閉鎖して、舞台機構を中心に大改修をしたが、客席の見やすさや舞台の臨場感は、常に考慮に入れられていたという。

パリ・オペラ座（ガルニエ宮）の例

一九世紀の劇場建築の頂点とも言うべきパリ・オペラ座（ガルニエ宮）は、ナポレオン三世の第二帝政のもとで建築が決定されたが、普仏戦争を挟んで第三共和制のもとで、一八七五年一月に開場した。建築家のシャルル・ガルニエ（一八二五―一八九八）の名を取って、ガルニエ宮と呼ぶ。

現在パリ・オペラ座は、このガルニエ宮とバスチーユの新しい大ホール（バスチーユ・オペラ）の二つの劇場を持っているが、後者は故ミッテラン大統領の「大計画」の一環として、一九八九年、フランス革命二〇〇年祭に、その発祥の地バスチーユに

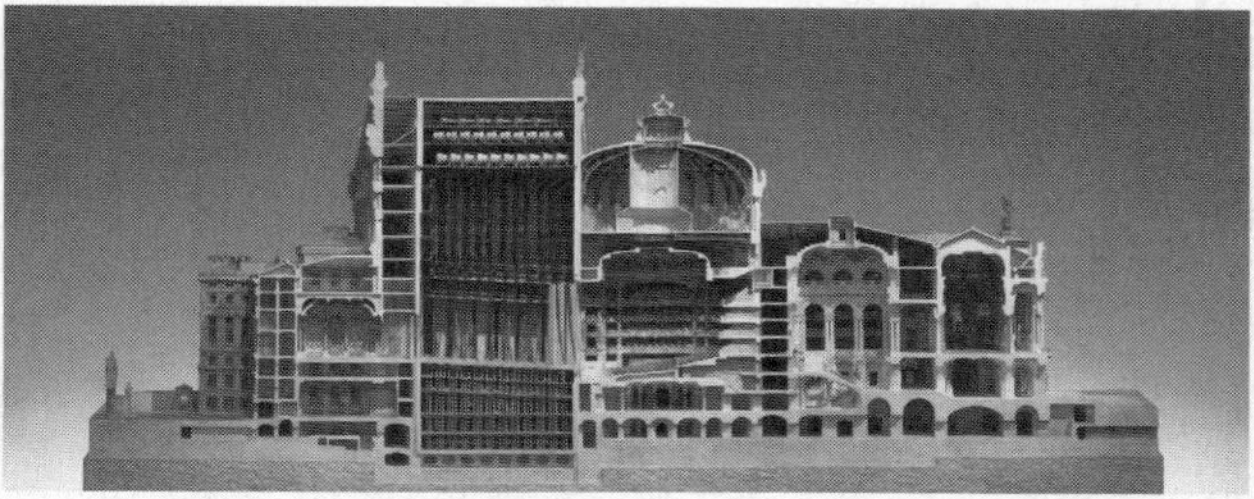

図2-5　パリ・オペラ座（ガルニエ宮）模型断面図
© Musée d'Orsay, Dist. GrandPalaisRmn / Patrice Schmidt / distributed by AMF
© Richard Peduzzi

建てられた。

　ガルニエ宮は一九世紀型の劇場として最後の最も豪華な記念碑的存在である。ここでは、オルセー美術館の模型を挙げておく（図2－5）。オルセー美術館は、一九世紀の美術を中心にした美術館だから、この建築の模型が一つの目玉として展示されているのはいかにも相応《ふさわ》しいし、またこの模型自体、大変よくできている。

　オペラ広場からオペラ座の中に入り、大階段を上がって客席に向かう。一階席は前半分のオルケストル席と、後ろ半分のバルコン席に分かれている。オーケストラ・ピットの両サイドには、前桟敷があり、その二階部分は貴賓席となっている。この前桟敷から一階席の空間を取り囲むようにして、馬蹄形に五階まで桟敷席が設えられており、その上に更に天井桟敷がある。客席数は約二一〇〇席である（因みにバスチーユ・オペラは二七〇〇席）。

客席の高さは二〇メートル、奥行きは三二メートル、最大幅三一メートル。舞台・客席対面型には違いないが、客席から見ての客席の光景は、この劇場空間の重要な要素である。社会階層の上下関係にほぼ反比例する形で、垂直軸に展開する客席であり、「見に来る」よりは「見せに来る」社交場であるとも言われるが、この点は次章で触れる。

客席中央に下がっている名高いシャンデリアの重さは八トン。舞台額縁の間口は一六メートル、舞台床面の幅は四八メートル五〇、高さ六〇メートル、その内、天井部分は四五メートル、別に奈落の深さは一五メートルである。

平面図で見ても、舞台床面の空間は、通常客席から見えている舞台の六倍近くあるし、上下方向で言えば、額縁の高さの四倍はある。この比率からも、演技エリアとしての舞台に対して、それを取り囲む空間（袖、バックステージ、天井、奈落）の重要さが想像できるというものである。

ヨーロッパの数あるオペラ劇場のなかでも、戦後の復旧がうまくいった例として、バイエルン国立歌劇場が挙げられる。ミュンヘンのオペラ・ハウスであり、一九世紀初頭に建てられた。現在の建物は、第二次大戦中のイギリス空軍の爆撃で炎上したものを、戦後再建したものである。

図2-6　ガルニエ宮正面外観
Photo by Getty Images

舞台額縁に隣接して左右に前桟敷が残され、二階正面にはロイヤル・ボックスを設えている以外は、全階椅子席だが――一八〇〇席を二一〇〇席に増やしたという――内部の装飾は格調高く優雅である。一九世紀型のオペラ劇場としては比較的純粋に――というか合理的に――舞台・客席対面型になっている。この劇場は、その舞台機構と作業場によっても名高いので、この点は次章で詳しく見る。

一九世紀の総括――ガルニエのオペラ座VSバイロイト祝祭劇場

ガルニエのオペラ座は一八七五年一月開場、リヒャルト・ワーグナー（一八一三―一八八三）のバイロイト祝祭劇場は翌一八七六年八月に開場するから、ほぼ正確に同時代のオペラ劇場だといえる。しかもこの二つの劇場は、一方は過去の劇場建築の総括であり、他方は未来の劇場の予言であって、共に神殿と呼ばれていた。そこに我々は、単に一九世紀の劇場建築の過去と未来を読むだけではなく、実はこの対比構造が、二〇世紀の劇場建築と劇場芸術をも律していることを発見するのだ。

リヒャルト・ワーグナーは、自分の作品を上演させるための理想的な劇場を建てようとし、始めゼンパーを協力者に選んで、ミュンヘン祝祭劇場の建設を計画したが果たせず、結局、バイエルン王ルードヴィッヒ二世の援助を得てバイロイトに建てた劇場は、オットー・ブリュックバルトの設計によるものであった。

この祝祭劇場"Festspielhaus"には、ワーグナーの考えを鮮明に表す幾つかの特徴がある。それは、観客が、舞台で上演される作品、つまりワーグナーの楽劇だけに集中できるようにするにはどうしたらいいかという問いに対する答えとして発想されている。

まず第一に、客席を古代劇場に近い扇形の階段座席にする。第二に、通常は舞台と客席の間にあるオーケストラ・ピットを、舞台の下に隠してしまい、指揮者も含めてオーケストラが観客の目には触れないように、一種の蓋《おお》いをつける。第三には、オーケストラ・ピットを隠した結果、舞台と客席のあいだに生じた空間を逆手に取って、サイズの異なる二つのプロセニアム・アーチを作り、遠近法の効果を利用する。更に、これは一九九四年から一年間の改修の結果鮮やかに再現されたことだが、天井のポンペイ様式の瀟洒《しょうしゃ》な装飾画によって、舞台上を覆う軽やかな天幕と青空を表し、この劇場が野外に設定されているという幻想を保有しようとする（テアトロ・オリンピコの天井画と同じ発想である）。

これらの仕組みは、いずれも「舞台で行われることが直接、しかもできるだけ均等に観客に伝わるようにする」という舞台・客席対面型の徹底であり、純粋化である。この均質的直達型とでも呼ぶべき発想は、バイロイトに来る観客は、天才の作品を見に来る選良のみであり、通常のオペラ・ハウスのような社交場としての機能は不要であるというワーグナーの思想と表裏一体をなしている。事実、祝祭劇場にはロビーはないのだが、しかし逆説的に、このエリート主義が、ガルニエのオペラ座に見られる「階級的な差別」を客席から消去して、極めて民主主義的な配置を実現する結果となっている。

もっとも現代から振り返って見ると、ワーグナーの発想は、一九世紀後半における管弦楽の演奏会の流行やコンサート・ホールの成立とも深い関わりを持っているように見える。パリなどでも、「民衆コンサート」の流行は一九世紀の六〇年代からであり、詩人のマラルメはそこに宗教の新しい代換物を見ていた。また、一八七八年のパリ万国博に際して建てられたトロカデロ宮には、巨大なオルガンを備えた、四六〇〇人収容の大ホールがあって、そのオルガン演奏会に集う群衆に、マラルメは〈未来の群衆的祝祭〉の可能なモデルを読んでいた。ワーグナーの祝祭劇場の規模は、あくまでも舞台芸術の創造者としてのワーグナーの美学に従ったものだが、しかし、今触れたように、ワーグナーのエリート主義は、劇場建築としては機能主義の先取りであった。その純粋な対面型の客席は、量的に肥大することが可能であって、二〇世紀三〇年代以降の大ホールがその証左である。第二次大戦後の文化会館型の多目的ホールは、その量産された末裔《まつえい》に他ならない。

3　日本の場合

日本における劇場は、建築として残っている例は少ないが、図像や記述から再現できるものは少なくない。

古代や中世を通じて、法会の場における芸能は、神仏に捧げるものであるから、その社殿を正面とした舞台＝壇とそれを取り巻く観客という形をとっただろう（たとえば四天王寺舞台）。世俗的な芸能の場でも、貴人の席を正面とすることは変わらなかったが、しかし、芸能が都市化し、その上演も大規模になると、見物席として大がかりな桟敷が組まれるようになる。『太平記』に名高い一三四九年（貞和《じょうわ》五年）四条河原

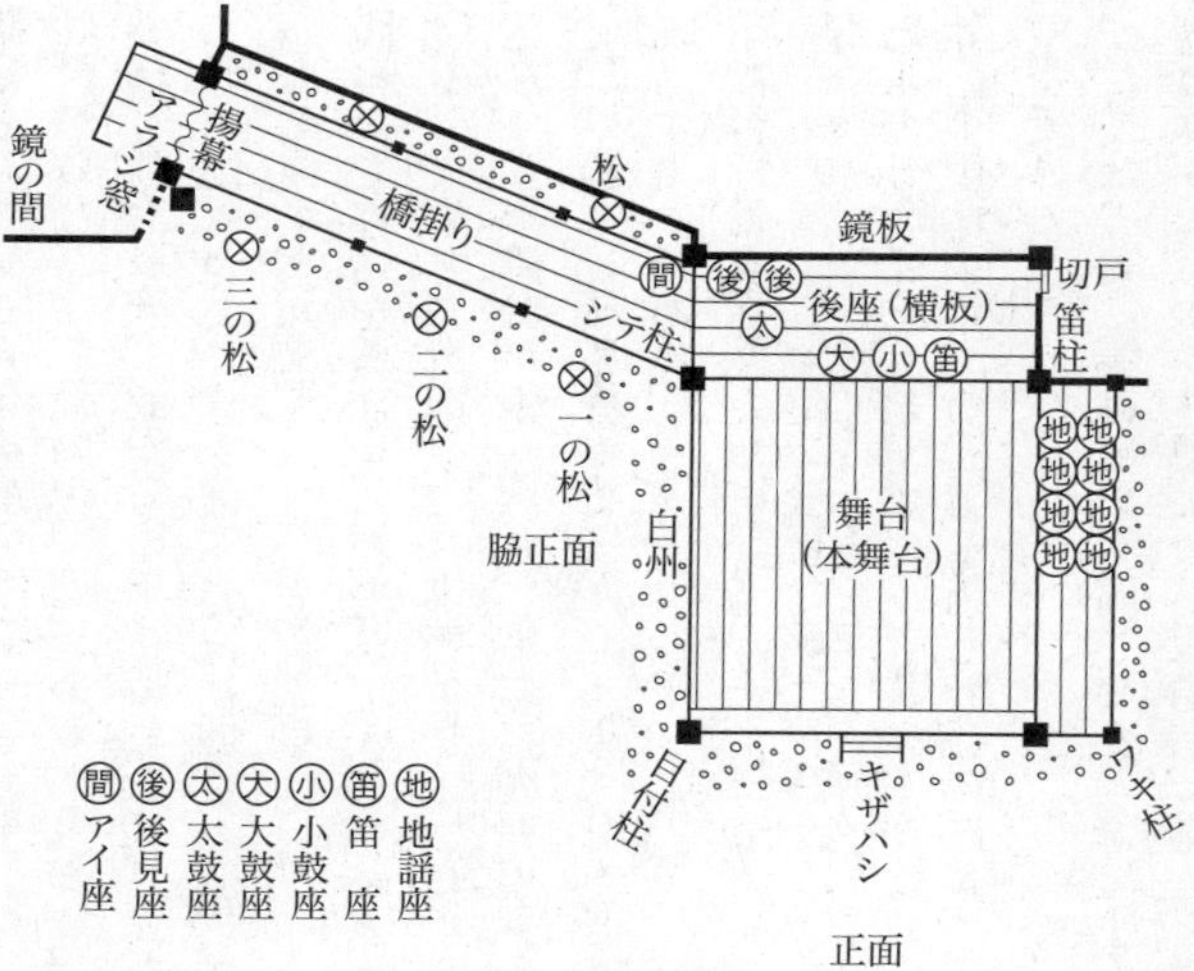

図2-7　能舞台平面図

の桟敷崩れの勧進田楽では、東西に橋掛りのある張出舞台に面して、太い木で桟敷を約一五〇メートルにわたって三重・四重に組み上げたという。

　町田家本「洛中洛外図屛風《びょうぶ》」（一六世紀初頭）に見られる鴨川べりの「観世能」の絵では、能舞台の橋掛りはすでに向かって左手に描かれている。慶長末（一七世紀初頭）とされる「豊国祭礼図」には、拝殿の正面に設えられた舞台で、猿楽四座の「立合いの翁」が、その躍動的な囃子《はやし》まで聞こえてくるような、祝祭感溢《あふ》れる筆致で描かれている。

　こうした図像的記憶の後で、建

築物として最古の能楽堂とされるものは、京都西本願寺能楽堂である。橋掛りと張出舞台からなり、一種の包囲型である。なお、当時は屋外が原則であり、屋内になったのは、明治以後、能役者の稽古舞台を劇場としたからである。

歌舞伎について言えば、元禄初期(一七世紀末)には、まだ能舞台に近い形態であったものが、元文期(一八世紀前半)には、下手の橋掛りが舞台の一部のようになり、代わって客席を貫通する花道ができる。そこでは、「名乗り台」が客席に突き出している。文化・文政期(一九世紀初頭)になると、左右、つまり下手と上手がやや引っ込んで、本舞台が張り出し、そこに客席の奥から客席を横切ってほぼ垂直に花道が付く。二階には桟敷席がある。こうして中村座の錦絵などでお馴染みの歌舞伎の劇場が成立するのである。

舞台は櫓《やぐら》を正面としているから、その意味では対面型である。しかし同時に、本舞台が張り出していることや、舞台下手奥には「羅漢台《らかんだい》」とか「吉野」と呼ばれる安い席もあったから、客席が舞台空間を包囲している型には違いない。より正確には、客席を同じレヴェルで横切る花道の存在によって、舞台と客席が相互浸透するという印象を受けるだろう。

これは、実は能舞台でも同じであって、平面図では包囲型に違いないが、ヨーロッパのように「すり鉢型」の階段構造、あるいは垂直軸の展開を欠くから、かつて大正

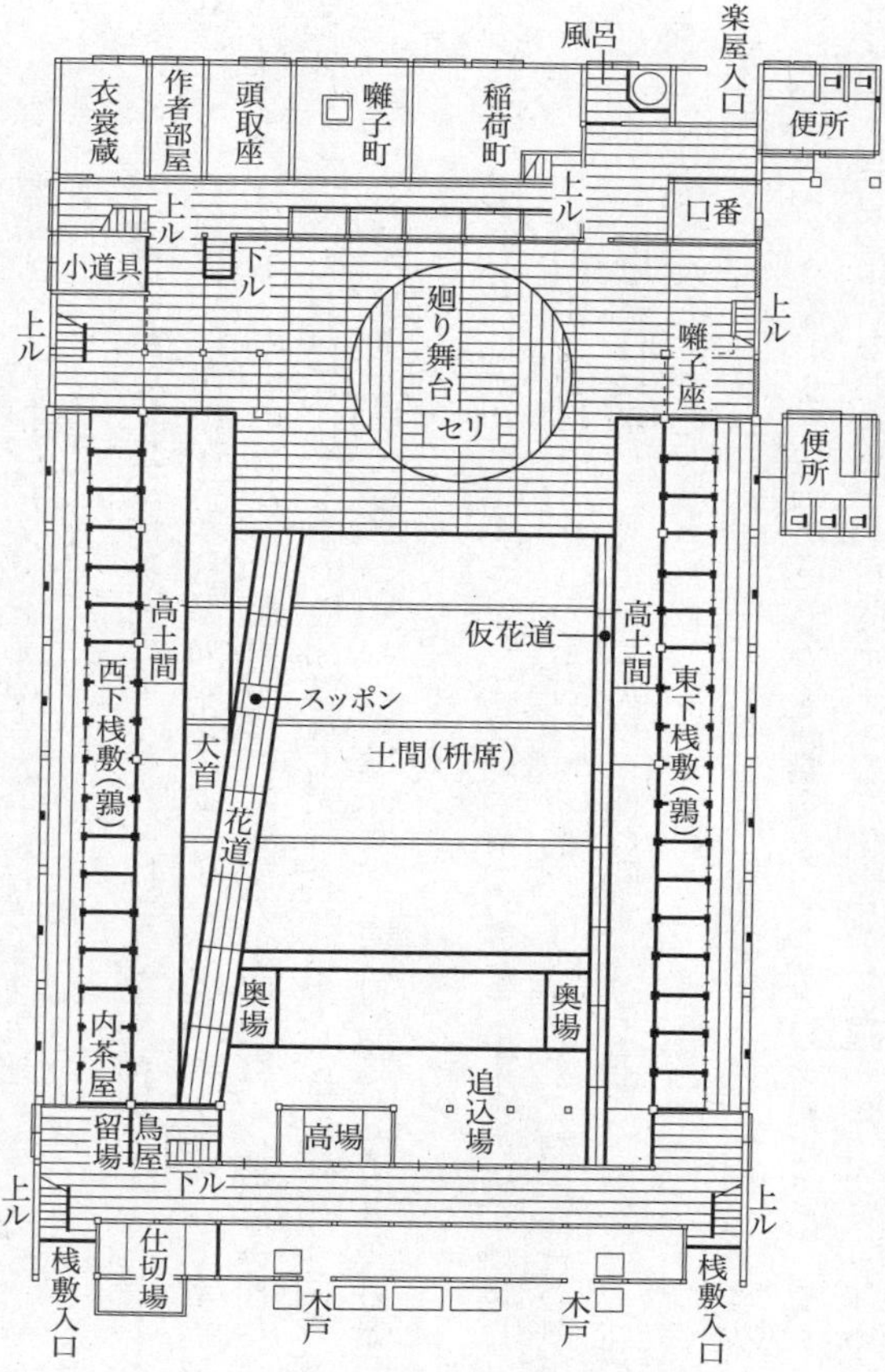
衣裳蔵
作者部屋
頭取座
囃子町
稲荷町
風呂
楽屋入口
便所
上ル
口番
上ル
小道具
下ル
廻り舞台
セリ
上ル
囃子座
上ル
便所
高土間
仮花道
高土間
西下桟敷（鶉）
スッポン
東下桟敷（鶉）
大首
土間（枡席）
花道
奥場
奥場
内茶屋
追込場
留場
鳥屋
高場
下ル
上ル
上ル
仕切場
桟敷入口
木戸
木戸
桟敷入口

図2-8　歌舞伎座平面図

時代に日本に大使として滞在し、能を愛した劇詩人ポール・クローデルの指摘にもあるように、舞台と客席が相互に入り交じると言ったほうがより適切かも知れない（相互浸透型）。

ところで、現代においては、能舞台と並んで日本固有の劇場構造のように言われる歌舞伎の舞台だが、確かに花道や桟敷席はあるが、あの横長のプロセニアム舞台は、決して江戸時代からのものでない。江戸時代の歌舞伎の小屋でも、花道の存在や舞台の上《かみ》・下《しも》の空間によって、水平軸の展開は重要だったが、現在の歌舞伎座や国立劇場のような、歌舞伎劇場の横長のプロセニアム舞台は、芸術的根拠のない近代の発明である。

第二次大戦でも焼失せず、戦後になって改築されてしまった東京の帝国劇場は、コメディ＝フランセーズをモデルにしたと言われる唯一のイタリア式額縁舞台の劇場だった。しかし、歌舞伎に用いられていたために使い勝手は甚だ悪く、戦後、現在のような特性のない大ホールに改築された。

火災や震災で消滅することの多い日本の劇場は、歴史のある建造物が極めて少ないから、ヨーロッパのように、劇場によって演劇史を語ることは至難である。ただ、最近は、一九七〇年代の悪名高き多目的ホールの文化会館とは違って、オペラ・バレエ、言葉の演劇、実験的演劇、コンサート・ホールと、目的に合わせた専門ホールを建てる自治体も数多い。その一例として彩の国さいたま芸術劇場がある。ここもオペラ・バレエ用の大ホール、実験的演劇のための小ホール（三方正面の構造）、コンサート・ホール、およびヴィデオ・ホールを備えている。

4　舞台と客席――劇場についての問い

劇場構造を、舞台と客席の関係から、そこで上演された作品の特性を考慮に入れつつ、要約してみると、ほぼこうなるだろう。

包囲型から対面型へ

古代ギリシアの野外半円形劇場は、円形のオルケストラーを半円より深い扇形の階段座席が取り囲み、台詞劇のエリアは、スケーネー前の細長い壇であった。それは、オルケストラーに展開するコロスの集団群舞が主体であり、劇の上演が都市国家の祝祭的一体感を保証するものであったことと見合っていた。それが、コロスの役割の減少と台詞劇の発展を伴う「世俗的見せ物」へと変質することにより、ローマ時代には、オルケストラーも劇場全体も半円形になり、スケーネー部分が建築として発展し、主要な演技エリアもスケーネー前の広く深い空間となった。これが、客席が舞台を包囲する包囲型から、両者が対面する対面型への変化の最初の現れである。

中世の混在型からルネッサンスの包囲・対面併存へ

中世末期の受難聖史劇などになると、広場や中庭に、場面に見合った屋台を組み、これら並列舞台に取り囲まれた中央の空間もエリアとして用いつつ、言わば客席と演技エリアが混在する形が大がかりに成立する。これも新しい中世都市における都市を挙げての祝祭空間に相応しい発明であった。

ルネッサンスは、古代劇場にならって半円形劇場を再現するが、モデルであったローマの対面型が復活するとともに、客席に演技エリアを張り出す形での包囲型がさまざまな形で試みられる。そこには、絶対王政という新しい権力の仕組みへの共同幻想にまつわる祝祭感覚も大いに作用していた。

古典主義の対面型からバロックのオペラ劇場の成立

ヨーロッパで長方形の空間を二分した対面型が確立するのは、「言葉の演劇」を確立させた一七世紀古典主義の時代である。同時にバロック・オペラの劇場は、テクノロジーの発展と併せて、プロセニアム・アーチつまり額縁で舞台と客席を截然と仕切り、客席は垂直方向に重ねて馬蹄形に配する構造が定着してくる。いわゆるイタリア式額縁舞台あるいはプロセニアム舞台である。対面型が「言葉の演劇」の純化と結びついていたことは、舞台に演じられる作品が要請する新しい集中の仕方と無関係ではなかったと思われる。

ガルニエ宮とバイロイト祝祭劇場

一九世紀の劇場建築の集約的記念碑であるガルニエのパリ・オペラ座とバイロイトにワーグナーが作った祝祭劇場は、一九世紀の劇場と演劇の問題の集約であるばかりでなく、二〇世紀の問題の系を要約している。

確かにヨーロッパの劇場の歴史では、包囲型から対面型へという大きな流れが見える。しかし現実には、古代ギリシアの包囲型の場合でも、スケーネー前での役者の台詞の演技に対する観客の視覚は、円陣のコロスに対するものとは違ったろうし、演技エリアから見ての正面があり、それへと対面するという関係はあっただろう。また、一七世紀以降に定着する対面型の配置においても、舞台に隣接した脇桟敷はあったし、イタリア式額縁舞台となれば一層、馬蹄形の客席からの視線はその位置によってさまざまであり、決して観客が一様に舞台に対面していたわけではない。客席から見た客席の光景は、劇場が豪華になり、座席の階層性が鮮明かつ細分化されるほどに、観劇の重要なファクターともなった。ワーグナーが、あの均質的直達型の扇形階段座席で実現しようとしたものこそ、観客・聴衆が舞台上の作品のみに集中するという厳密な対面型にほかならず、これはある意味では映画の画面に対する観客の姿勢の先取りであった。事実、上演中に客席を暗くするのは、ワーグナーの祝祭劇場の発明であったとされる。

現在の問題

二〇世紀は、イタリア式額縁舞台の社会階級的差別構造を捨てて、祝祭劇場の民主主義的な均等化を選ぶ。一九三〇年代から建てられる文化会館式の大ホールがそれだ。しかし、これもその機能主義が批判され、一九六〇年代には、従来の額縁舞台による上演そのものを否定する動きが生まれた。新しい作品に見合った劇場空間の探究である。

そこでは、既成の劇場ではないスペースが求められ、ロフト、使われなくなった工場、空の弾薬庫、石切り場など、未知の空間における実験的な上演が一世を風靡《ふうび》した。日本の六〇年代末の前衛は、例えば仮設のテントなどを戦略的に用いたが、舞台・客席対面型の関係については、寺山修司のある種の実験などを除くと、あまり注意は払われなかった。しかし、欧米では、何よりもまず、この舞台・客席の関係そのものを変えようとする企てが多かった。劇場空間の変革は舞台・客席の関係の根本的な変更であり、劇作術や演技を根底的に考え直すためにはそれが不可欠だと考える人々が多かった。例えば、アリアーヌ・ムヌーシュキンの率いる「太陽劇団」は、パリの東の郊外に隣接したヴァンセンヌの森の弾薬庫を改装して、フランス大革命を主題にした『1789年』によって画期的な成功を博したことで記憶されている。その舞台と客席は、広い空間に複数の演技エリアを設定し、観客も劇の進行に参加するという、ある意味で中世の混在型の民衆演劇的ベクトルを復活させ、更に観客参加という仕組みを生かした画期的な舞台であった。そこでは、観客一人一人にとって体験される劇はそれぞれ異なるのが前提であり、各人がそれぞれに劇とその意味を積極的に作りだしていくことが要求されるのである。

ワーグナーの祝祭劇場で一つの頂点に達した均質的直達型の発想そのものを批判することでもあり、受け手による意味生成の積極的役割は、舞台の民衆劇的な活気とともに、高く評価された。

はるかにつつましやかな形ではあるが、著者が演劇集団円で八〇年代に行った一連の実験的舞台は、鉄工場のスペースに客席貫通型のエリア（中央の壇と両サイドの橋掛り）を設定して、ラシーヌ悲劇を従来の演出とは全く違う関係において読み直そうとするものであった。それは、作品の解釈や読み方の変更であると同時に、台詞を発することを含めた役者の身体の捉え方の変革であり、かつ観客の視覚の変更を意図したものだった。

六〇年代以来の、多様な劇場のありかたの再評価は、劇場についての記憶の批判的掘り起こしの作業となって続けられた。たとえば歌舞伎や能の相互浸透的な空間構造や、今触れたような、長いこと顧みられなかったヨーロッパ中世の「民衆的な」演技エリアと観客席の混在方式や、更には、一九七〇年代には「近代の悪の権化」のように言われた「イタリア式額縁舞台」さえも、演劇の創造・受容の環境の再検討とともに、再評価され始めている。

第３章　劇場とその機構――システムとしての劇場

劇場は単に建物ではない。建物を見ながらも、舞台と客席の関係を見る必要があった。劇場は一つの大きな生きたシステムである。そこにはさまざまな機能が集まり、協働して動いている。

劇場は単に客席から見えている部分だけではない。舞台の裏と劇場の外部にあって劇場を支えるさまざまな機構を見る必要がある。劇場の裏の顔、これが本章のテーマの第一である。劇場は、演劇という社会的な営為のなかでも、具体的に社会空間の内部に設定される場であるから、演劇の社会的な仕組みを端的に表象する存在――社会に対して見せる劇場の顔――というものがある。それをヨーロッパ一九世紀の二つの象徴的な記念碑、ガルニエのオペラ座とバイロイト祝祭劇場について考えてみる。共に初めから「神殿」と呼ばれたが、その意味は何か。祝祭装置としての劇場に焦点を当てる。本章のテーマの第二である。

1　舞台の裏の顔——舞台機構と作業場

パリ・オペラ座の組織と機構

劇場に入って客席に座り、舞台の上演を見る。しかし舞台上演が成立するためには、上演の最中はもちろん、上演の準備やその後始末のために、夥《おびただ》しい労力と機構を必要とする。そこに関わるのは、俗に「裏」とか「裏方」と呼ばれる人々であるが、ヨーロッパと日本のいくつかの典型的と見なしうる例を取材してみた。最初は、フランスの国立歌劇場、パリ・オペラ座である。

第2章で述べたように、現在はガルニエ宮とバスチーユ・オペラの二つの劇場があるが、まずガルニエ宮について、前章の復習をしておこう。

舞台額縁の間口は一六メートル、舞台部分の幅は四八メートル五〇、奥行き二七メートルであり、平面図で見て、舞台の床面の広さは、客席から見えている部分の六倍近くある。舞台部分の高さは六〇メートル（うち、額縁の高さ一五メートル、簀《す》の子《こ》のある天井部分は四五メートル）、奈落は一五メートルある。垂直軸で見れば、舞台額縁の高さのほぼ四倍はあることになり、いかに見えている舞台以外の舞台機構部分の空間が大きく、かつ重要かが分かる。

一九世紀七〇年代としては、電気照明の導入など、当時のテクノロジーの最先端を行く設備でもあった。

バスチーユ・オペラは、もはやガルニエ宮だけでは、技術的にも収容人員の面からも、年々増加する観客のオペラへの要求に応えられないので、ミッテラン大統領の時代に新設された。客席数は、ガルニエ宮の二一〇一席に対して、バスチーユ・オペラは二七四五席であり、一九九三／九四年のシーズンには――ヨーロッパの演劇シーズンは秋に始まって夏前に終わるからこのように表記する――二つの劇場で、約三二〇公演を行い、約七五万人を動員した。作品数では、オペラ六割、バレエ四割の比率で、オペラはバスチーユ、バレエは主としてガルニエ宮であった。

我々のインタビューに答えて総監督ジャン＝ポール・クリューゼル氏の語るところによれば、契約スタッフは二四〇〇人に及び、毎月平均して二〇〇〇人の給与を支払っている。その内訳は技術者七〇〇人、オーケストラ一五〇人、踊り手一五〇人、コーラス一〇〇人、舞台の裏方が二五〇人、他に常勤の受付係、チケット売り場の係が約一〇〇人、そして管理者が五〇人程である（本書初刊当時、以下同）。ガルニエとバスチーユは共同で運営され、はっきり分かれているのは機械関係のスタッフだけである。全体を管理する人間はかなり小人数で、運営委員会は一〇人で構成されている。

総監督が一人、その下に二人の副監督が置かれ、芸術部門、経理部門、技術部門、広報や文化的な展示の仕事に携わる文化サービス部門などがある。舞台監督は企画にも関与する。舞台装置についてはバスチーユとガルニエにそれぞれ責任者がいて、更に中央に技術責任者がいる。古典的な演出はおおまかでもいいが、優れた現代的な演出は絶対的な正確さが要求されるから、すべてが有機的に機能するような機構になっている必要がある。

衣装は、一本のオペラで二〇〇から二五〇番必要であり、バレエでも一〇〇から一五〇番必要だから、それらの作成から着付けまで、すべて劇場で行う。衣裳《いしょう》係りは、バスチーユに五〇人、ガルニエに三五人常駐しており、その養成は国立演劇技術学校で行っている。またパリ・オペラ座はバレエ学校を持っているのが特徴で、アカデミック・ダンスから現代の振付まで踊ることのできる踊り手を養成している。

バスチーユ・オペラの一五万平方メートルという広大な敷地面積のうち、舞台とその他のスペースの比率は、一対一〇位より小さいだろうという。リハーサル・ルームのスペースや作業場に重要な部分を割いているのは、まさにこれらが芸術創造には欠かせない空間であり、舞台の質を決めるものだからだ。楽屋についても同じように、芸術的な空間だと考えるべきである。純粋な管理部門のスペースは限られていて、僅か二ないし三％に過ぎない。

政府によって任命されるのは総監督だけであることや、五億五〇〇〇万フランに及ぶ国庫の助成金のことなどについては、バイエルン国立歌劇場総監督ピーター・ジョーナス氏のインタビューとともに、第15章で触れることにする。

劇場の機構や組織を問題にする場合も、それがどのような作品をどのように上演する劇場なのかを頭に入れておかないと、極めてちぐはぐな議論になるだろう。先にも触れたように、パリの演劇シーズンは秋から初夏までであり、七、八、九月は休場するところが多いから、たとえば今挙げたパリ・オペラ座が、二つの劇場で年間三二〇公演ということは、シーズン中の稼働率は平均六割だが、オペラにせよバレエにせよ同じ作品を続けて上演するのではなく、レパートリー・システム（一シーズンに何本もの作品を交互に上演する）という形態を取るため、当然に稽古の時間がその間に入るわけだから、かなりの稼働率である（本書初刊当時、以下同）。ミュンヘンを例にとると、殆《ほとん》ど稼働率一〇〇％という驚異的な数字になるのは、夏もフェスティヴァルという形で公演しているからだ。

コメディ＝フランセーズの改修

コメディ＝フランセーズは、オペラ劇場ではない国立劇場で、一六八〇年のルイ一四世の勅令で設立された。国王の劇団であったブルゴーニュ座とモリエール未亡人の一座が拠《よ》るゲネゴー座が合体して作られたのだが、この勅令は実物が現在でもコメディ＝フランセーズの役者のロビーに飾ってある（一六八〇年は日本で言えば延宝八年、る。

八年後の一六八八年が元禄元年である）。それはまずは劇団であり、レパートリー・システムによって、フランスの古典的名作と、優れた新作の上演を行う使命を帯びてい

総支配人のみが共和国大統領の同意のもとに文化大臣から任命されるが、公務員ではない。一九九三年以来その任にあったジャン＝ピエール・ミケル総支配人にも聞いたが、ここではまず、舞台総監督のクリスチアン・ダモン氏に、「裏方」の仕事の内容と意義、レパートリー・システムの仕組み、劇場の改装の要点などを聞いた。因みに、プログラムなどでは、ダモン氏の位置は、総支配人、財務担当支配人に次ぐものだが、この劇場に着任してから七年。一九八六年の日本公演にも参加している。ミラノのピッコロ・テアートロの演出家でパリ・オデオン座の「ヨーロッパ劇場」の支配人であるジョルジョ・ストレーレルとの仕事が、要求は多いが最も刺激的だったと語っている。

この劇場の技術スタッフは約一七〇人。道具方、地がすり係、小道具方、照明、音響、衣装の作成（これはここでやっている）と着付け、結髪、それにサルセルにある製作所の大道具・小道具等の職人などを含む。氏自身が認めるように、劇場では俳優についで重要な人々であり、人間的にも演劇に対するモティヴェーションの強い人が多く、これは世界共通だろうと語る。特に、劇場がレパートリー・システムを取ってい

るから、それに対応できる態勢を組んでいる。例えば昼の部と夜の部の間二時間半で、装置をバラして仕込まなければならないのだから、装置はプランの時点から収納できるように設計する。舞台の奈落、袖、天井の簀の子、あるいは倉庫にどうやって収納し、また出すかを計算する。大体五作品、八杯までは劇場内に収納できるそうである。一九九四年から一年間、この劇場を閉鎖して行った改修については——その間、劇団は別の劇場で通常通りのプログラムをこなしていた——主として舞台機構に関するもので、装置を吊《つ》るバトンの総取り替えをしたとのことである。一八年経って消耗が激しかったためもあるが、この際最新のテクノロジーを導入するためであった。約五〇本のバトンに、それぞれ八〇〇キロまで吊れ、一秒一ミリから一秒一メートル八〇のスピードで動かせるようにした。緞帳《どんちょう》は一秒二メートル四〇で上下できるから、カーテン・コールがスピーディーに運ぶ。点吊りバトン（一本のワイヤーで吊る）は五〇〇キロまでの吊り物が可能で、吊りバトンと同じスピードで作動できる。すべて水圧式作動、コンピュータ制御で、「天井簀の子のロールス・ロイス」と呼んでいる。スウェーデンの会社のものが最も性能がよいので、それを選んだ。六列の照明用バトンは、それぞれ重量にして八〇〇キロまでの照明器材を吊り込める。器材もＨＭＩ、ＡＣなど最新のものを揃《そろ》えた、などがその主要な点であった。

なお、一九九五年／九六年のシーズンには、リシュリユー劇場で一〇本の作品が、ヴィユー＝コロンビエ座では五本が、それぞれ交互に上演されている。週に一回休演日があり、土曜日は昼・夜二回が原則である。

バイロイト祝祭劇場の場合（機構と組織）

バイロイト祝祭劇場では、ヴォルフガング・ワーグナー氏の演出になる『タンホイザー』の稽古を取材し、名高い「舞台下のオケ・ピット」や天井のキャット・ウォークとその吊りバトン制御室や、奈落などを見たが、一〇メートルの深さの奈落には、リヒャルト・ワーグナーが掘った井戸というものもあった。

ヴォルフガング・ワーグナー氏はこの日、殊の外ご機嫌で、稽古の途中でコーラス全員を客席に座らせ、九四年から一年間の改修の結果、リヒャルト・ワーグナーが創設した時点の装飾が復活できたことを語っていた。

このワーグナー楽劇のみに捧げられた祝祭劇場は、夏の一か月半しか公演をしないわけだから、他の劇場とは仕事の環境も違うが、中心となるスタッフのコメントは、それぞれなかなか興味深かった。特に、主任合唱指揮者ノルベルト・バラッチュ氏のインタビューは、オケ・ピットを舞台の下に沈めたこの劇場独特の音楽生成について具体的に語ってくれて貴重であった。氏によれば、オケ・ピットを舞台の下に入れることで、ワーグナーはオーケストラの鳴る空間と舞台空間を切り離したのであり、二つの異なる音響レヴェルを作りだすことに成功している。ソリストにせよコーラスの一人一人にせよ、メッザ・ヴォーチェで歌っても、他の劇場ならばフォルテでしか得られないような効果を得られる。この劇場では、すべては舞台に集中するように仕組まれているが、それはオーケストラの音が指揮者の背後にある貝殻のような覆いにぶつかって、舞台奥に投げ返され、そこから客席へと跳ね返るわけだから、コーラスは遅れて歌わなくてはならないという。このフェスティヴァルのために世界中から集ってくるコーラスを、比較的短時間で祝祭劇場版に仕立てるには、極めてデリケートだが厳密で明確な手続きが必要で、そのことは、舞台稽古に立ち会っていてよく分かったように思う。

ステージ・ハンズは六〇人、劇場全体で八〇〇人が働いている。衣装のアトリエは、演目に山本耀司《ようじ》デザインになる衣装を使っている『トリスタンとイゾルデ』があった関係などで、大変協力的であり、色々なデザイナーの注文にアトリエとしてはどう応えているかなど、具体的に詳しく話してくれた。

この劇場は、舞台を使った稽古ができるわけだが、平行して稽古をしなければならないから、舞台実寸の稽古場もある。衣装、大道具、小道具など、すべて自給自足の態勢であった。

一般にオペラは、同時代の劇場テクノロジーの先端を行くという様相が、一七世紀以来あるが、現代もその点では過激な実験が行われている。たとえば、祝祭劇場一〇〇年祭から五年間続いた、名高いシェロー演出・ブーレーズ指揮の『ニーベルングの指環』などはその典型であり、照明の面でも画期的であったから、照明監督のフォス氏に聞いてみた。

氏の話で面白かったのは、美術などのプランナーは演出家が連れて来るが、照明プランナーは常に自分がやっているという点だ。新しい演出の場合は、一年がかりで最初の演出プランの段階から、綿密な打合せをすると言う。器材の面でのこの劇場の特色は、器材の種類が多いこと（HMIは沢山あり、ACはないが、パー・ライトがあるなど）、正面にはないこと——これは確かにここの特徴で、光線が客席を横切って舞台に来ることはない——四四〇回路（二・二キロが三六回路、一〇キロが一二回路、他は五キロ）あり、オペレーターと仕込み用員で一六人。照明は演出に奉仕するものだから、自分としてはどんな演出家でもその考えをよく理解して舞台を作るよう努めていると語っていた。

祝祭劇場で、もう一つ面白かったのは、楽屋である。どの劇場でも、楽屋は通常、演者によって決める。「誰々さんの楽屋」という風に。ところがここでは、歌手ではなく、役で決めるのだ。一つの楽屋を、その時の演目のローテーションに従ってぶつからない歌手が、ローテーションで使うのである。これは、単に現実的な解決という以上に、役を歌うから招かれているのであって、歌手の名声によって招いているのではないという、フェスティヴァル側の見識の主張だという。役による楽屋使用のローテーション表が戸口に貼ってある。

バイエルン国立歌劇場

バイエルン国立歌劇場の舞台は、前夜のドニゼッティのオペラ『ランメルモールのルチア』（エディタ・グルベローヴァ主演）の装置をバラして、その夜のバレエ『白鳥の湖』の装置を組んでいるところだった。『白鳥の湖』は新演出で、湖の情景のための吊り物の他に、宮殿の場面で下手に高い赤い壁が組まれる。

舞台の総面積は二四五二平方メートル、そのうち演技エリアは三六六平方メートルで、エリアの六倍半の面積があり、バック・ステージと、特に下手のスペースが広大である。天井の高さは二八メートル七五、奈落の深さは六メートル八〇。この劇場が誇る二〇・一メートル×六・〇六メートルの「ステージ・ワゴン」（ビューネンヴァーゲン）が七台あり、各演出に二台使うが、これは回り舞台としても使うことができる。舞台の間口は可変だが、大体幅二〇メートル、高さ一五メートル位を標準としている。

舞台総監督の話では、電気回路は五〇〇回路、器材としてはＡＲＲＩ（ＨＭＩ）、ＥＮＩ、ＰＡＮＩ、ＡＣＮ等高性能の器材が多種類あり、特徴としてはネオン照明を使うことだという（省エネと発熱しない利点）。ステージ・ハンズは六〇〜六四人で、二交代制、週三八時間労働である。

翌日総監督ピーター・ジョーナス氏に聞いたところでは劇場全体で約一一〇〇人、パート・タイマー五〇〇人で、常時一五〇〇人が働いているが、そのうち、オーケストラ一四〇人、コーラス一二〇人、バレエ一〇〇人、専属歌手三〇人、他にゲスト・アーチストとして、指揮者、演出家、デザイナー、歌手等、一シーズンに四〇〇人から五〇〇人のアーチストが参加する。技術部門は約三〇〇人。管理部門は他の劇場より少なく、約八〇人、ということであった。

レパートリー・システムを取るから、年間に三〇七本（内バレエ六五本）という、実に稼働率の高い劇場である。

バイエルン国立歌劇場は、その作業場・倉庫が完備していることでも知られている。ミュンヘン郊外、ポーイングの作業所・倉庫を取材した。

ここでは六五人が専任。大道具、小道具、衣装を作る（靴は別）。モンタージュ・ホールでは、ドニゼッティのオペラ『アンナ・ボレーナ』の新演出の装置を作っていた。装置に使う合板の質のよさや、衣装の生地の上等さに羨ましい思いをしたが、やはり倉庫の見事さには驚いた（大体、日本では倉庫代のほうが掛かるから、再演がすでに決まっているもの以外は、装置は劇場で壊してしまうのだから）。

倉庫は二棟あって、自動的にコンテナーを収蔵できるようになっている。ということは、最初からそのコンテナー（九・五メートル×二・五メートル×一・二メートル）に入るように設計するのである。オペラはコンテナーで五〜六台分が普通で、新演出ほど多くなる。たとえば『タンホイザー』で一三台、『ルチア』で八台、演出が変わっていないバレエ『くるみ割り人形』では二台ですんでいる。この倉庫には四三〇本のコンテナーが保管されている。ただ、コンテナー毎《ごと》に収納してしまうから、家具など使い回しできないという不便さはある。保管期間は作品によって違うが、一〇年〜一五年が長いほうだという。

劇場には四〜五作品分が保管してあり、この倉庫には六五作品分が収納してある。バイエルン国立歌劇場の舞台下手の袖が異常に広いのは、収納スペースとして使うからで、同じく下手側の搬入口から、トラックのコンテナーが自動的に劇場の搬入リフトに収められて、舞台袖に入る。

劇場全体が大きな一つの有機的システムとして動いている様子が手にとるように分かって、大変刺激的であったが、日本の現状と比較すると、劇場の環境――スペースがない＝土地が高いというような即物的な条件――から始まって、劇場というシステムについての考え方そのものに大きな落差があることを、改めて絶望的に思い知らされる。

歌舞伎座の舞台裏

日本で、総合的なシステムとして機能している劇場を探すと、多くの劇場が貸し小屋であり、自主的な製作をするところでも、劇団あるいは芸術的なグループが常駐して、レパートリー・システムで年間のプログラムを組んでいるところは殆どない。劇場付きの舞台監督その他は、純粋に管理者であって、舞台創造には関わらず、上演するプロダクション毎に、演出家がスタッフを揃えて連れて行くのであり、比較の対象がないのだ。結局、歌舞伎を専門に上演している東京の歌舞伎座が、比較的そのようなシステムを備えている劇場と考えられるから、歌舞伎座を例に挙げる。

現在の歌舞伎座の舞台の間口は一五間（約二七メートル）だから、ヨーロッパの劇場に比べて異常に横長である（江戸時代には六ないし七間であったから、二倍以上になっているわけだ）。下座が、「着到《ちゃくとう》」という開演三〇分前を知らせる音楽を演奏し、狂言方がこの鳴物の止めにチョンチョンと打つ「着到止め」から、開演一〇分前に三階楽屋の入口で打つ「二丁」、「廻り」「直し」と、舞台の周囲に開演時間を予告する。

舞台機構としては、『与話情浮名横櫛《よわなさけうきなのよこぐし》』通称『切られ与三《よさ》』の、源氏店《だな》の場面への転換を例にとろう。お富さんが囲われている源氏店の妾宅《しょうたく》の座敷の装置と、その直前の場面である妾宅の入口（黒塀に見越しの松）を裏表に組み、黒塀の入口の装置を回すと座敷になる。その座敷を二〇分足らずの幕間《まくあい》にあっという間に組み立ててしまう光景は、日本家屋の原点を見る思いである。何しろ柱を立て鴨居《かもい》を渡し、襖《ふすま》・障子を立てていくのであり、ヨーロッパのようにでき上がった建造物を運び込むのではない。道具方には若い人も多く、ローテーションで常時二五人がついている。奈落の回り舞台（盆と俗称する）によって舞台転換をするのである。

劇場機構としては、楽屋口にある頭取部屋では、着到板に、役者は自分の名の上に竹の釘《くぎ》を刺して、楽屋入りをしたことを示す。現在では頭取は、楽屋の管理をする役目である。楽屋に隣接して床山（鬘《かつら》の結髪）があり、男物は三階、女物は中二階で分業されていた。衣装は松竹衣装から来るが、公演の分は楽屋の一室で管理する。ただ、和服だから畳んで仕舞えるので、松竹衣装の保存の仕方も、欧米の場合と違って、ボテという箱に収納する。大道具の製作は、舞台裏に歌舞伎座舞台株式会社（旧・長谷川大道具）の作業場があり、取材時は九人の人が働いていた。小道具は藤浪小道具の係だった。なお、松竹衣装と藤浪小道具は、歌舞伎座以外のものも扱っている。

コメディ＝フランセーズの衣装庫

衣装の話が出たついでに、その保存の仕方をコメディ＝フランセーズの例で見てみる。バスチーユ・オペラの裏に当たる地区に保存倉庫があり、シルヴィー・ドゥエイユさんが詳しく説明してくれた。

ここには、九〇〇〇点から一万点の衣装が保存してあるのだそうで、ハンドルで動かせる金属製の衣装箪笥《だんす》に、「時代別」と「作品別」で分類・保管されている。たとえば日本でもよく知られているエドモン・ロスタンの『シラノ・ド・ベルジュラック』のように、レパートリーとして演出がまだ活《い》きている場合は、いつでも使えるように『シラノ』という作品で纏《まと》めてあり、役名とそれを着た俳優の名前を記入したラベルが付いている。それに対して、ミュッセの名高い歴史劇『ロレンザッチョ』やモリエールの『人間嫌い』の場合のように、すでに幾つもの新しい演出があると、名高いイタリア人演出家・美術家のゼフィレッリの作った衣装でも、主役のロレンゾやアレクサンドル公爵の衣装など、衣装として美術的価値の高いものだけ残しておく（一番最近のラヴォーダン演出のものは全部取ってある）。『人間嫌い』についても同じで、ジャン＝ピエール・ヴァンサン演出の折のパトリス・コーシュティエの衣装の何点かが保存されているといった具合である。中には、世紀末の大悲劇役者ムネ＝シュリーがユゴーの『エルナニ』で着けていた革の胴着なども保管されている。時代による分類では、ルイ一四世風とかルイ一五世風、あるいは一八三〇年代、現代といった大分類に、さらに下位分類として女性、男性あるいは夜会服、民衆の服といった整理がされていて、殆どそのままで舞台衣装の歴史のカタログを見る思いである。

生地はオート・クチュールで使う物と同じ質の生地を用いるとのことであり、また衣装デザインの著作権はコメディ＝フランセーズに属し、したがってデザイナーの名とともに保存されるもの以外は、改造して使い回すのだそうである（これはパリ・オペラ座、ミュンヘンやバイロイトでも同じ原則であった）。

ともあれ、単なる収蔵庫などというイメージとは全く違う、一種のアーカイヴ（資料室）の観を呈しており、なるほど分類・保管は古典主義の基本であったと改めて感心させられた。

2　劇場の表の顔――祝祭装置

前章で劇場建築としてのガルニエ宮（パリ・オペラ座）とバイロイト祝祭劇場の間に認められる対比構造を見たが、社会に対して劇場が見せる顔という観点からも、もう一つの対比構造を読み取ることができる。

ガルニエのオペラ座の客席では、「見る」だけではなく「見せる」場としての意味も大きいと言ったが、それはどういうことか。

客席／舞台という「見る者／見せ・見られる者」の関係とは別に、客席の馬蹄形階層構造が、客席の空間に「見られ・見せる者」と「見る者」の分化を生むのである。プルーストの『失われた時を求めて』の「ゲルマント家のほうへ」に「名女優ベルマのガラ」についての客席の描写があり、そこを読むとこの関係がよく分かる。「語り手」にとって、ゲルマント大公妃の桟敷の光景は、舞台上のベルマ（サラ・ベルナールがモデルだとされる）の演技に劣らず重要な関心の的なのであった。

このような社交界の華麗な名士達によって客席において演じられる演劇、それに相応しいものとして、客席だけではなく劇場内に豪華な社交場の空間を設けなければならなかった。パリ・オペラ座は、ナポレオン三世の第二帝政という、産業革命以降の高度成長・消費社会が生み出した記念碑であるから、客席に劣らず豪奢《ごうしゃ》なロビーが、劇場には不可欠の空間なのであった。

入口を入って、大階段を上るのは、「劇場という舞台」への登場であり、また芝居が終わって大階段から出て来る着飾った貴婦人達は、それ自体が一つの華麗なショーであった。大理石の階段の天井画はピルスによるもので、悲劇と喜劇を表すブロンズ像に挟まれた正面入口は、一階席へ通じている。左右へ上がって行く階段は二階桟敷へ通じるのだが、この階に、オペラ通りに面してメイン・ロビーがある。大階段を見下ろす欄干の間の天井画は、当時の劇場内装飾としては大胆なビザンチン風モザイク画で、「オルペウスとエウリュディケー」「ディアーナとエンデュミオーン」を描く。メイン・ロビーの豪華さは、ヴェルサイユ宮殿の「鏡の間」にも比肩するもので、巨大な鏡を嵌《は》め込んだ長いロビーの両端には豪華な暖炉があり、その高い天井を飾る絵はポール・ボードリーの作品。「音楽と踊り」ならびに「美の勝利」をテーマに、神話の人物が描かれるが、その中には「踊るサロメ」もある。劇場正面つまりオペラ通りの側から見て左手のロトンドには、当時知られていた四通りの照明技術、すなわち蠟燭《ろうそく》・灯油・ガス（当時の一般的な照明法）・電気（最新技術）を寓意《ぐうい》的な女神で表したブロンズの胸像がある（例えばガス栓をイヤリングに見立てるとか、電線をネックレスにするとかである）。舞台の裏手に当たるサロンは「ダンスのロビー」であり、ここで定期会員はバレエの踊り子達と会うという特権を享受したのである。裕福なパトロンを見つけることがバレリーナの出世だと考えられていた時代の、バレリーナの社会的な地位を物語る空間だが、現在は閉ざされている。

ところで本章の最初にも触れたように、ガルニエのオペラ座は、当初から「神殿」(temple) と呼ばれていた。詩人のステファーヌ・マラルメが一八七四年の九月から隔週版で出していた流行通信雑誌『最新流行』には、「パリ歳時記」という凝った散文で書かれた欄があるが、第二号の「パリ歳時記」は、この新しい芸術の「神殿」を話題にしている。この時期のマラルメは、いわば「魂のお洒落《しやれ》」の勧めとして、〈最新流行〉の現象する場を語ろうというのであり、読者は〈最新流行〉に参加することで、時代の先端的な美を共有することができるというわけである。美によって自分の存在の意味を発見するのだと言ってもよく、言わば美による社会的な共同幻想の実現である。そうした特権的な流行空間の典型が、パリの劇場であり、その初日という祝祭なのであった。

現代なら、「特権階級のナルシシズム＝自己神聖化」と呼ぶでもあろう劇場のこの機能。その最も豪華な鏡が当時の「新オペラ座」であり、国際都市パリを象徴すべき記念碑は、まさにそのような祝祭装置として機能したのである。

後にマラルメは、王権やキリスト教会という人間の地上的存在に意味を与えていた権威が崩壊した近代社会では、ある種の舞台芸術がそのような共同幻想を保証すると考えるようになる。その顕著な徴《しるし》は、一九世紀の六〇年代から流行をみる管弦楽の演奏会であって、そこに近代社会における宗教の代換物を見いだすことになるのだ。

マラルメがこのように考えるようになった動機の一つは、ワーグナーにとっての祝祭劇場の文字通り宗教的な性格であった。すでに述べたように、ワーグナーにとっての祝祭劇場は、天才の作品による芸術的な、そして殆ど宗教的な共有体験を目的としていた。一八八五年の「ワーグナー評論」に載ったマラルメの「リヒャルト・ワーグナー――一フランス詩人の夢想」、その最終段落が語る「聖地巡礼」の比喩は、もちろんマラルメの発明ではなく、当時ワーグナーの信奉者に共有されていた祝祭劇場のイメージであり、そこへ出向くことは当初から「バイロイト詣で」の比喩で語られていたのである。

ガルニエのオペラ座とバイロイト祝祭劇場という、二つの「祝祭装置」。しかし〈特権階級の自己正当化〉と〈聖地巡礼〉では、意味が違うのだが、劇場が社会に対して見せる表の顔を考える時には、この二つに通底するものを捉えなければならないだろう。劇場と劇場を取り囲む環境を、演劇的体験を生成させる一組の〈装置〉として考える。ワーグナーの作品至上主義とガルニエのオペラ座の社交性では、正確に背中合わせだが、現代の演劇が生きている状況は、多かれ少なかれこの両極に引き裂かれている。

それは、実は「フェスティヴァル」"festival"という概念の誕生とも不可分であった。この単語は、フランス語としては作曲家のベルリオーズが一八三〇年に使ったのが最初だというが、マラルメはそれを「大がかりな音楽イヴェント」の意味で使った最初の一人でもあったし（『最新流行』第四号「催し物案内」）、やがてそこに宗教の代換物を認めるに至るのだ。

たとえば、第二次大戦後のヨーロッパの演劇フェスティヴァルとしては最も輝かしい歴史を持っている南仏アヴィニョンの演劇祭。郊外の石切り場を用いて徹夜で上演されたピーター・ブルックの大叙事詩劇『マハーバラタ』のような質の高い作品では、この特殊な環境における上演に参加すること自体が、優れて演劇的な共有体験なのであった。確かに、単なる作品至上主義の対部として、総体としての共有体験の再評価は重要であるが、やはりその核となる作品の力は鍵である。単なる観光開発に終わるようなフェスティヴァルもまた、存在するのだから。

劇場とそれを取り囲む環境は、決して恣意的な組み合わせに終わるものではない。江戸時代の日本のように、芝居町が「悪場所」として都市の周縁部に囲い込まれるという経験はかなり異常な現象だが――俳優が差別の対象となることと、劇場街の空間的囲い込みとは別である――しかしヨーロッパの都市でも「芝居町」への幻想はあり、それを最も感動的に謳い上げたのが、マルセル・カルネ監督の映画『天井桟敷の人々』であった。劇場と都市の関係、劇場街のステータスや地理学的条件も、現代の問題意識から振り返る時に、演劇の記憶の中で見落とすことはできない課題なのである。

第4章　演じる者の系譜

演じる者には大きく分けて二つの系列がある。

①「演じる＝自分とは違う者になる＝役への変身」という作業であり、普通の意味での芝居《ドラマ》の演技。

②自分自身のままで、身体技の高度な達成を美的なものとして見せる。たとえばサーカスの曲芸のようなもの。

この中間に位するものもあり、「踊り」によって成立する芸能の多くはそれに当たる。この対比構造は、演技者の二重性という問題にも繋がるだろう。

大雑把に言ってヨーロッパでは、演劇というと前者しか考えない歴史が長かったが、日本は違う。彼我の対比の歴史的背景を考えつつ、現代演劇の問題意識から捉え直してみたい。

1　再現＝代行型演技

舞台で演じるとは、役者が、自分自身とは別の人間になることであり、その意味での模倣の対象に変身することを前提とし、そのような人物に成り代わって、そのような人物をそこに再現する作業である。再現とは、再＝現前化つまり再びそこに存在させることであり、ラテン語系のヨーロッパ語では、再現前化と代行とを同じ一つの単語représentation《ルプレザンタシオン》（仏語）／representation《リプリゼンテイション》（英語）で表す。演技のこの構造を、ここでは再現＝代行型演技と呼んでおく。このヨーロッパ語は、舞台上演を意味することができ、また広く表象の意にもなるから、舞台上演の再現＝代行＝表象の構造の根幹を指し示していると考えられる。

自分ではない人物に変身する仕組みはさまざまであるが、化粧や仮面は、最も古くから行われてきたから、分かりやすい例だろう。

仮面を用いる演劇として高度な完成を遂げたのは能である。仮面は元来憑依《ひょうい》、つまり神憑《かみがか》りになるための仕掛けであり、この憑依の作用は衣装にも存在すると考えられていた。愛する人の衣装を着けることで、その霊に取り憑《つ》かれるのである。世阿弥作の『井筒』では、能役者がまずシテの役（ここでは、在原寺の辺りの里の女）に変身するが、この若い女性は在原業平との愛を語るうちに、その幼友達であり妻でもあった紀有常《きのありつね》の娘の霊であることを明かす。そこでは里の女から紀有常の娘への変身があり、更に後シテは在原業平の形見の冠直衣《かんむりのうし》を着けて現れ、舞を舞った後に、美しい男の姿を井戸の底に見るのがクライマックスである。つまり舞台上では、業平の衣装を着けた妻が業平のイメージそのものに変身した美的両性具有の姿が出現するのである。作品そのものに書き込まれた重層的な変身の仕掛け、それを保証しているのが面であり装束であるが、むしろ、変身の仕掛けとしての面や装束の機能が、能作の根拠にもなっている。

能と、古代ギリシア劇やルネッサンス以降のコメディア・デ・ラルテでは、仮面の形状も働き方も違うから同一には論じられないが、変身の仕掛けであることは共通であり、面の呪力も、これらに通底すると考えられる。

素顔を完全に消してしまうような歌舞伎の厚い化粧や能面とは違って、現代では素顔に近い顔で——場合によっては全裸で——極めて距離のある人物を演じることも行われる。パリのコメディ＝フランセーズで取材したラシーヌの処女悲劇『ラ・テバイッド』〔テーバイ物語〕を挙げると、この作品はオイディプースの残した双子の兄弟エテオクルとポリニスの、王権を巡る近親憎悪の悲劇であり、古代神話を主題にした一七世紀の作品だが、この演出では俳優はむしろ現代に近い衣装で、顔も素顔に近い。古代神話による異常な情念が、素顔でも演じられるように身体化されていると言ってもよい。虚構の人物の下に演者が完全に消え去るのが、近代のリアリズムの原理だが、それは必ずしもメイク、鬘、衣装といった「拵《こしら》え」の問題ではないことがよく分かる。ともあれ、アリストテレスの説く「模倣＝ミメーシス」"mimēsis"――悲劇は人間の行動の模倣――にせよ、世阿弥の重視する「物まね」（「よく似せる」「そのものになる」）にせよ、元の人物に成り代わって（代行）、その行動をそこに再び存在させる（再＝現前化する）という原理は明らかである。英語でいう「ドラマ」の演技はこの構造であり、演じる物語と登場人物に密接に結びついている。変身の根拠は、その意味で劇作の側にあると言える。

2　直接的＝身体技

役とか登場人物のように、「演じる者」と「演じられる者」の間に媒介となるものがない、つまり「メディエーション（仲介・媒介）」"mediation"がないという意味で「直接的」"immediate"な演技の系譜がある。

それは通常、身体技が主要なものとなり、かつその見せ方はしばしば純粋にショー的なものとなる。

直接的＝身体技の分かりやすい例を引けば、サーカスや寄席の曲芸・軽業といったジャンルであり、サーカスの空中ブランコのように、純粋に特殊な身体技の展開を一つのショーに仕立てるのである。筋のない踊りや群舞もそうであり、更にクラシック・バレエを支えるアカデミック・ダンスの技法には、回転や跳躍が、その技術そのものによって意味を持つような局面がある。バレエの「グラン・フエッテ」（片脚を支えにして反対側の脚を振り上げる連続回転）のように、アカデミック・ダンスにおいては、技術だけではないが、技術は第一に表に見えるものだ。

身体技の高度な洗練という意味では、大道芸の玉の曲投げ・壺《つぼ》回し・火吹き男などサブカルチャーの芸能には多く見られる。

こう考えてくると、スポーツにもそのような特殊な身体技の展開はあるし、そもそも身体技抜きのスポーツなどはありえないことに気づく。例えば新体操は、殆どそのままで一種の踊りに近いし、フィギュア・スケートなら芸術点が付く。

演技者と演じることの間に「役・人物」といった「メディエーション」がなく、その意味で直接的であり、身体技が中心で、パフォーマンスの演技術だが、単に身体技の高度な達成だけが問題なのではなく、それをいかに見せるかという問題がからむ。衣装や演技空間の仕組みや音楽に凝るといったショーの様相が濃くなるのは、それらの身体技によってある種の虚構的な時・空間の幻想を生成させるためであり、そこに演劇的快楽の源が潜んでいるからである。この局面では、綱渡り芸人も、日常において出会う何某《なにがし》ではもちろんなくて、危険な賭に挑むヒーローに変容しているのだ。事実、このように直接的＝身体技を根拠とする演技においても不可欠な変容は、身体技の達成に伴う危険――綱渡り芸人の場合のようにまさに生死にかかわるものであれ、曲芸のように公衆の面前での失敗という恥であれ――と無関係ではない。更には、このような虚構の時・空間の生成という幻想体験からするならば、映像として切り取られたスポーツのパフォーマンスが芸能と映るのは当然かも知れない。

3　演じる者の二重性

劇の根拠をなす「再現＝代行型演技」と、ショーを支える「直接的＝身体技」、この二つの中間にある典型的な舞台芸術は踊りである。

例えば、ベジャール振付の『パ・ド・ドゥの芸術』「モーツァルトによるパ・ド・ドゥ」の中では、何らかの物語を表しているのでも、誰か人物を演じているのでもない。ダンサー達は、キャサリン・ブラッドニー、イゴール・ピオヴァノといったダンサー自身であり、しかも男性の場合はレオタードに上半身は裸体である。しかしそれは、単にベジャールの振付が要求しているであろう特殊な身体技の展開というのでもない。物語や登場人物のレヴェルには還元し得ないが、それとは別のレヴェルで、例えば形と運動によって編み出されていく空間の詩のような、虚構的な全体構造のレヴェルで、これらの身体技の洗練が美的幻想として生成されていく。

純粋に直接的＝身体技であるサーカスの曲芸も、現実の危険と背中合わせになっているだけに、ある種の虚構化の作用に取り囲まれていることが必要だった。そのような幻想の時・空間を、振付家は人間の身体とその特殊な技能の二重の美的洗練を用いて、舞台上に組織化するのだと言ってもよい。

もちろん、踊りに物語や登場人物が書き込まれている場合も多い。バレエでも「劇的バレエ」と呼ばれるもの（たとえば『白鳥の湖』や『ジゼル』）がその典型であるし、日本の舞台芸術では、能にせよ歌舞伎にせよ、筋や人物設定と全く無関係な舞や踊りは少ないだろう。ここで問題となるのは、純粋に踊りに還元はできないと同時に、劇に還元することもできない様相のことである。

たとえば中村歌右衛門の踊る『娘道成寺《どうじょうじ》』について、そこに物語レヴェルでは能の『道成寺』が本説としてあり、主人公は白拍子花子だとされていても、能と共通するのは、恋する女の執着つまり恋の情念が、釣鐘によって引き出されていること位だろう。白拍子と名付けても、実体は江戸の町娘であり、恋する女の諸相を踊り分けて見せるのが眼目である。ただそれでも、能の物語を支えている「執心」というテーマは一貫しているし、娘であるのは、「中啓《ちゅうけい》の舞」の白拍子にせよ、少女が踊る「毬歌《まりうた》」の「廓尽《くるわ》くし」の遊女にせよ、あるいは「山尽くし」を踊る「羯鼓《かっこ》」のような芸能の引用にせよ、恋する女体というパラダイムが書き込まれる情景あるいは身体のことだ。

その限りでは役者が幾つもの人物を演じ分けているには違いないのだが、それ以上に、道成寺伝説の記憶と現実の恋する女を隔てる距離の空間に、変幻する「踊る身体」が主題なのだと言ったほうがより正確だろう。しかもそれを体現しているのは、女形なのであり、男の幻想として純化された、美としての女なのである。

歌舞伎の踊りの場合、やはりそこに何か演じる虚構があり、その表現を特殊な身体技が支えている。しかしその虚構は、単純に物語や登場人物には還元できない、別のレヴェルを孕《はら》む虚構であり、それを女形という身体の虚構ないし幻想と見なしてよさそうである。

ここでは二つのことに注目しておくべきだろう。一つは、舞台で見せる踊りにショー的な要素が強いのは、踊りが祭礼や祝祭の場と深く結びついていて、そこですでにショー的な豪華さや洗練が追求されていたことであり、また踊る身体の魅力は単に演じる身体の魅力以上に歴然としていることである。だからこそ世阿弥は「かかり」つまり身体や舞台の表現全体が「幽玄」すなわち美的に洗練されたものであるべきだと説いたのである。

「かかり」は表現のスタイルや感覚、「幽玄」は「優美・艶麗」な色気だと一応言っておくが、実は再現=代行型演技でも、観客は単に役や登場人物だけを見ているわけではない。役と役者が二重写しになって見えている。何某のハムレットがいいとか、是非ハムレットを何某で見たいというのは、一義的には彼のハムレットしか考えられないほどに「役者が役と同化している」と見えることであろう。しかし「何某の」というのは、実は舞台上演に際して、その役者の身体的特性が見えていることを内包する。もちろんそれは、生《なま》の体が見えるのではない。舞台で演技するために訓練した体であり、言わば前表現的にすでに変容した体であって、これを私は虚構の身体と呼んだが、役者に花があるとかないとかいう議論も、恐らくこのレヴェルの身体に関わる。国際演劇人類学スクールを主催する演出家エウジェニオ・バルバも、東洋の伝統演技における虚構の身体の習得とその力を指摘している。

一九九五年の秋に上演したジャン・ジュネの『女中たち』で、本木雅弘の女中クレールと大浦みずきの奥様の、「頬紅」のくだりを見てみると、そこに見えるのは女中クレールであると同時に、それを自分の男の体で演じている本木雅弘である。大浦みずきの奥様についても、特にそのファンは奥様を見ていると同時に大浦みずきも見ている。このような虚構と現実の二重写しは、リアリズム演劇の排除したところだが、しかし「何故《なぜ》、自分とは別の人物を演じることで何かを表現するのか」という演劇の基本的な問いに立ち返ると、生の自分を見せればそれを人も面白がるなどと言うのは、鼻持ちならぬナルシシズムであって、むしろ生の自分を消し、仮面を被《かぶ》ることで、つまり虚構によって真に自分の表現を手に入れることができたのだという事情を思い出す必要があるだろう。一八世紀にディドロも、俳優と役のあいだの乖離《かいり》を論じていた。あるいはそんな自分というもの自体が近代の発明かも知れず、王から娼婦《しょうふ》に至るまで、他者の視線によって成立する存在は、常に自分の役を巧《うま》く演じることを要求されていたのである。

芝居の現実的体験として、役者はいくら自分を隠しても自分の地というものは見えてしまう危険はあるのだから、自分を隠す仕掛けはいくら完璧にしても完璧すぎることはないのだ。世阿弥はそれを「我が心を我にも隠す安心」という見事な言葉で言い表している。

4　対比の歴史的な系譜――日本の芸能と西洋演劇

問題の整理として提出した演技の二つの型あるいは系譜――「再現＝代行型演技」と「直接的＝身体技」の対比は、ヨーロッパの演劇史と日本の芸能史の違いを見るためにも有効だろう。ヨーロッパでも、元来この対比構造は存在したが、後者は時代と共にサブカルチャーに追いやられたからである。

古代ギリシアの大ディオニュシア祭の折には、四種類のジャンルが上演された。それは、悲劇三部にサチュロス劇が付いたものと、喜劇とディチュランボスであった。この内、始めの三つは俳優が自分以外のものを演じるのであるから再現＝代行型演技であるが――サチュロス劇では演者はサチュロスに変身している――最後のディチュランボスは、集団歌舞によるディオニュソス讃歌であり、直接的＝身体技に属する。しかし、以後の古代世界では悲劇と喜劇だけが生き残ることとなり、ディチュランボスは断片が残るのみとなる。

ローマにおける見世物の重要性は、闘技士の決闘などという限界的なショーをも生むわけだし、中世の芸能の身体性は図像などからも想像できる。ルネッサンス以降では、オペラや特にバレエで「機械仕掛け」のショーの重要さと、またコメディア・デ・ラルテのように、決して台詞がないわけではなく、台詞は重要だが――これを台詞のないパントマイムと混同してはならない――しかしアクロバットを始め、誇張した様式的演技が主体である演劇では、役者の身体的資質や技能は決定的に重要であった。

コメディ＝フランセーズ所蔵の「フランス・イタリアの道化役者像」（図4－1）は、一六七〇年頃の作と伝えられるが、過去半世紀にわたる有名な喜劇役者を描いている。グロ・ギヨームとかゴーティエ・ガルグイユといった一七世紀初頭の喜劇役者は背景に退いているが、モリエールの師であったスカラムーシュ（黒いベレーに白襟の黒服）は最前列右に配されており、モリエールは左端に自作の『女房学校』のアルノルフの扮装《ふんそう》で描かれている。

この絵からも想像できるように、ヨーロッパといえども、役者の身体的魅力や身体技は極めて重要であったはずだが、一方で演劇のモデルとされたのが古代悲劇であり、しかもそれが書物によってのみ伝えられたから、また他方では一七世紀以降、優れた文学戯曲が舞台の変革のヴェクトルを担ったために、「言葉の演劇」としての「再現＝代行型演技」が「演劇の主流」と考えられるようになった。そして「直接的＝身体技」は、サーカスやミュージック・ホールの芸能として、サブカルチャーに追いやられることになったのである。

構造主義の理論家であり文芸批評家であったロラン・バルトは、その『神話作用』*Mythologies*（一九五七年）の「ミュージック・ホールにて」と題するエッセーで、直接的＝身体技の展開であるミュージック・ホールの芸人に触れて、次のように述べている。すなわち、ヨーロッパの舞台芸術の歴史では、直接的＝身体技が抑圧されてきた歴史が長いから、その復権は「既成の演劇に逆らう」形を取らざるを得なかったと。そこから、身体的演技の復権がもちうる体制破壊的な作用が示されるのだが、事実、この書物より一〇年後の演劇の大きな地殻変動は、身体性の復権を巡って生じたと言ってもよいのである。

日本の芸能の歴史は違う。「芸能」という言葉を使ったが、ヨーロッパ的な概念での「演劇」（狭い意味での演劇であり、「言葉の演劇」を核とした「再現＝代行型演劇」）に納まらないものを、一応「芸能」と呼んでおこうと思う。

　そこには、「物まね」の系譜と「曲芸」の系譜が認められる。猿楽の能が成立する以前の芸能について言えば、藤原明衡《ふじわらのあきひら》の『新猿楽記』（一一世紀）の語る大道芸には、さまざまな「物まね的な演技」による寸劇と同時に、多様な「曲芸」が読み取れる。図像で見れば一二世紀の『信西《しんぜい》古楽図《こがくず》』（信西入道藤原通憲《ふじわらのみちのり》の筆と伝える）には、逆立ち・綱渡り・刀玉などの曲芸が活き活きと描かれている。

　日本が知った最初の組織的音楽と舞である雅楽の舞、つまり舞楽でも抽象的な舞が主眼のレパートリーと

図4-1　「フランス・イタリアの道化役者像」
図版提供：放送大学

人物の物まねを含むレパートリーがある。文ノ舞・武ノ舞・童舞は主として前者であり、「走物」は後者に属する。顔が美し過ぎるので、恐ろしい仮面を掛けて出陣した武将を描くという『蘭陵王《らんりようおう》』や、中国南方の「蛮族」で蛇を好んで食うという物語を仕組んだ『還城楽《げんじようらく》』などがその代表である。つまり演技の二つの系譜はここにも対比構造として認められるのである。

しかし、以後の日本の芸能の記憶の上で重要な対比は、やはり一四世紀における田楽と猿楽の対比である。

田楽も猿楽もそれぞれ元芸を持っていたが、田楽の元芸は、貴族などの邸の中門で祝詞を述べ、歌舞をする「中門口」「びん簓《ささら》」「高足《たかあし》」「一足《いつそく》」「立合い」といった身体技中心のレパートリーであった。田楽は現在では民俗芸能としてその痕跡を偲《しの》ぶことしかできないが、「浦嶋明神縁起絵巻」などには、ダイナミックな田楽法師たちの演技が描かれている。しかし、図像以上に臨場感溢れる筆致で、官能的なショーとしての田楽の上演の光景を伝えるのは、何と言っても『太平記』巻二七、一三四九年（貞和五年）六月、四条河原の「桟敷崩れの田楽」の記事だろう。この勧進田楽の客席については、すでに「第2章　劇場の系譜」で触れたが、舞台では新座と本座の田楽を共演させ、東西に楽屋を作り、両方に橋掛りを掛けた――

> 中門口の鼓を鳴らし、音取りの笛を吹き立てたれば、匂ひ薫蘭《くんらん》を凝らし、装ひ紅《こう》粉《ふん》を尽くしたる美麗の童《わらは》八人、一様に金襴の水干を着して東の楽屋より練り出でたれば、白く清らかなる法師八人、薄化粧の鉄漿黒《かねぐろ》にて、色々の花・鳥を織り尽くし染め狂はしたる水干に、銀の乱紋《らんもん》打ったるすそ濃《ご》の袴に下くりして、拍子を打ち、あやゐ笠を傾け、西の楽屋よりきらめき渡って出でたるは、まことにゆゆしくぞ見えたりける。一の簓《ささら》は本座の阿古、乱拍子は新座の彦夜叉、刀玉《かたなだま》は道一、おのおの神変《じんぺん》の堪能《かんのう》なれば、見物耳目《じぼく》を驚かす。

美少年・美青年の群舞、びん簓、乱拍子、刀玉などの「立ち合い」つまり競演は、まさに身体技中心の、官能的でショー的要素の濃厚な演《だ》し物《もの》であった。高足、一足、刀玉などは唐散楽系の芸であり、また「あやい笠」に「びん簓」と「鼓」「袴の裾の下を括る」というのは、田楽の基本的なイメージをなす扮装である。

この田楽固有の芸の後で、「山王の示現《じげん》・利生《りしやう》の新たなる猿楽」を演じて、その見事さに見物がどよめいたため、八三間（約一五〇メートル）に及ぶ三層の桟敷が一挙に崩壊したというのである。

ここで「猿楽」と言っているものは、前半の身体技中心の華麗なショーとは異なり、「人物」と「物語」を持つものを指しているから、今なら「劇」とか「ドラマ」と呼んでよいものだろう。そして、この「人物と物語」を持ち、「物まね」（人物を演じる事）を中心とした演目が、「能」と呼ばれるようになる演目に他ならない。

この桟敷崩れの勧進田楽の起きる同じ年、貞和五年二月の春日若宮臨時祭に際して、禰宜《ねぎ》（神官）と巫女《みこ》が、専門の田楽と猿楽に倣って、禰宜が「竹の猿楽（立ち合いの舞）」と劇的内容のある演目を、巫女が「翁」とやはり劇的内容のある演目を演じている。これが能の歴史の上では最も古い記録として引かれるものである。

つまり、猿楽の番組は、その元芸である「翁猿楽」（天下泰平を祈願する千歳《せんざい》・翁・三番叟《さんばそう》による儀礼的な舞）を演じた後に「能」を、田楽の番組は、その元芸であるショー的性格の強い身体技を演じて、次いで「能」を演じていたということなのであり、再現＝代行型演技の構造に立つ舞台表現が「能」と呼ばれるようになるのだ。

こうして見ると、猿楽は元芸の「翁」そのものが、神に成り代わって祝福の呪法を行うという再現＝代行的な舞台表象であったから、この演技の構造を自分たちの芸能の根本と考えたのであり、それに対して田楽は、本来「身体技とショー」を売り物にしていたから、能を演じても、劇的整合性よりは、舞や音曲といった身体技の美的・官能的洗練を売り物にした（因みに江戸時代の写本の「七十一番職人歌合絵巻」の五十番に当たる「田楽と猿楽」が、田楽はあやい笠にびん鬚、猿楽は翁という図像を掲げているのは、この二つのジャンルについての通念的表象をよく物語っている）。

世阿弥は田楽の芸風との対比で、自分の「大和猿楽」の演劇的原理を、「物まね・儀理を本とし」「幽玄の風体《ふうてい》」であるとした。「物まね・儀理」は、劇を担う人物を演じることと、その際に言語表現の整合性と効果を重んじることであり、「幽玄の風体」とか「かかり幽玄」と呼ばれるものは、舞台上の表現が、「優美艶麗」を規範とする美的感覚に貫かれていることを指す。この「かかり幽玄」は、猿楽の内部でも、世阿弥の大和猿楽に対して、都に隣接した比叡山をパトロンとする近江猿楽が先に実現していたことであり、また田楽が身体技的ショーとして磨き上げたものでもあった。したがって、「能」部分の洗練もこれらのほうが先んじたのだが、近江猿楽がその幽玄至上主義、つまり舞でも音曲でも官能的な美しさを優先させ、田楽は田楽で、その美学は劇的整合性を重視しなかったことは、世阿弥の批判するところであった（『申楽談儀』）。

ところで、「ショー的性格の強い芸能」を、日本の中世には「風流《ふりゅう》」と呼んだ。「豊国祭礼図」に見られる傘や「祇園山王祭礼図」の山車《だし》など、傘や山車はいずれも「風流」であり、現在でも狂言などに「何々の風流」という小書きがつくときは、ショー的な演出がなされる。

こうして日本の伝統芸能では、「再現＝代行型演技」による劇と、「直接的＝身体技」による「ショー」とが共存することが多い。これは歌舞伎が「かぶき者」の「かぶく」（常道を逸した）身体行動に由来すること、そこから音曲や踊りの重要さや、「アクロバット的な要素」の効果（例えば三世市川猿之助の「宙乗り」や「早変わり」、あるいは『蘭平物狂い』などに展開される「立ち回りのタテ」）などを思い浮かべれば充分であろう。

しかもこれは、現代の劇場でも見られる対比構造なのである。たとえば宝塚歌劇のプログラム構成は、第一部で劇的内容のある作品を出し、第二部はレヴューにするとか、あるいは流行歌手の「実演」という形態の場合も、第一部ではとにかくドラマを演じ、第二部で歌謡ショーを展開するという組み方である。もっとも、田楽のプログラムに比べて、ショーとドラマの並べ方は逆ではあるが。ひょっとして、現在のミュージカルの繁栄や、あるいはオペラやバレエに対する熱狂も、このような日本人の芸能的想像力の基層に通じるものなのかも知れない。

5　現代演劇における戦略

先に引いたバルトの一文が予言していたように、欧米において既成の演劇を解体しようと企てる前衛的舞台には、身体技に関わる二つの戦略があった。その第一は、芸能のサブカルチャー的な層の掘り起こしであり、第二は身体性の復権である。

すでに触れたように、七〇年代初頭からヴァンセンヌの弾薬庫を拠点劇場とした

「太陽劇団」は、その代表作となる『１７８９年』の革命劇で、民衆的な芸能としてのサーカスや寄席の芸を大々的に取り入れたし、移民労働者の問題をコメディア・デ・ラルテの仮面と演技を用いて舞台に掛けた。更にはシェイクスピアの『リチャード二世』も、歌舞伎のような誇張的様式演技や能面を変形してバリ島のトペンの面に仕立てたような仮面などを用い、特に人物の登場には、広い演技エリアの上手奥に配した二〇メートルを超える花道を舞台正面まで、すべての俳優が疾走して来て見得を切り、そのまま長大な台詞を絶叫するという演技を作り上げた。これも、従来の演劇的な慣習に染まった身体をもう一度出発点に送り返して、その真の力を取り返そうという企てである。

それに先立つ一九六〇年代には、ポーランドのヴロツワフの「実験室劇場」の主催者である演出家イェジュイ・グロトフスキや、オフ・オフ・ブロードウェイからやって来たジュリアン・ベックの「リヴィング・シアター」の肉体の演劇が、言葉の演劇に対する過激な異議申し立てとなった。グロトフスキの場合は、ポーランド土着的キリスト教神話を、チェスラクという俳優の身体によって読みなおそうとする、一種の精神分析的な演劇であったし、「リヴィング・シアター」は、アルトーの「残酷演劇」の主張を文字通りに実行しようとした。

六〇年代の日本の「アングラ演劇」でも、唐十郎の「状況劇場」や鈴木忠志の「早稲田小劇場」など、サブカルチャーの取り返しや抑圧された土着的身体の表象の掘り起こしが行われたから、これらの実験は国際的に同時多発的な変革であるという印象を与えた。その中でも、「暗黒舞踏」から生まれた"Butô"と呼ばれる日本的な前衛ダンスは、西洋的身体とは質的に異なる日本人の身体という「差異」の幻想を生み出して、欧米で持て囃された。

一般に、七〇年代から八〇年代にかけて、「ダンス」が世界的に脚光を浴びるのも、この身体性の復権の地平を鮮明にさせる現象であった。

そこには、西洋の言葉（台詞）中心的な演劇の批判を企てる戦略として、東洋の伝統演戯を取り入れようという傾向が顕著でもあった。大正時代に大使として日本に正味五年を過ごした劇詩人ポール・クローデルの例や、バリ島の演劇に激烈な衝撃を受けて「残酷演劇」の主張をするに至るアントナン・アルトーの言説は、第10・11章で「東洋演劇の幻惑」として扱う。

第５章　稽古という作業

この章では、演劇作業つまり舞台作りの実際を見る。舞台は多くの部門の専門家の協力で成立するのであるから、それぞれの役割とそのなかでの演出家の作業を考える。まず演劇創造という集団作業の実体、つまり稽古とその具体的なプロセスを追う。舞台のでき上がるまでの実例として、一九九五年一〇月に上演したジャン・ジュネの『女中たち』などいくつかの実作の記録を見る。

日本では稽古の記録を取る習慣がない。例えばフランス国立科学研究所では「演劇創造の道」という分厚いシリーズを出しているが、その中に前衛的な稽古の過程の記録と分析がある。ただ、これを行うには役者・スタッフの好意ある協力が必要である。

演出家という存在が、現在は多くの場合稽古を仕切っているわけだが、演出家は何をするものなのか。演出家の歴史的起源と現代演劇におけるその役割については「第9章　近代劇とその対部」で詳しく考える。

1　スタッフとキャスト

演劇作業にはどういう人が関わるのか

具体的に例を取らないと分からないので、一九九三年に銀座セゾン劇場で上演したミュッセ作『ロレンザッチョ』の場合を見る。なお、アルフレッド・ド・ミュッセは、フランス・ロマン派の代表的詩人で、劇作にも独自の世界を開き、わが国でも甘く幻想的な恋愛劇『戯れに恋はすまじ』『マリアンヌの気まぐれ』などで知られていた。『ロレンザッチョ』は、「一六世紀のメディチ家暗殺事件」を主題に一八三三年に書かれた長編歴史劇である。詩人二三歳の作で、いかにも早熟な天才の傑作だが、殊更、挑発的なまでに上演の可能性を無視して書かれているから、初演されたのは作者の死後三九年後、一八九六年のことであり、しかもサラ・ベルナールが男装して演じた。このフランス・ロマン派版ハムレットは、以後、女優が男装して演じるという慣習が確立してしまうが、それを覆したのは、第二次大戦後の舞台と映画の花形であったジェラール・フィリップである。彼の属していた国立民衆劇場（ＴＮＰ《テ・エヌ・ペー》）の上演によって、ようやく作品の政治劇としての様相が明らかになった。日本では、すでに一九二八年（昭和三年）に故渡辺一夫訳が新潮社の「世界文学全集」の『仏蘭西近代戯曲集』にのっていて、これは後世から考えると大変な先見の明であった。戦後一九五二年にジェラール・フィリップが南仏アヴィニョンの演劇祭で演じた舞台は、以後語り継がれ、私自身もパリでの再演を一九五八年に見て、これはいつかは演出してみたいと思った。しかし上演用の翻訳台本から作らなければならないし、またカットしても三十数景の場面転換と、延べ五〇人近い人物の出る芝居で、しかも主人公の虚無的暗殺者ロレンゾ・デ・メディチと、彼が放蕩《ほうとう》の手先となっているフィレンツェの若き暴君アレクサンドル・デ・メディチを始め、物語に相応しいスケールの大きく複雑な人物達が出るから、企画を実現するのは極めて難しかった。戦後演劇の記念碑でもあるこの作品の本邦初演が実現したのは、銀座セゾン劇場の勇気ある決断に負うところが大きい。

この『ロレンザッチョ』のように大きなプロダクション（演劇製作）の場合、どういう人がそこに関わるのか。それを系統的に見てみよう。

大きく分けて、そこにはスタッフとキャストがある。

それを一覧表にして示すと次のようになる。

スタッフ

○企画・立案者

○制作側
□劇場側製作者
□舞台制作者（広報・宣伝を含む）ならびに助手
□宣伝材料（チラシ・ポスター）の作成者（デザイナーとその事務所）
□営業担当者
□プログラムの作成者
□スポンサー
○作者（翻訳者を含む）
○演出家
○演出助手
○プランナー
□美術（装置）
□照明
□衣装
□音響
□かつら
○上記プランナーの助手（衣装は着付け）ならびに照明・音響のオペレーターと

助手
○舞台監督ならびに舞台監督助手
○大道具・小道具・衣装・靴・かつら・音響等関連の作成会社ならびに照明器材のレンタル会社

キャスト

○出演俳優
□俳優のマネージャー

他に、作品によっては、振付、殺陣《たて》、作曲などが入る。

この内で、分かりにくいのは「製作」と「制作」の区分だが、通常は予算を握り、上演作品に対して著作権を持つのが製作であり——この場合は銀座セゾン劇場——具体的に配役やスタッフの決定に際して企画の実現をはかり、また稽古の進行や舞台作りの事務的調整を受け持つのが制作である。普通「せいさく」と言った時には後者の制作を指す。

演劇制作はどういう手順を踏むか

①企画立案　第一段階として、劇場側製作者、舞台制作者、演出家などの間で、上演すべき作品についての議論と合意が必要である。『ロレンザッチョ』のように劇場主催のプロデュース公演の場合は、舞台制作の担当者が、劇場側の代弁をしつつ企画をかため、演出家と、どのようなスタッフとどのようなキャストでこの作品を作るのかを議論する。

舞台作りに必要なスタッフ、つまり演出部（演出助手、舞台監督、同助手）と美術・照明・衣装・音響などのプランナーについては、演出家の持っているチームがそのまま入ることが多いが、キャストつまり配役については、俳優の集客力（観客動員力）がどうしても考慮の対象となる。

ここで、俳優の属する母集団について一言触れておくと、今以《もっ》て現代演劇の制作母体は新劇などの劇団だと考えている人が多い。事実、首都圏に限っても、三〇以上の団体が日本劇団協議会に加入しているが、劇場で演じられていて、しかも優れた成果を挙げている作品は、少数の例外を除いて、劇団の枠を超えた所で実現されている。これはチラシやポスターを見れば一目瞭然であり、そこには演劇制作の「自由市場化」とでもいったらよいファクターが深くからみあっている。私自身、現在でも一応演劇集団に籍を置く者としては、この状況がそのままでよいと考えている訳ではない。

しかし「ギルド」的に閉鎖的な新劇団にも大いに問題があるが、問題はより広範で深い。

②スタッフ・キャストの決定　制作サイドと演出家の打合せで重要なのは、配役《キャスト》の決定である。劇団の場合はある程度選択肢が限られているが、劇場プロデュース公演の場合は事情が違う。出演してもらいたい役者で、よく知っている場合はいいが、そうでない場合はさまざまなルートで情報を集める。オーディションをする場合もあり、『ロレンザッチョ』に際しても、非公開のオーディションはした。劇団や俳優事務所(事務所と通称する)の側では、そういう場合に備えて役者のプロフィルを用意しておくわけだが、このプロフィルの作り方を見ると、事務所や劇団の見識や、どのくらい役者を大事にしているか、あるいはどのくらい本気で売り込もうとしているかが分かる。『ロレンザッチョ』のように、一人に幾役も兼ねてもらっても、出演者の数が三〇名を上回るような大きなプロダクションになると、制作者と演出家はこの段階での事務所との駆け引きがかなり大変であり、準備期間には丸々一年以上を要した。

スタッフも、芝居作りの上では役者に劣らず重要である。特に『ロレンザッチョ』の場合、七景をカットしても三三景は残るのだし、しかも現在の舞台美学では、一九五〇年代にジェラール・フィリップがやったような機能的抽象舞台は作れない。しかもこの作品では「フィレンツェ」の町が一個の重要な登場人物なのだから、「フィレンツェのイメージ」は、常に感覚的に舞台に現前していなくてはならない。その上で、三十数景の舞台転換を可能にする仕掛けを考案しなければならないのだ。

演出部を構成するのは、演出家とそれを支える演出助手、そして舞台監督と舞台監督助手だが、舞台監督助手は限界的ケースとしては一人ということもあるが、通常は複数人がつく。『ロレンザッチョ』の場合には七人がついていた。この作品では群集場面が幾つもあるから、演出助手の手腕は重要である。

プランナーは、装置、照明、衣装、音響、鬘のプランナーで、小道具は、「置くもの」は主として装置、「持つもの」は衣装が担当することが多い。照明、音響には、オペレーターが必要であるし、特に照明の場合、プランはコンピュータに入力されていても、新しい器材ではそこに人を張りつけなければならないことが多いから、オペレーター一人では済まない。更に、「第3章　劇場とその機構」で述べたように、外国の自主制作中心の劇場とは異なり、日本では舞台のスタッフが常駐しているケースが極めて稀《まれ》であるから、仕込み（設営）やばらし（解体）に際して必要な舞台の作業要員（stage hands）はかなりの数に上るし、その人件費はレートが決まっているから相当な額にもなる。製作者側としては、このような人件費は縮小したいところだが、現在の日本のシステムでは、裏方の経費をカットすると、まず確実に舞台の出来に悪い影響が出る。

『女中たち』は劇場の規模と、それに伴う予算の逼迫《ひっぱく》とで、小規模だったから、スタッフ構成はあまり基準にはならない。

③稽古場の確保　芝居を作るには稽古場がなくてはならない。劇団の場合は、原則として自分の稽古場を持っているし――但しその立地条件や設備は問わないとしての話だ――劇場プロデュースの場合も、劇場側が稽古場を持っているか準備する。このいずれでもない時には、稽古場を確保し、レンタル料を払うのは無視できない作業である。特に、役者も演出家を始めスタッフも、舞台監督とその助手を除けば日当ではなく、作品についてのギャラであるから、稽古場が不便な遠い場所にあれば、経済的にも肉体的にも大きい負担になるからだ。なお、これも芝居の側が稽古場と言うせいか、音楽の側ではリハーサル・ルームをわざわざ練習場と呼ぶ奇妙な習慣が確立しつつある。練習場で台詞劇の稽古をすると、音響の計算が全く違うから、とんでもないことになる。

2　稽古のプロセス

以下に稽古の手順の概略を記すが、演出家や集団によっては異なるケースもあることをお断りしておく。

顔寄せ

歌舞伎で用いる言葉で、新劇では顔合わせという。スタッフ・キャストが一堂に会して、稽古を始める稽古初日である。劇場プロデュースの場合だと、関係する事務所の代表あるいは担当者も出席して、稽古場の雰囲気なども摑《つか》んで帰る。制作側からキャスト・スタッフの紹介があった後、作品やその上演の意図について、作者あるいは演出家の説明があり、本読みに入る。

演出家の本読み

昔は識字率が低かったから、狂言作者が一座を前に読んで聞かせる必要があった。しかし、戯曲は活字で読むのと、それを肉体化するのとの間に大きな落差があるから、以前は新劇でも作者あるいは演出家の本読みは、踏襲されていた。近年にはこの演出家あるいは作者による本読みは廃って、三島由紀夫や田中千禾夫《ちかお》くらいが最後だと言われている。演出家が同時に作者であるような小劇場では続いている所もあると聞く。私自身はプロの現場に入ってからも、この本読みは必ずやることにしている。一つには、テキ・レジ（テキスト・レジ、台本の訂正）を徹底する必要があるからだが、それだけではない。

それはオーケストラをピアノの譜で弾くようなものだ。しかし、出演者にもスタッフにも、作品の全体的イメージや、テンポ・リズム・調子など、単に戯曲の文体というだけではなく、舞台に立ち上がるべき作品のスタイルというか姿を感覚的に捉えてもらうためには有効だということを、経験則として知っているからである。

それはしかし、かなりの力業を要求されもするので、例えば『ロレンザッチョ』なら三時間一五分を一人で読み通すのだし、一九九五年の春に演出した『サド侯爵夫人』では二時間六分、かつて東京グローブ座で演出した『ハムレット』は三時間五分であった。ジュネの『女中たち』は一幕物だから短くて、一時間二九分であった。

稽古の進行とともに、更に台詞をカットすることもあるし、逆に入れ事ができたりするから――もちろん、役者が舞台上で実際に動き始めれば、動きとの関係で時間は変わる、無言の動きが多い芝居や、稽古場に比して舞台が大きければ長くなるのは当然だが――ほぼ演出家の本読みのペースは基準になる。つまり本読みの時間（「ラップ」）は、単なる長さの問題ではなく、全体の寸法と、その内部での構成部分の寸法・比率の目安なのである。『女中たち』の場合は、「ゴッコ芝居」で衣装を着けたり脱いだりする舞台上の作業が非常に多かったから、結局二時間の芝居になった。

スタッフ会議

スタッフによる打合せは、しばしば顔寄せ以前から始められる。『ロレンザッチョ』

の場合は、演出上の基本的なコンセプトは「場面転換を暗転ではなく〈明かり転換〉で行う」ことであり、そのために装置は「フィレンツェを表す、構成要素の可動な壁」とした。この仕掛けのある「壁」の実際の作り方と作動の可能性・効果については、稽古の始まる数か月前から、装置プランナーと照明プランナーを交えて、装置のマケット（模型）を前に打合せを行った。装置、衣装、照明、音響といった各パーツの進行は、それぞれにテンポが違うから、まず初めに決めるのは装置と衣装である。物を作るために発注しなければならないという事情も絡んでいる。私のように劇団の低予算で作ることに慣れていると、時間さえあれば生地まで問屋街のバーゲンを狙って、プランナー共々買いに歩くのは普通だったが、歳とともにその余裕がなくなってきている。ともあれ、予算の枠の中での工夫をしてくれるプランナーでなければ困るし、その上でいかに制作が予算がないと言い張っても、どうしてもここは譲れないという局面もある。

装置はマケットを作るのが普通であり、少なくとも装置プラン図とそのエレヴェーションが提出されて議論をする。衣装については、デザイナーが絵を描いてくるので、それらの絵によって、単に衣装のデザインや色彩、材質だけでなく、デザイナーの芝居の捉え方も分かるのだ（図5-1は渡辺園子による『ロレンザッチョ』と『女中たち』の衣装プラン図）。

予算会議

予算会議は、必ずしも全スタッフを集めてはしないし、制作者が各個撃破で臨むことのほうが多いのではなかろうか。予算が潤沢であれ——そんな事はまずありえないが——極端に縮小されていようが、ともあれお金の出し方に制作者の力量が問われることは言うまでもないし、舞台を作る現場と予算を握る者との闘争である。劇団であれば、予算立てには当然に演出家も参加するが、劇場プロデュースとなると、事務所からくる俳優のギャラのような業務秘密も絡むので、予算の全容は知らされないことが多い。稽古中から、実際にそのつど支払っていかねばならぬ費目（現場で作成しなければならない小道具の材料や交通費など）もあるから、一定額が舞台監督に委《まか》せられるのが普通である。

世間には余り知られていないことだが、日本の現状の特徴をなす一つの点に触れておく。出演者の大部分は、劇団か事務所に属しているから、そのギャラは、劇場ないしプロダクションのステータスとこれらの組織のレートとの関係で決まる。

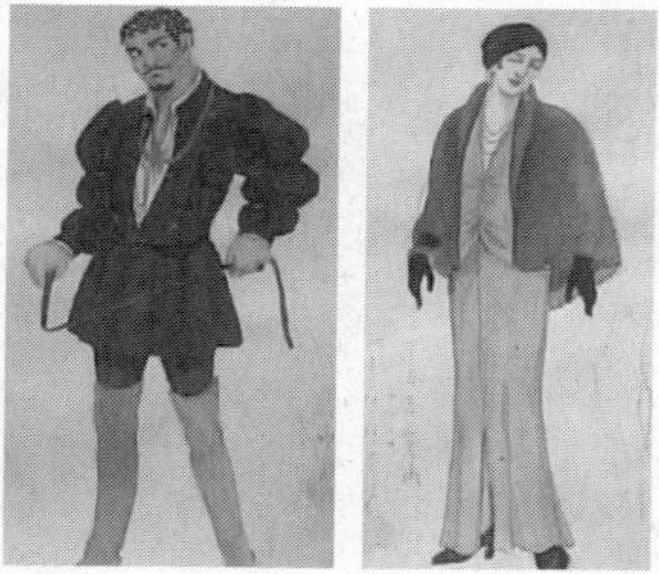

図5-1　渡辺園子「衣装プラン図」
図版提供：放送大学

スタッフはどうかというと、かつてのように、舞台のために働く人がすべて何らかの形で劇団に属していた時代とは違って、現在では、多くのスタッフが専門の会社組織を作っている。これはテクノロジーの進歩と深い関わりがあり、舞台音響のパートが最先に会社組織となり、次いで照明家が自分たちの会社を作り、現在では舞台監督も会社組織になっている部分が増えている。プランナーの内では、演出家と舞台装置家と衣装デザイナーがほぼ個人企業のようなもので、会社組織であるかと個人であるかで、予算会議の闘争は様相を変えるわけである。会社や事務所はレートやランクで押してくるから、一定以下のダンピングは不可能だが、演出家、美術、衣装は個人であるため、最も弱い。更に、すでに述べたように、劇場には常駐のステージ・ハンズがいず、そのつど雇うわけだから、その人件費が非常に高くつき、これを製作側は嫌うが、現在の舞台テクノロジーの水準でいえば、素人のボランティアで済むなどというレベルの問題ではない。

劇場側の製作者にも舞台制作の現場にも、力量のあるプロが欠けている。確かに、他の舞台ジャンルに比べて演劇はペイしない。しかし、バブルによって劇場ばかり建っても、バブルが崩壊したあとでは、再び予算がない資金がないのコーラスだけが無策のアリバイとなっている。

本読み（読み合わせ）＝テクストの理解

通常、稽古は役者の読み合わせから始まる。そのような稽古に先立って、トレーニングをしたり、ワークショップ的なエチュードをやるケースもある。訓練されていない役者の場合には、集団でトレーニングをするのは有意義だし、また役者の日常的な身体を、虚構の場へ繋ぐために、集団で訓練することも有効である。ただ、あたかもトレーニングさえすれば優れた舞台ができるかのようなトレーニングの呪物崇拝は、しばしばデマゴギーでしかない。これもシステムに関わることだが、現在のように限られた時間で物を作るとなると、役者個々人がクリアーできる部分は、できるだけそこで解消しておかざるを得ないのも事実である。若くて経験のない役者が相手だと、それなりの特訓を設定する必要も生じる。ところで、「読み」の稽古をどのくらいやるかは演出家によって違うし、作品によっても違うべきだろう。演出家によっては、全く「読み」をやらずに、いきなり「立つ」人もいるが、私の選ぶような、テクストが極めて重要な作品の場合、「立てば分かる」ということばかり言い張る役者は、結局作品が捉えられずに終わる。テキストはまず、体で理解できるまでに読み込むべきで、体で理解するとは、まずは息の問題なのだから、必ずしも「立って動けば分かる」ことを意味しない。そのためには、読みの段階から本息で稽古をしなければならない。これを、プロぶりたがる俳優は嫌うが――通常の新劇のテーブル稽古は、テーブルを囲んで、煙草《たばこ》などふかしながら、斜にかまえてやることが多いからだが——しかし本息で読んでおかなければ、立った時にもエネルギーの配分さえ分からなくなる。特にジュネ、ラシーヌ、クローデルといった、台詞が厖大《ぼうだい》でかつ特別な書き方をされている「テクストの演劇」には、通常の近代劇とは違うアプローチが必要であり、それを役者に納得させるのはなかなか大変である。

これは演劇集団円のラシーヌ・シリーズを演出している時に考え出した事だが、台詞を介してテクストに集中するために、対面型稽古をすることにしている。ラシーヌ悲劇の台詞は、決して近代劇のように、個人と個人の間で発せられているものではなく、個人を超えた彼方《かなた》に対象があると考えたほうがよく、したがって無限大の彼方の鏡に向かって台詞を投げるつもりで言う訓練をするためであった。それは何も大声で言うことを意味しないので、台詞の射程を延ばすためであり息の強さが台詞の射程を決めるのだ。客席が舞台を挟んで対面しており、観客は横から劇を見るという、客席貫通型の舞台での演技体を作るために有効であった。参考までに、ステージ円の図を載せておく（図5－2）。

『女中たち』は、作者自身の指定によっても、「朗誦的な調子を可能にするために、演劇の上に演劇を立てた」戯曲である。「朗誦的な調子」は「悲劇的な」と言いかえてもよい。そのために、ジュネは「奥様の留守の間に、二人の女中が演じる〈奥様と

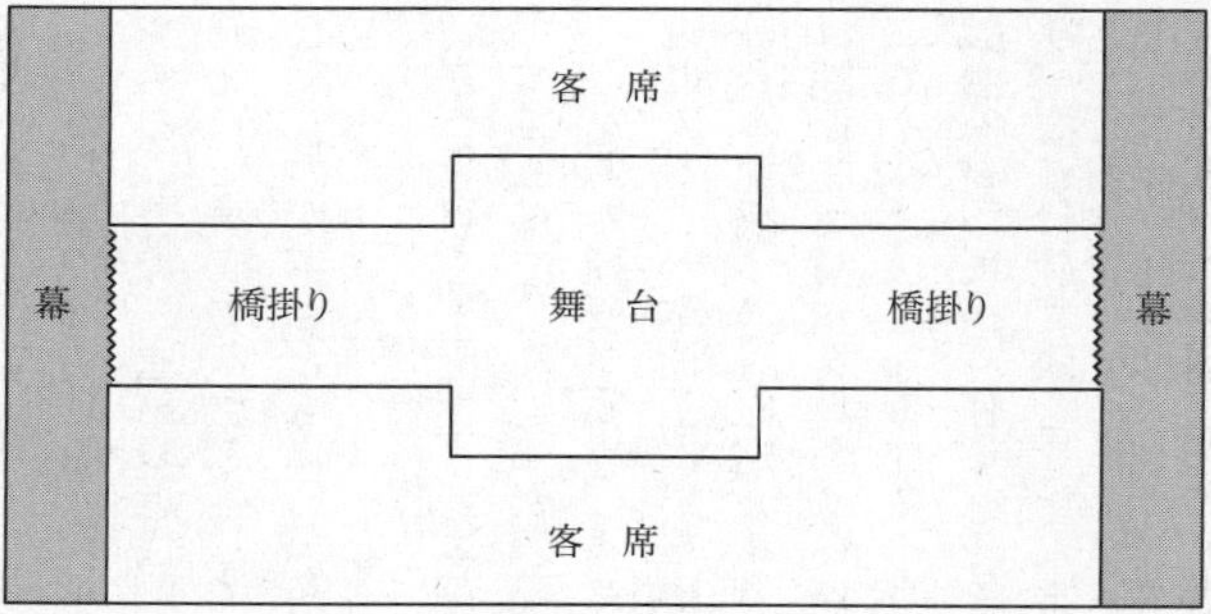

図5-2　ステージ円「ラシーヌ・シリーズ」の装置

女中ごっこ〉」——そのクライマックスは〈奥様絞殺〉だが、常にそこには達しないうちに時間がくる——から劇を始める。奥様に対する憎悪と、奥様から受ける幻惑とを、「悲劇的に」誇張した姉・妹の演戯。そのゴッコ芝居を掻《か》き立てるために、しばしば演技は現実をかすめるが、結局目覚ましが鳴って、〈奥様絞殺〉には至らない。筋書きは常に中断されるように仕組まれている。そこまでが第一段で、素《す》に戻った女中二人の愛憎の劇が第二段、そこに旦那様が釈放されたという電話によって状況が一気に悪化する第三段——この段の最後で奥様を睡眠薬で毒殺する決心をする——ここまでが前半である。ついで、奥様の帰宅と毒殺計画の失敗が第四段、奥様が旦那様に会うために退場してから、女中二人のごっこ芝居の再演と、ゴッコ芝居でクレールを絞殺したソランジュの長台詞、そしてクレールが自分を奥様に見立てて毒入りのお茶を仰いで死ぬ生贄の儀式が第五段で、大詰めである。

この作品では、登場人物が演じる役もその言葉も、幾つものレベルを揺れ動き、そうすることで、通常の近代劇の人物のアイデンティティーが揺らぎ・崩壊し・しかも最終的に演技する意志として取り返されるというプロセスをとる。台詞を、そのような調子の変奏とともにしっかり体に入れておくことは、不可欠の作業である。

立ち稽古と演出助手・舞台監督

本読みが充分に進んだ段階で――それまでに、演出家としては個々の役者にできることをある程度見極め、また動きについての原則的なプランを練っておく――立ち稽古に入る。台本片手にぶらぶら歩くのでは、イメージが湧かないから、私は立つ時には台本を離すのを原則とする。ポジショニングなどという居場所の決め方。舞台空間は隅々まで意味を持ちうる空間なのだから、居場所の幾何学的関係は重要である。そこですべき核となる作業や身体行動=仕草の決定など、今度は舞台の上に役者の体で戯曲を書いていく作業。そこでは、役者の自発性と演出家の視覚とのせめぎあいであり、振り付けて済むことなら簡単である。

この間、演出助手は演出の記録を取り、役者に確認する作業を繰り返すが、舞台監督のほうは、現場で起こり得ることを計算しつつ、諸々《もろもろ》の段階に見合った稽古の設営をする。演出家と演出助手ならびに舞台監督との間で、表現したい作品について共通の理解をできるだけ早く、また広く・深く持つように心掛けなければならないから、稽古は稽古場だけでは終わらない。演出の記録は、演出助手が台本に記入して、再演に備えるのが本来である。

演出家は常に細部と全体構造を共に考えねばならない。役者に関わる細部だけにこだわっても、それだけで舞台が立ち上がる訳ではないから、個々の役者との関係を正しく保ちつつ、全体構造を実現していく。ピーター・ブルックは、演出家の仕事は「聴きとること」だと語ったが、それはこの二つのレベルについても言える。

スタッフ打合せ――装置／衣装／照明／音響

さて、スタッフ会議で決めた大道具・小道具・衣装の発注などとあわせて、音響のコンセプトと具体的な材料を集め、編集し、稽古で使ってみるという作業がある。私は、ある時期から、舞台の意味を重層的に仕組むための並行的なコードとしての音楽を自分で選ぶことにしていて、プランナーの深川定次《じょうじ》氏もそれを了解してくれているから、稽古の早い時期から芝居に音楽を当ててみることが多い。しかしそれでも、実際に舞台の効果を計るには、プロの音響の知見が不可欠である。立ち稽古に入る前後から、音響プランナーは稽古を見て、オペレーターに引き継ぐが、舞台稽古、本番までは必ずプランナーも立ち会う。

舞台作りの上で最も賭の多いのは照明である。というのも、衣装は後述のように仮縫いもコスチューム・パレードも見て、現物がほぼ分かっている。装置も、仕上がりの善し悪しはあるにせよ——実はこれが致命的な結果を招くこともあるが——一応、マケットや図面で想像はついているし、舞台稽古の初期の段階で見ることができる。ところが照明は、いくら厳密にプランの打合せをしても、具体的な光として見ることができるのは、舞台稽古で照明を仕込み、実際に舞台を照らして見る（シュート・明かり合わせ）までは、実物の明かりを見ることはないからである。しかも舞台上に出現した明かりが、必ずしも、絵としてプラン通りにいかないだけではなく、役者の見え方が悪い——ピン・スポを当てればいいというような美学を取らない以上、見え方は重要である——など、さまざまな問題が生じる。

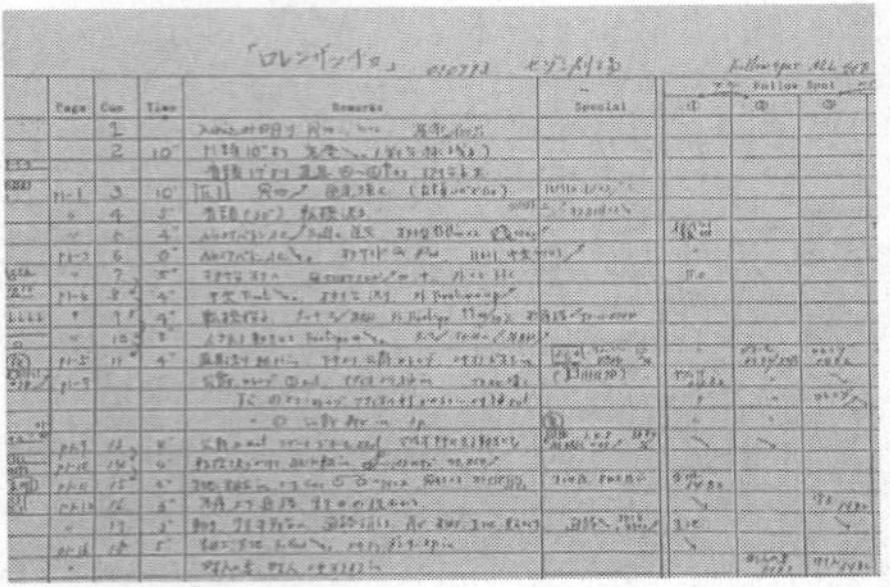

図5-3　服部基「『ロレンザッチョ』CUEシート」
図版提供：放送大学

したがって、照明プランナーとの打合せは、プランナー自身が「読み」の最後から

「立ち」の動きが決まってきた頃にかけて、稽古を見ながら作ったプランに従って、演出家と議論をする。その際、照明家がCUE《キュー》シートを作ってくれると演出家は非常に助かる。何故なら、照明の変化という時間軸で生起することが、パラダイムというかメニューとして空間的に把握できるからだ。ここでは、舞台転換が三〇回以上、しかも暗転ではなく明かり転換を原則とし、なおかつ一場面の内部でも照明の変化を必要とした『ロレンザッチョ』の、服部基《はっとりもとい》によるCUEシートを例に挙げる（図5-3）。因みに服部基はこの照明によって一九九三年度読売演劇大賞優秀賞、あわせて日本照明家協会大賞と文部大臣奨励賞を受けた。

例えば、三幕三場のロレンゾとフィリップの長い対話。それはロレンゾが、彼の謎めいた行動の謂れとアレクサンドル暗殺の計画を、この共和派の長老に明かす場面だが、このような集中した場面は、通念的には照明を二人に絞って演じさせるだろう。照明のプランも始めはそうだったが、演出としては、床面のハレーションを利用して、逆に段々照明の照度が高まるようにしたかった。それをプランナーが入れて、見事な効果を作り上げてくれたのである。

衣装パレード

衣装は意味と機能の両面で役者にも舞台にも合わなければいけない。そこには、プランから実現に至るまでは、結構紆余《うよ》曲折がありうる。仮縫いなどの際に調整して、最終的な決定の前にコスチューム・パレードをして、チェックをする。舞台稽古の重要な部分も、役者が実際に着て舞台で動きまわった場合の衣装の具合を見ることに費やされる。

制作サイドの作業

芝居が商業的な営利を目的にするとしないとにかかわらず、舞台も一つの商品である限りは、お客が入ってくれなければ困る訳だし、売れない芝居を作ることが勲章になるほどには、この国の文化は成熟していない。広報・宣伝は、制作サイドの重要な任務であり、どうやって売るのか、その作戦もなしに舞台を作る制作者では、やっているほうが堪《たま》らない。いくつかのチラシとポスターを撮るが、ポスターの大きさには「B2」と「B全」があり、デザイナーにとっては「B全」のポスターでないと作品として残らないという。しかし、現代のような情報化社会では、ポスターやチラシそのものが、単なる宣伝媒体ではなく、それ自体で一つのメッセージとなるのだから、この部分に情熱をもつのは当然である。チラシ裏には、作品とキャスト・スタッフについての最低限の情報を載せるのが普通である。

プレス用資料の作成も制作の重要な任務であり、アピールするような原稿が書け、見たいと思わせる「コピー」が作れなければ駄目なはずだが、この点では日本の演劇の世界は極めて遅れている。同時に、マスコミへの取材要請を始めるのだが、これはこれで、話題作りの才能を必要とする。なにしろ芝居は多すぎるのだし、芸能記者の数は限られているから、一種の寡占体制であり、書かないで済めば書かないでおく、というのがその主義と見受けられるからである。また助成金を申請する場合は――文化財団、芸術基金など――多くは前年度に作業をしなければならない。スポンサー探しも同様である。

パンフレット作成も、制作の仕事だが、どのような原稿を誰に頼むか、デザインは誰かなど、これも制作者の見識が窺える媒体である。概してヨーロッパでは極めて重視されているが、日本は楽屋落ちなどで誤魔化すケースが多い。もちろん経済的には、切符代の上に更にプログラムで観客の負担を増やすのはどうかという考えもあって、チラシ兼用のリーフレットで充分な情報を与えようとするケースも多い。一九八六年秋のパリ国立シャイヨー宮劇場での『フェードル』公演でも、日本字を交えたチラシ・パンフを作ってくれていたし、一九九五年五月の『サド侯爵夫人』のヨーロッパ・ツアーの場合だと、ルーヴァン・ラ・ヌーヴの「劇場通信」（日刊紙型）が、チラシ兼パンフレットとして、見開きでスタッフ・キャストの紹介の他に、私が書き下ろしたフランス語解説を載せていた。

舞台稽古（ゲネ・プロ）

本番通り舞台に道具を飾り、衣装を着け、メイクをし、音響と照明も入ってする稽古を舞台稽古と呼ぶ。ドイツ語からの略称でゲネ・プロという言葉が新劇では定着しているが、英語ではドレス・リハーサルという。舞台稽古からは、舞台監督が舞台の進行に関わるすべてのことに責任を持つ。

装置（大道具・小道具）・衣装・履物などに関する作業は、すでに模型やエレヴェーション、あるいは仮縫いやコスチューム・パレードで見ているし、音響や音楽も稽古の時から使っているから、舞台に合わせた見え方・聞こえ方の最終チェックで済むことが多いが、照明は違う。

いかに厳密にCUEシートによって打合せをし、プランナーが稽古を見て構想を立てても、実際に明かりが見え、かつその明かりによって装置・衣装は言うに及ばず、役者がどんな風に見えるかは、舞台稽古で初めて分かることだからである。これは全体を見る視線としての演出家にとって、明かりに凝れば凝るほど、舞台稽古における集中の度合いを高めさせることになる。「第3章　劇場とその機構」でも触れたように、特に近年は、ハロゲン電球を使うHMI、特殊セラミックの反射面を持つAC（Air Craft の略――飛行場で使うから）を始め、照明器材の進歩は目ざましいから、演出家も器材に遡って勉強していないと、照明家と刺激的な仕事ができない。これらの照明の効果は、従来のものとは非常に違うので、例えばＨＭＩは、日本では吉井澄雄のプランで初めて使って以来、以後自分の演出には必ず使うものだが、ハロゲン電球の光は影の部分に回り込んで、特殊な効果を発揮する。役者は顔に当たらないからといって、最初はひどく不安になるが、顔はよく見えているのである。ＡＣも、ハイライトが強烈なだけではなく、影の部分のハレーションとの関係が微妙で、シャープな印象を与える光源である。

プランナーが「照明ばかり見せる」のはよくないが、演出家のほうも、プランナーが仕込んだもので何処《どこ》までできるのか、その見極めを早くつける必要がある。綿密な共同作業が必要なのは言うまでもなく、プランナーも演出家のダメを予想して、すぐ代案を出せるようにしておくべきである。

何より、役者がどう見えるか、芝居がどう生きてくるかが問題なので、ただ綺麗《きれい》なだけとか目を驚かすだけでは駄目である。現在の日本の新しい専門劇場は、照明器材については先端的なものを揃えている所が多いが、それを使いこなせる演出家が少ないのとあわせて、すでに指摘したように、それを使いこなすには人手人件費もかかる。しかし舞台の「ヴィジュアル」を決するのは照明なのであるから、照明を無駄な贅沢《ぜいたく》と見なすのは、現代的感性を欠くアナクロニズムである。

もちろん、舞台稽古は、役者が本物の舞台で本物の衣装を着て、本物の照明のなかで、どう稽古の成果を生かすかをチェックするのが、演出家にとって最大の課題であることは言うまでもない。役者の我が儘《わまま》は困るが、仕勝手の悪いことは原因に遡って解決しなければならないし、演劇作業とは、しばしば極めて即物的な課題を一つ一つ解決していくことの積み重ねである。

本番――初日

「初日おめでとうございます」という挨拶は、稽古場や劇場についた時の「お早うございます」や、終わった後の「お疲れ様」と同様に、歌舞伎から来た習慣である。中日と千秋楽にも同じような挨拶をする。最後のチェックをして、演出家と演出助手は客席へ行き、これから先は、原則として舞台監督の仕切りである。但し、演出家が制作にも関わっているような場合は、表つまり招待客の捌《さば》きなどもしなければならない。

初日が開いて――

新劇がモデルにしたヨーロッパの演劇作業の正統的な形では、舞台稽古以降は、演出のダメ出しも、舞台監督を通して出すという定法があった。これは主としてドイツ・ロシア系の作法かとも思うが、コメディ＝フランセーズなども同様で、アントワーヌ・ヴィテーズのように、実験的な小劇場から出てきた演出家が、コメディ＝フランセーズの舞台稽古で、自分で照明の当たりまで直そうとして、劇場の舞台監督にたしなめられるという光景も見たことがある。もっともフランスでは、バローを始め、自分で劇団を組織しているような演出家は、かなりワンマン的に、自分で何でもやってしまう。私なども、「冥《めい》の会」での仕事などで、青年座の土岐《とき》八夫《はつお》氏から、舞台が開いたらダメは舞台監督を通して出して下さいと言われたものだが、六〇年代末からのアングラの隆盛で、演出家の存在がより大きくなったことも否めないようだ。

今、客席へ行くと書いたが、通常の演出家は初日が開くと来なくなるのだが、私は時間のある限り舞台を見ることにしている。これなども、アングラの教訓であるかもしれない。事実、舞台では毎日何が起こるか分からないのだし、役者にしても、殊更に混乱を巻き起こすような、友人・知人のお為《ため》ごかしの意見も含めて、毎日さまざまな、そして実は根拠の曖昧な批評に取り囲まれているのだから、演出家は、千秋楽まで役者とは付き合わねばならないと考えるからだ。

さて、劇場サイドでは、初日が開くと、マスコミなどに劇評用の資料を渡す。新聞社の記者を招く招待日を、これも歌舞伎のジャルゴンを踏襲して「お社」と呼ぶ。観客へのアンケートなども行うケースが多いが、聞き方やその結果の分析には疑問の残る場合が多い。

記録写真は、マスコミ用にゲネ・プロ（舞台稽古）で撮るが、記録ヴィデオを撮るようになったのは、ヴィデオ器材の進歩が近年の現象であることもあって、比較的新しい。まだ、プロの技師を雇って撮るほどのところは少ないし、そのプロと称するものの質も問題である。同じことは舞台写真にも言え、一般に、日本の舞台写真は非常に遅れていることを、『フェードル』パリ公演の折に痛感した。何しろ一人の写真家が、二人は助手を連れて来る上に、写真家が七人から八人も入って稽古の間中シャッターを切り続けるのである。ブリカージュが撮ってくれた写真は『フェードルの軌跡』に載せてあるが、見事である。日本で舞台写真がましになったのは、バレエだけではなかろうか。

劇評は、すべての創造行為にとっての批評と同じく重要であることは言をまたない。しかし日刊紙の劇評担当者が、読まれるかどうかは別として、芝居の情報を牛耳っている現状では、批評と言えるのかどうかは疑わしい場合が多い。このような批判には、必ずスペースの少なさが口実として挙げられるし、事実、欧米の一流新聞の劇評の量的な重要さに比して、予告記事程度に短い。しかし、雑誌ならば質が上がるかと言えば、必ずしもそうとは言えないので、何を書いても誰からも何も言われないという、マスメディアの公《おおやけ》性の欠如が、極端に現れている領域である。

千秋楽——打ち上げ・総括

長い稽古と本番を終えて、千秋楽を迎える。再演されるのは、やはりかなり例外的なケースであるから、長い稽古と連日の苦心によって立ち上がっていた舞台は、文字通り幻となって消え去るわけである。ただ、評判の広まるには時間がかかるし、人々は忙しく次の仕事へと駆り立てられていくから、本当の総括は、次に仕事を一緒にする時にしか分からないとも言える。ともあれ、制作サイドでは、舞台について出た記事をすべて集めてスクラップ・ブックを作り、将来のための資料とする。これもきちんと行わないで、やりっ放しのケースも少なくないし、欧米諸国に比べて、資料の収集・分類・管理についての思想の違いを痛感する。単に儚《はかな》い一夜の夢として消え去るのが芝居の潔さであると言って済まされる問題でもない。舞台芸術もまた、記憶から自由ではなく、都合のよい記憶喪失は、必ずしも創造的ではないからである。

本来、この章で、演出家という存在とその仕事について論じる予定であったが、具体的な例を示すことで——それが模範的であるなどとは毫《ごう》も思っていないが、むしろ恥を晒すことで、見えてくる部分もあるだろうと考えてのことだ——ある程度、その役割は理解されたのではなかろうか。アントワーヌに始まる「演出家の世紀」については、「第９章　近代劇とその対部」で扱うこととして、ここでは、フランスにおける演劇革新運動の旗手であったジャック・コポーによる定義を引用するに止《とど》めよう。コポーによれば、演出とは、「作家によって発想され、戯曲のうちに潜在的・精神的に内在する生命を、舞台の上の現実的・具体的生命に転換する」作業なのであり、「舞台の上にしか現れ得ぬ詩的真実」の実現なのであった。

第6章　劇作の仕組み

演劇の四要素——「演じる者」「それを見る人」「両者を一つの空間に繋ぐ仕組み＝劇場」そして「そこで演じられるもの」のうちで、やはり何と言っても重要なのは「そこで演じられるもの」であろう。それを「行為」という意味で「劇」と呼ぶならば、「劇の作り」は演劇の核だと言ってもよい。

感覚的なショーとして見せる物の組み立て方にも、見物という他者を相手にした手練手管が必要なのだが、芝居はただ見せるだけではない。見せるのは何かを語るためであり、その意味では語り方の工夫である。ただ、演劇には演劇固有のストーリーの提示の仕方がある。

ヨーロッパでは、そのような劇の作りに関して、言葉の部分を重視する傾向が強かったが、それも含めて演劇理論の出発点となったのは、アリストテレスの『詩学』である。アリストテレスは、ソポクレースの『オイディプース王』を規範と考えていたが、この作品によって、「未決のなかの形式」としての劇作を考える。アリストテレスは、古代において演劇に関する体系的な理論を展開した最初の哲学者であるばかりでなく、ルネッサンス以降の西洋世界においては演劇についての思考の基準となっている。一七世紀フランス古典主義演劇は、アリストテレスに則《のっと》った劇作術を発展させた典型であり、西洋型劇作術のモデルとなったから、その五幕構成の原理を取り上げて分析する。

しかし劇の作りについての理論的な考察は、ヨーロッパに限られたものではない。日本の一五世紀初頭に、自分の演劇についての思考を徹底して遂行した人物がいる。世阿弥である。世阿弥は、猿楽の能という演劇について、最も多元的でグローバルな思考を展開することができた。伝書は秘伝とされたが、それにもかかわらず、彼の優れた能が伝承されることによって、日本における芸能についての思考の地平を拓《ひら》いている。世阿弥の傑作である『井筒』を例に、能作術の仕組みを分析する。

1　アリストテレス——劇作の基本要素

劇作の根本——舞台上で行動する人間による物語＝筋の展開

アリストテレス以来繰り返し言われてきたように、演劇は三人称で語る叙事詩でも、一人称で詩人の感情を歌う叙情詩でも、現実に起きた事件を語る歴史でもない。また虚構により成り立つ文学のジャンルで言えば、原則として三人称で語る物語や小説とは違う。

演劇は演劇固有の仕方で物語を提示するのだが、それは、人物たちが同じ場所に出てきて、それぞれが一人称で発言し、それらの人物の行動を通じて筋が展開するのが原則である（劇における「語り」の活用や「語り物」構造の演劇については、別に論じる必要がある）。

したがって、「語り方の工夫」と呼んだものは、舞台上で起こる行動＝事件をどう組み立てるかという工夫でもある。行為という意味で劇というならば、劇の作りとしての劇作の問題である。

さて、事の順序として、アリストテレスの『詩学』第六章の引用から始めよう。

> 悲劇は、荘重で、それ自体完結した、ある広がりを持つ行動を、それぞれの部分に従って特殊な快い修飾を施された言葉で模倣したもので、その模倣は、語りではなく行動する人物によってなされ、憐憫《れんびん》と恐怖を引き起こして、このような感情の浄化を果たすものである。（訳文は著者）

ここで言われていることを他の箇所により補って言い直すと、第一に、模倣《ミメーシス》"mimēsis"の対象となるのは人間の行動であり、行動の状態における人間であるが、その行動とは、「荘重な行動」であり、「それ自体で完結した行動」であって、「ある広がりを持つ行動」である。第二に、模倣の手段は、「それぞれの部分に従って特殊な快い修飾を施された言葉」であり――コロスの合唱、人物の対話、コロスとの掛け合いなどで韻律が違う――「語り」ではなく、「実際にそこで行動する人物による」こと、第三に、その効果は「憐憫と恐怖を引き起こし、このような感情の浄化《カタルシス》“katharsis”を果たす」のである。

これがルネッサンス以降ヨーロッパを支配する「悲劇論」の元になった定義だが、アリストテレスは、この定義を更に細かく、悲劇を構成する六要素として説く。

悲劇の六要素

悲劇の六要素とは、

筋〔物語〕

人物の性格

言語表現

思想〔状況に適合した言語を見いだす能力〕

舞台場面

歌

の六つで、言語表現と歌は「模倣の手段」、舞台場面は「模倣の仕方」、筋と性格と思想は「模倣の対象」に関わる。

これらのうちで、「複数の行動を結び付けるやり方」つまり筋立てが最も大切だとし、行為と筋＝物語（ギリシア語で「ミュートス」“mythos”）が悲劇の眼目であり、悲劇の魂のようなものだとする。

そして、第七章で、定義を繰り返して、次のように書く——「悲劇とは、それ自体で完結した全体をなすような、ある広がりを持った行動の模倣」であると。「全体をなす」とは、「始め、中、終わりのあるもの」の意であり、第八章が補うように、どの一部でも、それを取り除いたり付け加えたりすると全体が違ってしまうような纏まりのことだ。そして、「美は規模と配列に存する」（第七章）から、観客が把握できるような規模が美の条件をなすのだとして、具体的な場つまり舞台で、まとまりのある事件＝行動が展開し・完結するに適当な場と時間の広がりが必要であると。

「真実らしさ」と「必然性」

アリストテレスは、悲劇（一般に演劇）と歴史の違いを説明して、歴史家が現実に起きた事件を語るのに対して、詩人は「起き得たかも知れない」事件＝行動を描くとした。それらの事件は、「本当らしさ」〔エイコス“eikos”〕あるいは「必然性」〔アナンカイオン“anankaion”〕によって可能になるのであると（第九章、第一五章）。これが、一七世紀フランスでは、「本当らしさ」〔ヴレサンブランス“vraisemblance”〕と「適切さ」〔ビアンセアンス“bienséance”〕という形で喧しく議論される問題となるが、要は、観客が舞台上で演じられる物語を信じられなくては困るという議論である。

単純な筋と複雑な筋

アリストテレスは、悲劇の筋の運びに逆転の有る無しによって、「単純な筋」と「複雑な筋」の二種類を区分し、複雑な筋とは、主人公の運命の変化が急転〔ペリペティア“peripeteia”〕と発見〔アナグノーリシス“anagnōrisis”〕を伴う場合とした（第一〇章）。この複雑な筋の例として、アリストテレスはソポクレースの『オイディプース王』の例を引くが、それは、テーバイの疫病の原因となる「穢《けが》れ」の追求のなかで、自分自身の正体を明らかにしようと逸《はや》るオイディプースに、コリントスの使者が、父とされたコリントス王の死を告げるためにやって来て、更に母についてのオイディプースの恐れ（近親相姦《そうかん》の罪）をも除くつもりで、コリントスの王夫妻は単に養父母であったことを明かす場面である。オイディプースを喜ばせようとして彼の素性を明かしたために、事態が正反対の方へ急転してしまうからである。アリストテレスは更に付け加えて、優れた「発見」は『オイディプース王』のように「急転」を伴うものであるとも説く（第一一章）。

悲劇の感動

悲劇の感動は、視覚的効果によっても、また筋の運びによっても引き起こし得るが、アリストテレスは、後者すなわち筋の運びによって引き起こされるほうがより優れているとした。つまり、直接的に視覚に訴える効果よりも、より包括的な感動を重視したのである（第一四章）。

「カタルシス論」

アリストテレスの悲劇論の中でも、後世に最も議論を呼んだのは、その「カタルシス論」（第六章）であり、「恐怖と憐憫の情を引き起こし、これらの感情のカタルシス＝浄化を果たす」（第七章）という一文である。悲劇が引き起こす感情は「恐怖と憐憫」には限るまいというところから始まって、「そのような感情の浄化」が、どのような感情であるとか、浄化とは何を指すのか、といった議論は、四〇〇年間美学者の飽きることない議論の的であった。ここではその議論には立ち入らないが、頭に置いておくべきことは、「浄化」という語自体、医学的な背景を持ち、過剰な体液を除くことで生理的な均衡を回復する手段を前提にしていること、「恐怖と憐憫」も、まずは演じられている光景＝見せられている行動に観客が同化することが前提であり、悲劇の場合にはその同化の契機として、「なんと恐ろしいことか」と感じ、「なんと哀れな」と涙することが、代表的な感情として挙げられているということだろう。アリストテレスは、これらの感情を、嫌悪すべきものを前にして生じる感情とは区別していることも付け加えておこう。そこで規範とされているのが、ソポクレースの『オイディプース王』であり、「最も悲劇的な」という称号を与えられているのがエウリーピデースなのだから、その基準がアイスキュロスに通じないのは当然かも知れない。誤解の源は、悲劇の最盛期からはすでに一世紀を経ている時点での判断が、あたかも悲劇の創造に先立って共有されていた公準であるかの如《ごと》く考えたことにあるのだ。

2　「未決のなかの形式」――『オイディプース王』

ともあれ、『オイディプース王』によって、劇作の仕組みを見てみよう。

【序詞《プロロゴス》】

① 疫病に苦しむテーバイの民と神官の嘆願。デルポイのアポローンの神託を待つ

オイディプース。

② クレオーンの帰還。アポローンの神託は「疫病はこの国で生まれた穢れ」つまり先王ライオス殺しの犯人が罰せられずにいることによるから、その犯人を見つけ、追放せよ、というもの。オイディプースによる謎の追求の決意。「謎解き」の賢者としてのオイディプースの自負（オイディプースは先王の死後、テーバイの町を苦しめていたスピンクスの謎を解いて王位を継いだ。その謎とは、「同時に二本足であり、三本足、四本足であるものは何か」というものであったが、オイディプースの答えは「人間である、何故なら子供の時は四本足、大人になると二本足、老人になると杖《つえ》にすがって三本足になるから」とされる）。

【パロドス】——コロスの歌

コロスの祈り。

【第一エペイソディオン】

オイディプースによる謎の追求。ライオス殺害の犯人捜査の始まり。盲目の予言者テイレシアースの喚問。スピンクスの謎も解けなかった予言者の無能をオイディプースが罵るので、予言者は「この地を穢したのはあなただ」「あなたこそ捜し求めている殺害者だ」「それと知らずに、誰よりも血の繋がりの濃い人と交わりをして、それと知らない」と、目の見えるオイディプースの真実については盲目であることを糾弾するが、逆上した王は耳を貸さず、クレオーンの王位簒奪《さんだつ》の陰謀だろうと疑う。

【第一スタシモン】——コロスの歌

コロスの不安。

【第二エペイソディオン】

① 王とクレオーンとの対決。クレオーンの自己弁護。

② 王妃イオカステーの仲裁。

③ イオカステーの語る先王の死についての公式ヴァージョン（三筋の道の交わる所で、余所《よそ》の国の盗賊共に襲われて死んだ）と、それとの関係で、王子にまつわる宿命（父殺しとなるだろうという予言のために、生まれてすぐ足に穴を開けて縛り、山に捨てた）。先王の殺害現場から生き残った唯一の召使（羊飼い）の召還の決定。オイディプースの疑い——自分の運命に関するアポローンの予言（父を殺し母と交わるであろう）の説明（「二重の打ち明け」）。

【第二スタシモン】——コロス

コロスの不安と祈り。

【第三エペイソディオン】

コリントスの使者の到来。オイディプースが自分の父と信じているコリントス王の死の報《しら》せ。予言のうちの「父殺し」は不成立だとして喜ぶオイディプース。しかし、「母子相姦」の怖《おそ》れはなお残るとする王に、コリントスの使者は、コリントス王夫妻は養父母であったことを告げる。「オイディプースを捨てに来た羊飼いから、幼児のオイディプースを受け取った」という経緯。その「羊飼い」が問題の「召使」と同一人物である可能性が高まるが、「恵み深い偶然の子」と自負する王は、殺害者複数説にすがって、最後まで探求の手をゆるめないと宣言する。すでに事態を悟った王妃イオカステーの絶望（アリストテレスの説く「発見」と「急転」の起きる場面）。

【第三スタシモン】——コロス

コロスの不安。

【第四エペイソディオン】

生き残りの羊飼いとコリントスの使者の対決。

謎の判明（キタイローンの山で殺すべきであった幼児がコリントス王に育てられ、今ここにいる）。

オイディプースの絶望。

【第四スタシモン】——コロス

コロスの愁嘆。

【エクソドス】

①第二の使者による、イオカステー自害と自ら目をえぐったオイディプース狂乱の報告。

②目をえぐったオイディプースの登場。その愁嘆・コロスと掛け合い（【コンモス】）「この苦難を成就したのはアポローンだが、目を突いて潰したのは誰でもないわたしだ」と叫ぶオイディプース。

③クレオーンによる裁決。「穢れを白日の下にさらしてはならぬ」と言ってオイディプースに館へ入るように命じる。追放されることを条件に、それに従う王。

④コロスの歌。

劇の冒頭では、「類なく優れて」「万人の視線を一身に集めた」王が、その結末では「無に等しい」「見るもおぞましい」者に転落する。予言者さえ解き得なかったスピンクスの謎も解き得たその知は、自らの正体についての謎を解いたその瞬間に、知において盲目であったための挫折を己れの肉体に刻印するかのように、みずから目を突いて盲目となり、日の光を見ることを拒絶するのである。

この作品は、アリストテレスによって悲劇のモデルとされているが、初演時には一等賞を取れなかったという事情もあるし、また後世も、絶対的な傑作とする説に対して、欠陥（特に謎を巡る劇の展開の「本当らしさ」の欠如）を指摘する学者もいる。一種の探偵劇であり、しかも犯人追求をする正義の執行者と犯人が結局は同一人物だと分かるのだ。したがって、そこで問題になっている犯罪が、王殺しである父殺し、王妃である母との近親相姦といった、何重にも禁じられた行為の遂行、つまり限界的な禁忌の侵犯でなかったなら、喜劇になりかねない。悲劇であることの意味は次章で論ずるとして、批判的な意見は、オイディプースが、自分の出生にまつわる謎の主要な要素を聞かされながら、それに気づかない点にあるのだが、しかし劇の展開の否応《いやおう》なしの力は、この知の無能力を人間の弱点として納得させている。

と言うか、この劇の仕掛け自体が、主人公と彼を取り巻く他者ならびに観客における知のずれにあるのだ。オイディプース自身、それと知らずに二重の意味のある言葉をしばしば口にするが、この二重性が、劇の進展について知識や認識をスリリングに宙吊りにする効果を持っている。そしてこの知の宙吊りこそ、実は劇作の時間構造にとって本質的なものなのである。

ドイツ系のアメリカの芸術哲学者スザンヌ・K・ランガーに、『感情と形式――続「シンボルの哲学」』（一九五三年、邦訳二巻本一九七一年）という著書があり、ドイツ系アメリカ人の通弊としてフランス古典主義演劇については偏見というか無理解が多いが、この点に留意すれば、現在でも役に立つ論文である。

彼女はその第一七章「劇的幻影」において、チャールズ・モーガンが「劇的幻影の本質」で述べた「未決のなかの形式」という考えを用いて、「劇的事件の展開」に固有の「強度」を与えるものを分析している。演劇の上演においては、予兆となる状況の知覚、そこから生じるであろう重大な事件展開の予感があり、「提示された現在」と「まだ実現されていないその結果」との間の独特な緊張が、「劇的幻影」を作りだすと言うのである。

因みに、この「未決のなかの形式」は、演劇というものが現実の時間軸の上で生成過程にある形式であり、幕が下りて初めてその全体が完成するということだけではなく、全体構造の予感との関係で常に特殊な緊張を孕む生成構造であることを言い当てている。しかしこの指摘は、実は演劇行為全般にも当てはまることで、観客は仮に物語を知っていても、知らないように判断中止をして見ているのであるから、知の宙吊りのゲームに加わっているのだし、これは観客が舞台上演を受容するために自分の内部に保有するある種の心的距離とも不可分である。

別の観点から言えば、役者は劇の進行を熟知した上で、全く知らないようにして振る舞うのであるから、知の宙吊りの内部で演技の計算をすることが大前提である。この知の宙吊りの仕掛けを敢《あ》えて観客に暴露することも可能であり、喜劇はしばしばこの手法を用いる。『オイディプース王』が、下手をすれば喜劇になりかねないのも、主人公に「真実が見えない」ことに対する反省意識の取り方によるので、そのような反省意識は、他者、つまり彼を取り巻く人物達と観客という鏡が否応なしに代弁するからである。

3　五幕構成の公理

ところで、ルネッサンス以後、アリストテレスの理論は、さまざまな理論家が解釈し、また劇作の上での規範を示すものと考えられ、ついにはそこから導き出された原則が規則として主張され、劇作の現場でもそれに従うことが要求されるに至った。フランス一七世紀のいわゆる古典主義演劇はその最も実り豊かな成果であり、かつ以後一八世紀を通じて規範として全ヨーロッパに通用した。その意味で、フランス古典主義演劇における劇作術について触れておくのは必要であろう。

その規則のうちで最も名高いのは三単一の規則で、場所、時、筋がそれぞれ一つであるべきだとする。場所の単一は、舞台が宮廷の一室とか町の広場といった一か所の場所と設定されることであり、つまりシェイクスピアやバロック的幻想劇のように、次々と場所が変わることを禁じる。時間の単一とは、一日あるいは太陽の一巡の意で、ほぼ日の出から日没までとされる。筋の単一とは、筋が一つというのではなく、一つの主筋に副筋が統一されているべきであるという要請であり、これは単一というよりは統一と呼ぶほうが正確である。いずれも、劇的事件を本当らしさと適切さ（アリストテレスの必然性の拡大解釈）に従って、密度の高い構造に仕組むためである。

悲劇が模範とされ、韻文・五幕構成が定型となるが、その五幕構成の原理を、代表的悲劇作家ジャン・ラシーヌの『フェードル』を例に取って見てみよう。五幕構成の原理の基本は――①導入（主題提示）②展開③逆転（急転）④破局の四段階構成である。

アテネの王テゼー（テーセウス）の妃《きさき》フェードル（パイドラー）は、クレタ王家の姫でテゼーの「ミノタウロス退治」の後、テゼーについてアテネに来て、妻となっているが、義理ある息子イポリット（ヒッポリュトス）に「禁じられた恋」を抱いてしまった。それはフェードルの家系に、恋の女神ヴェニュス（アプロディーテー）が掛けた呪いのためである。一方、王子イポリットも、父方の敵であり結婚の禁じられているアリシー姫に恋心を抱いて悶々《もんもん》としている。二つの「禁じられた恋」が当事者によって告白される瞬間から悲劇は始まる（なお以下の表で、□は「逆転」（どんでん返し）、◎は「発見」）。

【導入】

Ⅰ幕● イポリットが〈禁じられた恋の告白〉を、腹心のテラメーヌにする［告白

●フェードルが〈禁じられた恋の告白〉を、腹心の乳母エノーヌにする［告白I］。

□国王テゼー死の知らせ（誤報）。

II幕●アリシー姫が〈禁じられた恋の告白〉を腹心の侍女にする［告白III］。

【展開】●イポリットがアリシー姫へ〈恋の告白〉をする［口説きI］。

●フェードルがイポリットへ〈恋の告白〉をする［口説きII］。（テゼーがクレタ島の迷宮で、半人半牛の怪獣ミノタウロスを討ち果たした武勲の引用。姉のアリアーヌ［アリアドネー］、テゼーに糸玉を持たせて、迷宮から無事に脱出できるように計った、その迷宮下りの物語を借りて口説く）

III幕●王権によるイポリット懐柔策。

●ヴェニュス女神へのフェードルの〈祈り〉［呪詛《じゅそ》I］。

□テゼー帰還・フェードル退去・イポリット退去。

IV幕●国王への乳母の讒言《ざんげん》（フェードルの手に残った王子の剣を見せて王子が妃に不倫の恋を仕掛けたと讒訴する）。

●王と王子の対決・テゼーの守護神たる海神ネプチューンへの〈祈り〉［呪詛

Ⅱ］。

【逆転】――発見と急転

◎フェードルの仲裁・アリシーを愛するイポリットの発見。

□フェードル嫉妬。

□フェードル狂乱・フェードルの悔恨・エノーヌ追放。

Ⅴ幕●若い恋人同士の駆け落ち計画。

●アリシー姫と王の対決・王の疑い。

【破局】

●テラメーヌによる「イポリットの死」の語り［死Ⅰ］。

●フェードルによる〈罪の告白〉と死［死Ⅱ］・アリシー復権。

こうして見ると、導入・展開・逆転・破局の四段階構成は、漢詩の起承転結に通じるものがあることが分かるだろう。アリストテレスを規範とした理論化のための議論は、しばしば不毛なものに終わったが、それをあげつらうより、ラシーヌ悲劇のような傑作においては、普遍的なリズムを獲得している点に注目するほうがよいだろう。

悲劇とは「生が死へと向かう、繰り返しの効かない一連の段階」の表現であり、「主人公の、個としての可能性を達成」して、「自己完成のリズムを現前させる」（ランガー）形式であるなら、『フェードル』はまさにそのような悲劇的リズムの典型だと言えるだろう。

4　世阿弥の能作論

ところで世阿弥は、一五世紀初頭に、猿楽の能について徹底的でかつ実践的な反省を書き記した。その伝書は秘伝とされたから、アリストテレスのように理論モデルとなるのはごく近年のことだが、しかし世阿弥によってもたらされた変革は、彼の優れた能やそれをさまざまな形で受け継いでいった能役者の舞台によって、日本の芸能についての思考の地平を画している。ここでは、『能作書《のうさくしょ》』を中心に、その能作りの考案を追い、世阿弥の代表作とされる『井筒』によって、その具体的な実現を分析する。

「よき能」の定義

まず、『風姿花伝《ふうしかでん》』「第六」に読まれる「よき能」の定義を引こう――

本説《ほんぜつ》正しく、めづらしき風体《ふうてい》にて、詰め所ありて、かかり幽玄《いうげん》ならんを、第一とすべし。（「花伝第六・花修《かしゅ》に云はく」）

つまり、「物語の典拠が正しく、観客の関心をぱっとつかまえるような登場人物が出て、舞台の進行を盛り上げるような場面のある構成で、しかも全体の表現が美しい」とでも訳せばよかろうか。

その背景にある世阿弥の考えは、大和猿楽の風体《ふうてい》（スタイル）は、「物まね・儀理《ぎり》を本とし」しかも「幽玄の風体」であろうとする（『風姿花伝』「奥義に云はく」）。物まねは人物を演じること、儀理は言葉の整合性を重んじること（筋の立つ言葉であり、言葉によって筋を立てること）であり、幽玄の風体は――「かかり幽玄」とも言うが――美的な表現、あるいは表現に美的な感覚が貫かれていること、である。

世阿弥は当初、従来の観点を踏襲して物まねのモデルを九体に分類していたが、『至花道《しかどう》』では、それを三体（老体・女体・軍体）に整理する。また、儀理つまり言葉への配慮を、はっきりと伝統詩歌の援用に繋げる。そして、「幽玄の風体」あるいは「かかり幽玄」（舞台表現の優美艶麗）を保証するのは「舞歌」の二曲だと考えるようになる（「第13章　理論と実践――世阿弥の思考」参照）。

能作の三道――種・作・書

世阿弥が能作についての体系的と言ってもよい考えを展開しているのは『三道《さんどう》』においてである。かつては『能作書』とも呼ばれたこの伝書は、「種・作・書」の「三道」つまり能を作る時の三つの作業、あるいは作業の三つのレベルについて考察している。

この三つの作業とは、主題と構成と文章の三つである。

まず主題については、本説（典拠）が正しいこと、つまり王朝物語や伝統詩歌に主題を仰ぐべきこと、そして主人公は舞歌の人体であること、つまり舞や歌ができる人物であることが要求される。それは、大雑把に「女御《にょうご》・更衣・白拍子」と言っておくことができる貴婦人や芸能者であり、それに源氏や在原業平などの王朝貴族、芸能者では物狂いも入る。この配慮は、いくら「舞歌の二曲」が重要だといっても、舞歌の二曲を実践できる人体＝人物でなければ「本当らしさ」にも「必然性」にも欠けるからであって、この点ではアリストテレスの説く「本当らしさ」や「必然性」の要請と同じ配慮である。

更に、ただ優美艶麗なだけでは駄目なので、舞にしても歌にしても劇的物語の内部に位置づけられなければならない。世阿弥は、大和猿楽の伝統であった「鬼」を、「幽玄のたより」がないからとして退けたが、それは真の鬼（冥土で亡者を苦しめる鬼）のことであって、「人間の心が鬼になったもの」はむしろ積極的に活かそうとした。怨霊は活かすわけで、世阿弥自身、例えば「女体の能姿」で「女御・更衣・葵・夕顔・浮舟などと申したる貴人の女体」を「幽玄無上の位」とした上で、「かやうなる人体の種風に、玉の中に玉を得た」ごときものとして、これらの貴人に加えて、「あるひは六条の御息所の葵の上に憑き祟り、夕顔の上の物の怪に取られ、浮舟の憑物などとて、見風《けんぷう》の便りある幽花《いうくわ》の種〔見せ場を作るのに恰好《かっこう》の優美艶麗な花の種は〕、逢ひがたき風得也」と述べている。近代的に解釈すれば、内心のドラマを生きる人体が優美艶麗であればそれに優《まさ》るものはない、のである。

序・破・急の構成原理

世阿弥は能一曲を、序・破・急三段の構成とする発想を、意識的にかつシステマティックに追求した最初の劇詩人である。この序・破・急という考えは、注釈本が説くように、雅楽の用語であり、次いで連歌や蹴鞠《けまり》でも用いられたが、服部幸雄氏がいみじくも指摘されたように、雅楽の理論がそのまま能に移された訳ではない。連歌における実践が直前にあったことは「急とは挙げ句なり」といった用語の照合からも窺えるが、以後の日本人が序・破・急によって想像する事物の捉え方そのものが、どうやら世阿弥によって始められたもののようである。

世阿弥自身、初めは一日の演能の番組構成について用いたが（『風姿花伝』「第三、問答条々」や『花鏡《かきよう》』）、『三道』でははっきりと一曲の構成原理として立て、やがては演技を始め演能のすべてを律する原理として主張されるようになる。

ともあれ『三道』で説く能一番の構成・配分は、序一段、破三段、急一段であり、具体的に次のように述べている――

序は、「開口人《かいこにん》（ワキ）出でて、さし声より、次第、一謡《ひとうたひ》まで、一段。」

破は、「為手《して》の出でて、一声《いっせい》より一謡まで、一段。その後、開口人と問答ありて、同音一謡《ひとうたひ》、一段。その後また、曲舞にてもあれ、只謡《ただうたひ》にてもあれ、一音曲、一段。」

急は、「その後、舞にても、はたらきにても、あるいは早節《はやぶし》・切拍子《きりびやうし》などにて、一段。」

「已上《いじやう》五段なり」と説く。

これを、世阿弥の代表作とされる『井筒』を例に見てみよう。この曲は、三番目物（鬘物《かずらもの》）で、いわゆる複式夢幻能の典型である。

本説＝典拠は、『伊勢物語』第二三段であり、在原業平と紀有常の娘との愛を主題としている。

【序】ワキの登場・名乗り。

諸国一見の僧が、初瀬へ赴く途中、在原業平建立という在原寺に来て、業平と紀有常の娘の愛の物語を偲ぶ。

【破の一段】

シテの登場・秋の夜空と古寺の情景の喚起。

里の女らしき若い女性が現れ、「松の声のみ聞こゆれど」と、浮世の無常を歌う。

【破の二段】

ワキとシテの問答。

井筒の旧跡から水を汲《く》み、花を供える女性に、僧は何者かと問う。在原業平の故事を語ろうとする女性。

「一叢ずすきの穂が出る」ように記憶が蘇《よみがえ》り、「古塚に露がしんしんと降り」染み入るように、地下の時間へと回帰する言語。

【破の三段】

シテの語り。

僧の言葉に従って、シテは業平と紀有常の娘の愛を語る。この語りは、次第／クリ／サシ／クセ／ロンギという構成が本来だが、ここでは次第を欠く。

（クリ）メロディーを立てて謡う導入部。

（サシ）サシ音階という音階で、言葉を立てて謡う。

『伊勢物語』の業平の浮気——女の心配を歌う「風吹けば」の和歌を中心に構成される。

（クセ）リズムの面白さを立てて謡う。

井筒の傍らでの恋の誕生――「筒井筒」の歌とそれに対する返歌「比べ来し」の二首の和歌を中心に構成。

（ロンギ）結論。

「まことは我は恋ひ衣、紀有常の娘とも……」とそれまで三人称で語ってきた物語の主人公であることを、一人称で告げる。

（シテの中入り）

【急】

（序）ワキの待ち謡。

（破一）後シテの登場。

「徒なりと名にこそ立てれ桜花、年に稀なる人も待ちけり」（『伊勢物語』一七段）――業平の形見の冠を頂き、直衣《のうし》を着けてシテは現れる。

（破二）序の舞。

「形見の直衣身に触れ」て、「昔男の移り舞い」を舞う。

（破三）井戸の底に映る影を見る。

井戸の底に業平の面影を見て、「見れば懐かしや、われながら懐かしや」と心乱す。

（急）シテの消滅。

「亡夫魄霊の姿は、萎める花の色無うて匂ひ残りて在原の寺の鐘もほのぼのと」と「夢は破れ、明けにけり」で姿は消える。

「開聞《かいもん》・開眼《かいげん》」

この例からも、世阿弥の能作術が極めて緻密に計算されたものであることが分かるが、世阿弥は更に「開聞・開眼」という仕組みを説く。「開聞」とは、前段に設定すべき「聞かせ所」、「開眼」とは後段に設定すべき「見せ所」である。「開聞」について言えば、文章の意味内容と作曲とが調和した「曲聞《きょくもん》」（音曲としての感興）が狙いであり、「開眼」は、シテの身体的演技と観客の感動が呼応する所で、シテの演技の力によるものだが、しかしそれを仕組むのは作者だという。

具体的に『井筒』について見れば、前段で、語りに入る前の叙景で、「一叢すすきの穂に出づるはいつの名残なるらん。草茫々として露しんしんと古塚の……」のくだりは、言葉も作曲も見事で、記憶の再臨を、深層への沈潜として捉えている。これは、大岡信氏がしばしば触れられる日本人の詩的想像力の集約のようにさえ思えるのだ。

また、語りの段落では、二人の愛を歌う和歌三首を引用することで、語りを構成しているが、地謡の謡う浮遊する記憶の言葉が面に掛かって、シテは「里の女」から

「紀有常の娘（の霊）」に変身する。いわば面は、言葉の収斂装置であり、面そのものが変容するように見えるのだ。

しかもそこでは、まず「サシ」の小段で、愛の危機に関わる歌「風吹けば沖つ白波龍田山、夜半にや君がひとり行くらん」を引用し、次いで「クセ」の小段で、恋の誕生の歌「筒井筒、井筒にかけしまろがたけ、生いにけらしな、妹見ざる間に」と「比べ来し振分髪も肩過ぎぬ、君ならずして誰かあぐべき」を引用する。つまり、本説である『伊勢物語』の和歌を、時間軸を遡るようにして、近い歌から古い歌へと回帰するのだ。この時間の遡行構造は、追憶のドラマとして心憎いまでの仕組みであり、開聞の例として引くに相応しい。

また開眼について言えば、「序の舞」がそれだが、世阿弥の時代には、現在の序の舞のような形では舞われなかったとされるから、やはり舞事の一連の行為として、井戸の底を覗《のぞ》くくだりがそれに当たるだろう。

「（地）さながら見見えし昔男の、冠直衣は、女とも見えず男なりけり、業平の面影、（シテ）見れば懐かしや、（地）我ながら懐かしや」と、愛する男の装束（衣装）を身に着けて舞うことで、愛の対象そのものに変身する。しかも変身した男を井戸の底にイメージとして見つめて、それに心を乱すのは女なのか男なのか。寿夫のシテは、寿夫の好んだ増《ぞう》の面の、いささか冷たく理知的な、それでいて仄《ほの》かな美しさも働いて、寿女面を掛けたシテの姿に二重写しのようにして、美しい男が立ち現れていた。舞台に見える姿が井戸の底に見られているという映像に他ならないことを思えば、それは必然的な解釈であろう。いずれにせよ、この能のクライマックスに設定されているのは、舞台上の演者の身体による特権的な「美的両性具有」の現前なのである。それは、語の最も深い意味における「重層性の美学」の実現であり、それを可能にしているのが、和歌や連歌の「本歌取り」になった「本歌取りの詩法」なのであった。

一九六〇年代以来、西洋演劇の舞台で起きた変革は、時に「言葉の演劇」に対する全否定の形さえ取ったが、同時に古典の読み直しが前衛的作業の有用な部分を占めた。そのような文脈では、演ずる戯曲の善し悪しが極めて重要であることが改めて認識されている。単に劇の仕組みだけではなく、テクストの言葉の詩的強度を含めて、「テクストの演劇」が見直されている。たとえばピーター・ブルックのような演出家でも、「秘密は何もない」と題する講演の中で、「戯曲こそが、無数の未熟な思いつきの中で価値あるものと無用のものとを分ける、厳しくて容赦のない基準となる」と述べている。日本語では本《ほん》と呼ぶが、つまらない本でも優れた舞台を作り上げたある種の歌舞伎の記憶にもかかわらず、やはり「本が悪くてはどうにもならない」という考えは広く共有されている。

第7章　悲劇と運命

悲劇面と喜劇面を装飾のモチーフとして用いることは、古代以来よく行われたが、そこにも窺えるような悲劇と喜劇の対比構造は、言わばアリストテレスの遺産であり、特に西洋古典近代がアリストテレスに倣って確立したものである。内容を少し広く考えれば、このような対比は、日本の能と狂言にも見いだされる。しかし、悲劇というジャンルが演劇の典型と考えられ、またそのようなものとして機能した歴史は長く、無視することはできない。

ここでは、古代劇とフランス古典主義演劇を例に取って、「悲劇」という劇作の特徴とその根拠を考えてみる。

1　「英雄」のステータス

英雄あるいは半神

古代ギリシアの悲劇については、そのテクストの一部が後世に伝えられただけであって、音楽については近年の復元作業があるとはいえ、分かっていることは少なく、踊りについては全くと言ってよいほど分からないから、コロスの部分は近代以降の演出家にとって躓《つまず》きの石である。確かに、仮面を付け高靴（というか高下駄《たかげた》）を履いていたことは——高靴は比較的後の時代になってからだとされる——後世に伝わった図像からも分かるが、しかしその仮面にしても、仮面そのものが残ったわけではない。そもそもルネッサンス以降の西洋世界は、仮面といえばコメディア・デ・ラルテの道化面かカーニヴァルのグロテスクな面しか知らなかったから、悲劇の仮面の機能の仕方については憶測する他なかった。テクストが残ったとはいえ、数千人を収容する野外の半円形劇場で、白昼に、都市国家を挙げての祝祭である大ディオニュシア祭のコンクールとして演じられる悲劇といった上演の具体的な姿は、実のところ想像するのは容易ではない。しかし、それにもかかわらず確かなことは、そこに登場してくる人物達が、等身大の人間ではなく、すでに神話や叙事詩に語り継がれた存在であることだ。アトレウス一族とかテーバイの王家とか、彼らは神々の末裔であり、英雄＝半神としてのアウラに包まれた形象であった。アリストテレスが「悲劇はより優れた人々を描く」と書くのも、前提としてはこのような背景があったのであり、彼らが神話時代の特別な一族に属していることが、「起こり得る事件を描く」ための一種の距離としていることはこの際思い出しておいてよい。以前に蜷川幸雄演出・平幹二朗《ひらみきじろう》主演のエウリーピデース『メディア』〔メーディア〕というものがあって、アテネのヘロデス・アティクスでも上演されたが、あのくらい巨大な姿でないと、古代悲劇は成立しないのではないかとさえ思う。近代劇の枠組の中で上演される古代悲劇は、結局のところ新劇で『仮名手本忠臣蔵』をやるよりも違うと考えたほうがよさそうである。

それはともかく、この「等身大以上の存在」というのは、単に舞台形象の問題ではない。ランガーを借りれば、「神話的な〈運命《デスティニー》〉という考え」から、「主人公に与えられた個人的な運命としての〈宿命《フェイト》〉という劇の創造」への転換を果たしたのが、まさにギリシア悲劇だったからである（ランガー『感情と形式』II、五八七―八頁）。

悲劇とは人生を凝縮した劇の展開であり、「主人公の全存在が、一つの目的、一つの情念、一つの葛藤と究極的な挫折とに集約される」（ランガー『感情と形式』II、五九三頁）ような、劇的展開の強度によって成立する劇形式なのである。そのような主人公、すなわち「英雄」はどのような条件を担って登場するのか。

「穢れ」の追放と『オイディプース王』

前章で劇作の一つの典型として分析したソポクレースの『オイディプース王』。その主人公オイディプースは、テーバイの都を苦しめている疫病の原因たる〈穢れ〉そのものとして自らを追放せしめることになるのであった。彼は悲劇の冒頭でテーバイの神官から「神に比べようとは思わないにせよ、人間のうちにあっては第一の人」「世に類なきお方」と呼ばれているし、オイディプース自身、コリントスの使者の場面の最後でイオカステーが絶望して退場した時にも、「恵み深い偶然の落とし子」とみずからを誇っている。そのような、言わば神的な王が、「父殺し・母子相姦」という人間として最も忌むべき罪を侵した者として追放されるのだ。人より優れているがために、人より卑しく汚れた罪を身に引き受けるという構造。それは、ルネ・ジラールが『暴力と聖なるもの』（一九七二年）で分析した「生贄の牡山羊」の典型であり、共同体の活力の維持のためには、周期的に、共同体の暴力がそれに向かって放出され得るような「生贄」を作ることが必要だとする。それは宗教の起源にも通ずる訳だが、「生贄の牡山羊」は優れたものでなくてはならなかった。

　しかし、このような一般的構造よりも、作品の作られた時点により密着した宗教的実践として、古典文献学者で神話学者のジャン＝ピエール・ヴェルナンは、紀元前五世紀のアテネにおける「穢れ」〝pharmakos《パルマコス》〟の追放の儀礼を挙げる。ヴェルナンによれば、「すべての人のうちで最も醜く、最も卑しい悪人」を選んで、一年間に都市に蓄積したすべての「穢れ」を負わせて都市から追放した、という。しかし、ソポクレースの悲劇では、「神的な王」が最も卑しむべき「穢れ＝パルマコス」として追放される訳だから、そこにはもう一つの思想が加わっているはずで、それは「貝殻追放」

という政治的な制度だと、ヴェルナンは考える。「貝殻追放」において都市から追放されるのは、都市国家の民主的な調和を危うくする恐れのある、突出した政治家であったからだ（ジャン＝ピエール・ヴェルナン『『オイディプス王』の謎とスピンクスの謎」『プロメテウスとオイディプス』、一一五頁以下）。

日本にも修正会《しゅしょうえ》において行われ、民間的な儀礼としても生き続けてきた「追儺《ついな》」の儀式があるから、「穢れの追放」の儀礼は想像がつくし、これは他の文化にも見られる現象だろう。しかし重要なことは、それが古典期ギリシアではソポクレースの悲劇を生んだという差異である。

オイディプースの犯した「二重の罪」は、アポローンの予言によって定められていた運命であり、彼には全く責任のない過失だった。しかしそれと対峙《たいじ》した時に、彼はみずからの手で目を突いて盲目になることを選んだのである。盲目となったオイディプースが現れてコロスと掛け合いになる情景で、彼は「私の不幸を成就させたのはアポローンの神だが、目を突いたのは他ならぬ自分自身の手だ」と叫ぶが、それはまさに、外から与えられた運命を自分のものとして引き受けた、この決断の自由性の宣言でもあろう。

その意味で、自分自身の正体、つまり自己同一性《アイデンティティー》と哲学者なら呼ぶであろうものを追究し、それが明らかになった時に――それと彼自身が合致した時に――破局が到来するというこの悲劇は、破局の淵《ふち》で運命を引き受け、それに向かって自己の主体を確立するドラマとして、西洋世界における悲劇的人間把握の典型と考えられるようになったのである。

「倨傲《きよごう》」（ヒュブリス）と「運命」

オイディプースの追放にも窺える、「人に優れた者」が受けるべき運命というもの。これは、古代ギリシア人が「倨傲」として警戒した基準の侵犯である。オイディプースの場合は、「倨傲＝ヒュブリス」の罪によって罰せられたわけではないが、アイスキュロスの悲劇の主人公であるプロメテウスは、天上界から火を盗むという行為によって罰せられている。同じくアイスキュロスの『アガメムノーン』に登場するアガメムノーン、すなわちトロイヤ遠征のギリシア勢の総大将が妃に殺されるのは、娘イーピゲネイアを生贄に捧げてでもトロイヤ遠征を果たそうとした野望の倨傲の故である。いかにも妃は、帰還した夫を謀殺するに当たって、東方の君主のように彼が「緋の敷物を踏んで」入場するという倨傲の罠《わな》を仕掛けている。

と言うのも、この作品はそのタイトルにもかかわらず、主人公はアガメムノーン王ではない。確かに彼の帰還と謀殺が悲劇の主題には違いないし、生贄に捧げられるのはまさに王自身の存在であるが、真の主役は、情夫と図って風呂場で夫を謀殺する王

図7-1　冥の会『アガメムノーン』（アイスキュロス・作）
クリュタイメーストラー：観世寿夫（紀伊國屋ホール、1972年）
図版提供：放送大学

妃クリュタイメーストラーであり、次いで重要な人物は、王によってトロイヤから連れて来られたアポローンの巫女カッサンドラーである。というのも、カッサンドラーはアポローンの愛を拒んだために、自分の予言が人に信じられないという罰を被っており、今目前に迫る自分の無残な死の光景を、アトレウス家の血で血を洗う陰惨な過去と共に、幻覚の中に見てしまうからである。まさに「悲劇的な言葉に取り憑かれた女」の典型である。

図7-1は一九七二年に冥の会で私が演出した『アガメムノーン』の王妃クリュタイメーストラーで、

観世寿夫が演じている。王とカッサンドラーを風呂場で殺害した後で、コロスと渡り合う王妃クリュタイメーストラーは、次のような恐るべき台詞を言う——

これがわたしの仕業と言うのか。
だが、言うのを止めよ、この身を以てアガメムノーンの
妻であるとは。死んだ男の
妻と見えたは、いかにもアトレウスに
復讐する年経た怨霊。
むごたらしい宴の主人《あるじ》の業罰成就。この男こそ、
殺された子供たちが食らうようにと捧げる生贄!

「男まさりの妃」というのは、単に性格の問題ではない。自分を「アトレウス家に年経た復讐の神」と同一視することで決定的な行為をしてしまう、そういう女であり、後に、まさにその同じ「復讐法」の力によって、みずからも破滅するのである。自己を運命と同一視して則を超えた異常な行動を実現し、みずからもその運命により滅びるという悲劇の論理が極めて鮮明に語られている。

二〇世紀最大の劇詩人であるポール・クローデルは、「ジャン・ラシーヌについて

の会話」という対話風エッセーの結論部に、姉で彫刻家でありロダンの愛人であったカミーユ・クローデルの悲劇に触れて、「未知の、両義的で怪しい力の共犯者にして犠牲者」という表現を用いて、カッサンドラーからフェードル、更にはカミーユへという悲劇的女性像の系譜を語っているが、クリュタイメーストラーも同じ構造を担っている。単に性格上の問題ではなく、自分を超えた力との関係がないと悲劇にはならない、という意味においてである。

いずれにしても、近代劇のように、劇的葛藤が個人と個人の間にあるのではなく、個人と個人を超えたものとの間にあることにギリシア悲劇の本質があることは間違いない。

異常な情念の悲劇――セネカ

ルネッサンスによって古代の文物を発見したといっても、いきなりギリシア語原典から古代悲劇が知られたわけではない。そこには古代ローマとラテン語による翻案が介在していたし、中でもセネカ悲劇の影響は大きかった。日本ではただストア派の哲学者として知られているセネカであるが、皇帝ネロの師であり、彼の悲劇はルネッサンスから一七世紀にかけて古代悲劇を代表するものとして持て囃された。ネロの宮廷には、ネロ自身の母后であるアグリッピナのような、その行動において怪物的な人物も現に存在したこともあって、セネカは、異常な情念に取り憑かれたり、常軌を逸した性格の人物を好んで描いた。

その典型として、夫に裏切られた復讐のために、わが子を殺すメーデーアを主題にした作品があり、日本でも一九七五年に冥の会によって初演された。太陽神の末裔で魔法にたけたメーデーアは、エウリーピデースの同名の悲劇が、人情劇へ傾斜するのに対して、怨念の呪術的な力を強く感じさせる作品である。

そもそもメーデーアが出現するのは、黄金の羊の毛皮を奪いに出掛けたアルゴー船の遠征のためであったが、セネカの悲劇では、この遠征自体を世界の秩序に対する侵犯行為とし、宇宙の秩序を犯した代償として怪物的な女が侵入するという解釈を取っている。現代的に読み直せば、生態系への侵犯の等価物とも考えられるから、『苦海浄土』の引用などのコラージュを挟んで、言わば土着的な想像力に照らしてローマ悲劇を舞台化したのである。観世寿夫のメーデーアのために、谷口明子が能面に想を得た創作面を二面打った。

メーデーアからフェードルへ、悲劇的女体とでも呼ぶべき系譜は、やはりフランス古典主義演劇の大きな魅力の一つである。メーデーアのフランス版を書いたピエール・コルネイユには、たとえば『ロドギューヌ』の女王クレオパートルのように、権力への意志に貫かれた偉大な女性が登場するし、恋や権力の情念に取り憑かれた姫君や女王たちを書かせればラシーヌの右に出るものはいない。少年俳優が演じていたシェイクスピア劇では発展を見なかった局面であり、現代の問題意識からすれば、ジェンダーの劇として読み直すことも可能である。

2 「起源論」の地平——ギリシア悲劇と御霊信仰

ここで少し視点を変えて、ギリシア悲劇の起源に関する諸家の説をみてみよう。そこには、意外と我々の演劇的記憶にも親しい様相が潜んでいるかも知れないからだ。

アリストテレスによる起源論

ギリシャ悲劇の起源をアリストテレスによって復元すれば、紀元前七世紀頃、ドーリス地方にディオニュソス信仰が盛んになり、ディオニュソスに捧げるディチュランボス(ディオニュソス讃歌の集団歌舞)が生まれ、それが紀元前五五〇年頃テスピスによりアッチカに輸入され、更に五三八年頃、当時のアテナイの僭主《せんしゅ》ペイシストラトスが、ディオニュソス神の祭の催しとして、悲劇のコンクールを定めたという。

しかし悲劇がディチュランボスから直接生まれたという説は、現在の文献学者や歴史学者によって否定されている。

また、ニーチェが『悲劇の誕生』で熱っぽく語ったように、ディオニュソス神のしるしのもとに、悲劇が「音楽の精髄の中から」生まれたとするのも、比喩としては魅力的だが、実証的なレベルの問題ではない。

非業の最期を遂げた英雄の墓の前で行う鎮魂舞歌

これは一つの仮説だが、ヘロドトスの書き残したものに、シキュオンの町で、僭主クレイステネスが、アルゴスと戦っていた時、従来アルゴスの英雄アドラストスに捧げられていた合唱と踊りのある芝居を、敵国の英雄に捧げるのは相応しくないとして、ディオニュソス神に捧げることにした、という記事がある。それまでは貴族の専有物であった合唱と舞踊による祭式的演劇を、民衆的な祭りであるディオニュソス神の祭りに結び付けたのだが、ほぼ同じ時期に、コリントスでもアテナイでも、同様の現象が起きたという。

ではシキュオンの町で、英雄に捧げられていた合唱舞踊劇とはどんなものだったのか。

歴史家は、『イーリアス』第二四のヘクトール葬儀の場面で、身内の者達がコロスを成して歌い、それを泣き女達が引き取って悲嘆の歌を展開するという儀式に似たものではないかと推測する（ラファエル・ドレフュス『ギリシア悲劇作家――アイスキュロス、ソフォクレス』詩人ジャン・グロジャンによる翻訳のための「序」、プレイアード叢書、ガリマール社）。

つまり「非業の最期を遂げた英雄の墓の周りでする、その英雄の力と武勲を讃える鎮魂舞歌」であり、古代劇場のオルケストラーに残る祭壇（チュメレー）はその遺構であろうというのだ。

こう考えると、古代劇場の円形オルケストラーは降霊術の場、スケーネーの壇は亡霊の出現する場と取ることができる訳で、その限りでは、神憑りになったコロスの見る幻影が劇の内実をなすのだ、とも言える。

現存する作品でも、アイスキュロスのように、言わば古作の悲劇と呼べるものには、その痕跡を認めることができる。紀元前四七二年のアイスキュロス作『ペルシア人たち』や、その死の二年前の作である『オレステイア』三部作の第二部『供養する女たち』などである。

『供養する女たち』は『アガメムノーン』の次に来る作品だが、王の死後、母后のもとに残ったエーレクトラーが、女たちと共に、母后クリュタイメーストラーによって謀殺された父王アガメムノーンの墓の前で悲歌を歌う。墓に捧げられていた髪の毛の束から、弟のオレステースが戻ってきたことを知り、姉弟が再会し、非業の死をとげた父の復讐を果たすという物語である。

クローデルは、作曲家ダリュス・ミヨーのためにこの作品を訳しているが、その演出ノート（一九二〇年）で、心理的な劇の展開や陰謀劇的な仕組みを一切捨象して、この姉弟とコロスによる悲歌、つまり「中央に置かれた降霊呪術の上に、悲劇を立てている」ことを絶賛している。

『ペルシア人たち』の「ダレイオス王の降霊術」は、『オレスティア』三部作より一四年も以前の作品とされ、文字通りに降霊呪術を舞台に乗せている。ギリシア軍に敗北したペルシア側が、悲嘆に暮れて、女王と共にダレイオス王の亡霊を呼び出す情景である。蛇足ながら、一九五〇年代には、パリ・ソルボンヌ大学に「古代劇グループ」という集団があって、ソルボンヌの大講堂で公演していたが、その演目に『ペルシア人たち』があり、この降霊術の場面を見て——それは日本で言うなら大念仏のような感じであったが——ひどく感動した記憶がある。このグループは、創設時にはロラン・バルトもダレイオス王の役で出演していたことでも名高くなった。

中世日本の「御霊信仰」

日本の中世に盛んになり、後の芸能の発想や構造に強い影響を持つとされる御霊信仰も、非業の最期を遂げた英雄の「祟《たた》り」を祓《はら》うために、英雄の霊を呼び出して、その武勲を語らせる。そうすることで、「祟る神」を「恵みの神」に転換するという、演劇的秘儀であった。構造的には、アイスキュロスの『オレスティア』における「復讐の女神」の「恵みの女神」への転換と同じであり、芸能の古層に通底する発想を読むことは可能であろう。

大和猿楽の伝統の一つである「鬼の能」（地獄で鬼が亡者を責める光景を演じる）を、世阿弥は「幽玄のたより」がないからとして捨象し、鬼は「人心形鬼」の鬼までとしたが、そういう鬼は、みな怨念の塊として、この世に再び現れてくる怨霊達であった。この「怨念の劇作術」に、御霊信仰の演劇化の典型を見ることができるのだが、古作の能ではないが、分かりやすい例として『道成寺』が挙げられるであろうし――前段は、呪術的な舞が降霊術のように働き、後段は悪魔祓いの呪法である――また、世阿弥作の『綾の鼓《あやつづみ》』のシテは、身分の違う高貴な女性に恋をした庭師の老人が、絹を張った鼓を打て、鳴ったならば恋を叶《かな》えてやろうと、嘲弄されたことを恥じて、池に身を投げて死に、その怨霊が、冥界から女御に復讐に来る。大悪尉《おおあくじょう》の面をつけた印象的な姿である。

因みに、歌舞伎でも「曽我五郎」という「御霊」――ゴロウとゴリョウは音が通じる――をレパートリーの中心に据えた「曽我物」が、重要な位置を占めていた。日本の御霊信仰が、ギリシア悲劇の起源にあったと推測される「非業の最期を遂げた英雄のための鎮魂舞歌」と、劇的展開において構造的に共通する部分を持つことは確かだが、同じような宗教的儀礼や発想から出発しても、その「劇的展開の表現」や

「人間」の捉え方は大きく異なるものになった。起源論がすべてを説明し得るものではないことは言うまでもないが、演劇的想像力の古層を考える上では一つのヒントになるかも知れない。

3　情念の悲劇

『ラ・テバイード』における近親憎悪

ところで、ルネッサンス以降の西洋演劇において、古代悲劇を最も実り豊かな形で自分のものとして、新しい劇作を生んだのは、なんと言ってもフランス古典主義演劇であった。その中から、情念の悲劇の典型であるラシーヌの場合を考えてみる。一九九五年にヨーロッパに取材に行った折、コメディ＝フランセーズではラシーヌの処女作『ラ・テバイード』を上演していた。ラシーヌ二四歳、モリエールの率いるパレ・ロワイヤル劇場で一六六四年に初演されたが成功せず、以後も再演されることは少なかった作品である。今回は、アントワーヌ・ヴィテーズ演出作品の美術プランナーとしても知られるギリシア生まれのヤニス・ココスの演出であり、ココスは、近親憎悪に集約されている憎悪の悲劇が現代の民族的な、あるいは宗教的な対立の悲劇に通じるとして、ラシーヌ悲劇の古代劇的残酷さを再評価する。

物語は、オイディプースの死後、その双子の兄弟エテオクルとポリニスが一年毎にテーバイの都を治めることになったが、一年後、エテオクルは王位を手放さず、ポリニスとの間で戦争になる。母ジョカストの必死の介入で、二人は王宮で会見するが、二人の間の憎悪は近づけば一層激しく燃え上がり、遂に二人は決闘で共に死ぬ。憎悪という形での情念の身体的な位相が、生々しく描かれていることは、むしろ近年の批評家（たとえばロラン・バルト『ラシーヌ論』）の再評価するところである。

以後のラシーヌ悲劇に比べると、確かに恋愛の情念の比重が少ないが、しかし憎悪という形での情念が、人間に取り憑いて彼を放さず、彼の宿命そのものとなるという構造は、この作品においてすでに見いだされている。

ここで言う情念〝passion《パッシオン》〟は、元来ギリシア語の受苦〝pathos《パトス》〟であり、主体にとっての受動性に注目しておく必要があるだろう。

恋愛の情念の悲劇

第三作の『アンドロマック』以降、ラシーヌ悲劇を衝《つ》き動かす情念は、多くの場合、恋愛の、しかも片想いの報われない情念となる。しかし権力への意志も、コルネイユ悲劇のように崇高な姿で描かれることはなく、恋愛の欲望と同じようにして人間に取り憑き、彼を情念の劇の場に変容させるのである。

代表作の『フェードル』は、エウリーピデースの『ヒッポリュトス』とセネカの

『パイドラー』を典拠に、古代神話を主題にした悲劇である。ラシーヌはここで、エウリーピデースのパイドラーの「義理ある息子に恋してしまった異常な母子相姦の罪に戦く母」と、セネカの「母子相姦の欲望」に燃え上がる異常な情念の女とを、二つながら悲劇の動因として組み込むことに成功している。

エウリーピデースの悲劇『ヒッポリュトス』では、主題はパイドラーの恋というよりは、恋の女神アプロディーテを敬わぬ貞潔な王子ヒッポリュトスに対する女神の復讐であり、ヒッポリュトスの受難物語であって、パイドラーはその道具に使われているのだが、セネカの『パイドラー』になると、王子の女嫌いも性格的なものに肥大し、また義理の母の異常性愛も、その異常さにおいて極めて過激に書き込まれる。ラシーヌでは、罪の意識に戦く若き人妻にして義理の母はエウリーピデースを引き、フェードルの情念の激しさはセネカに倣って、それを単に心理的という以上の「肉体的な」位相で内在化しつつも、「自分の一族に対する神の復讐」だと自覚させている。つまり、自分を断罪する残酷な神を、古代悲劇の運命のように自分を超えた力として描いており、そこにラシーヌの信仰の背景にあったジャンセニズムの悲劇的世界観を読み取る批評家も少なくない。ただ、演劇的虚構の表象としては、ミシェル・ビュトールも指摘するように、「人身御供を要求する血に飢えたメキシコの神々」の残忍さを思わせもするのだ（M・ビュトール「ラシーヌと神々」）。

演出家としてジャン＝ルイ・バローは、この作品の節目節目を構成する長大な「独り台詞」は、俳優が言葉を心理的に自分に近づけることでは決して言えないとして、「憑依状態《トランス》」になって発する言葉として捉えるべきだとした。先に引いた批評家のロラン・バルトも——彼はバローには批判的だったが——ラシーヌ悲劇の核となるのは、人物達が情念に取り憑かれて、自分自身を失い、別人に変容する現象だとした。この「自己喪失」は、フランス語では「精神錯乱」をも意味する〝aliénation《アリエナシオン》〟という単語で表すが、確かにラシーヌ悲劇の人物達は、宿命としての情念に捉えられ、常の自分とは異なる人格を獲得することで、自己の主体を確立するという、悲劇的な存在なのである。

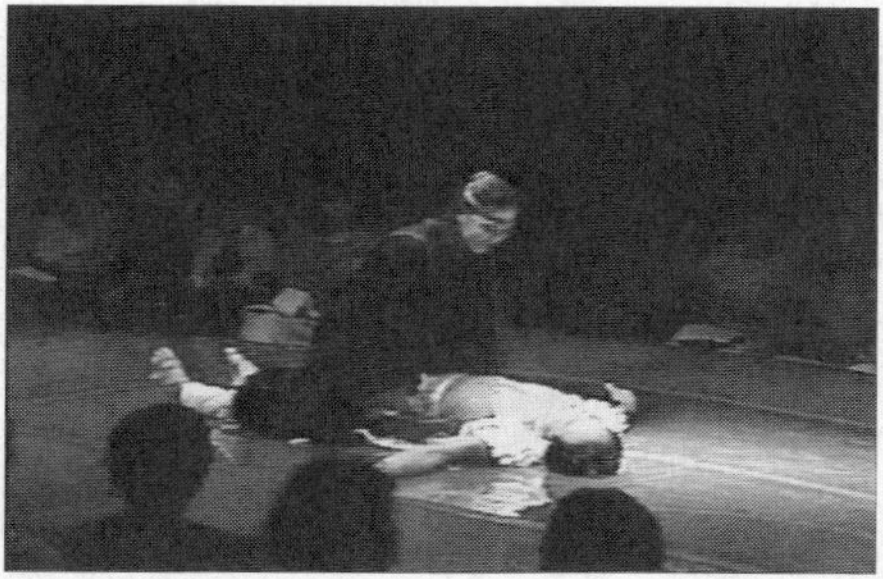

図7-2　演劇集団円『フェードル』（ラシーヌ・作）
フェードル：後藤加代、イポリット：井上倫宏
（スパイラルホール、1986年）図版提供：放送大学

　ラシーヌを単なる宮廷的な恋愛悲劇と片づけるのは誤りである。情念という形で、運命を人間に内在する力とし、その身体的な現れ方を徹底的に追求した挙げ句、情念を再び神話的な世界に組み直すことで、古代悲劇の運命を近代的に捉え返したのであるから。

そこでは神話的形象の再現＝身体化は、単なる修辞ではなく、悲劇の言語的身体そのものなのであった。

ラシーヌの悲劇『フェードル』から、第二幕のフェードルの「口説き」を見る。義理の息子イポリットを口説くのに、その父であり現在の夫である英雄テゼーが、クレタ島へ渡って、迷宮の底に潜む怪獣ミノタウロスを討ち果たした光景を、フェードルは使う。この「迷宮下り」から無事に帰還できるようにと、糸玉をテゼーに持たせてやったのは、テゼーに恋をした姉のアリアーヌ〔アリアドネー〕の策略だった。フェードルは、イポリットを若きテゼーに、自分を恋にはやるアリアーヌに見立てつつ、迷宮の底で、愛する若者と心中する幻想まで口にしてしまう。激しい恋の告白である。図7－2は、演劇集団円における上演（スパイラルホール、一九八六年）で、後藤加代のフェードル、井上倫宏《のりひろ》のイポリット。この後、パリ国立シャイヨー宮劇場でも上演された。フェードルに苧環《おだまき》を持たせたのは、フェードルの神話素と三輪山伝説との類似を際立たせるためであった。

4　人間の条件の劇

悲劇の典型性

ランガーは、悲劇はどのような時代、どのような文化でも成立する訳ではなく、

「個々人の生を、それ自体一つの目的とし、また万事を計る尺度として意識する所でのみ成立し、栄える」と書いた（ランガー『感情と形式』II、五八九頁）。確かに悲劇においては、舞台上で演じられているのが典型的人生であるという捉え方が不可欠であるが、その典型性を決定付けるには、更に個人の劇と個人の属する共同体なり国家なりの全体の運命とが結びついていることが必要であった。

古代ギリシアにおける悲劇が英雄という半神の劇であったことや、古典主義近代の悲劇が、主人公として王侯貴族を選んだのは、単に観客の頂点に位するものへの慮《おもんぱか》りというようなものではなく、彼らが個人の運命と天下国家の運命との相関を生きることのできる、典型的な劇の主人公だったからに他ならない。アリストテレスが「よりすぐれた人間を描く」と説くのも、この限りでの典型性を前提にしていると考えられる。

それは、演じる側にも見る側にも、悲惨さのスケールを誇大にし、それを濃密な強度に高めることを可能にするような、劇的事件に対する距離を保証してもくれる。いかにラシーヌ悲劇の主人公達がヴェルサイユ宮の王や王妃、廷臣達に通じるものがあっても、決してそれら現実の生そのものを描いたのではない。これらの個人と国家の結節点にいる人物達にとってさえ、一つの典型として幻想され得るような、そうした劇なのであった。

人間の条件の劇

したがって、王侯・貴族が、そのような「典型的な生」を生きる存在として幻想されなくなれば——ということは、現実の社会でいえば、権力を動かす実体が、歴然と町民階級のものとして実感されてくれば——このような形での悲劇という書き方そのものが信じられなくなってくる。事実、ラシーヌを頂点としてフランスのみならず、西洋世界では悲劇という書き方は創造性を失っていく。

ともあれ、ランガーも指摘するように、「悲劇の終局は、発端部に暗示されていた運命が明瞭に成就するために、事件展開すべての要約にならなければならない」（ランガー『感情と形式』Ⅱ、五九三頁）のであり、これが悲劇という劇作術の典型性を裏打ちしているものに他ならない。「事件展開そのものが主人公の力の限界を明らかにし、彼の自己実現の終焉を示す」という表現は、いかにも『ハムレット』の終局に相応しい。

生贄の祭儀——「悲劇的なるもの」

しかし、悲劇の創造性が失われたとしても、それで悲劇そのものが舞台における力を失うわけではない。人間の条件の底知れぬ悲惨と、その中にあってなお偉大である者への共感は、古代悲劇であろうと、シェイクスピアやフランス古典悲劇であろうと、後世へと生き延びることを可能にしている主要な動因である。その意味で悲劇は、人間の条件の劇であり、人間の主体というものへの鋭い問い掛けと深く結びついている。オイディプース、リア、フェードル。ただ残酷で恐ろしいだけでも、単なるお涙頂戴劇でも悲劇とはなりえぬ謂れである。たとえば、かつて早稲田小劇場が岩波ホールで上演したエウリーピデースの『トロイヤの女達』は、トロイヤ落城の時のトロイヤ側の王妃たちの悲惨を描くもので、詩人の大岡信が書き直したテクストであるから原作の上演とは言い難いが、しかし、白石加代子のヘカベーや瞽女《ごぜ》姿のコロスなど、自分達を超えた悪意ある運命に向き合う女達の受苦の情景を、現代的に翻訳していた。

悲劇的なるものは、形を変えて再び舞台に現れる。例えば一九五〇年代の不条理劇については、悲劇という言葉がしばしば口にされたが、そこでは、悲劇的なるものを担うのは、もはや英雄でも王でもなく、ベケットの荒野に立ち尽くす道化達（『ゴドーを待ちながら』）や、砂漠に半身を埋めた瀕死《ひんし》の老婆（『幸せな日々』）である。生贄の祭儀を執り行い、みずからを生贄に捧げるのは、半神でも王女でもなく、奥様への愛憎のなかで、「ごっこ芝居」にかろうじて存在理由を見つけていた女中なのである。

ジュネにおける「悲劇的な演技」へのノスタルジーは、悲劇と演劇が交差する断面を鋭く指し示しており、奥様として毒入りのお茶を仰いで死ぬ女中クレール（本木雅弘）の終極は、生贄の秘儀の現代における在りようを、よく教えてくれている。

言葉の演劇の頂点

西洋世界において悲劇が演劇の典型と見なされたことと、言葉の演劇が正統として劇場に君臨するに至った歴史とは、正確に重なる。そのために、言葉の演劇に対する批判は、悲劇という書き方そのものに向けられることが多かった。しかしそこに、西洋における演劇の知の最良の部分が託されていた劇作の記憶は、単に否定すればそれで厄介払いができるという類のものではなかった。一九七〇年代以降の古典の読み直しが、悲劇とその言語を対象にすることが多かったのはその証左である。ブルック、プランション、シェロー、ペーター・シュタイン、ヴィテーズなどの前衛的演出家の作業の最も重要なものをそこに見いだすことができるからだ。

また、言葉の演劇であるかのように錯覚されている新劇の常態に逆らって、敢えてフランス古典悲劇の筆法を以て芝居を書き、かつ驚くべきことにそれに成功したのは三島由紀夫であり、その『サド侯爵夫人』であった。言葉のみによる演劇の典型であるこの作品が、特にフランスではピエール・ド・マンディアルグの優れた翻訳によってしばしば上演されているのも、故無しとは言えない理由もそこにある。

三島由紀夫は一九五〇年代に、文学座のためにラシーヌのローマ物悲劇『ブリタニキュス』の修辞をしているが、『サド侯爵夫人』では、サドを取り巻く女達が「神聖なる侯爵」サドについて抱くイメージ、解釈だけを話題にして、星座の運行のように幾何学的な構成の戯曲を書いたのであり、狂気に隣接する情念をあくまで理路整然とした言葉で表すというラシーヌ悲劇の仕組みを見事に実践して見せたのである。

第8章　喜劇と道化

シェイクスピアの『ハムレット』で、役者の到着を告げるポローニアスの口上に――

悲劇よし、喜劇よし、歴史劇よく、田園劇、田園劇的喜劇、歴史劇的田園劇、悲劇的歴史劇、悲劇的喜劇的歴史劇的田園劇、硬い古典に新作の色物、セネカを演じて重すぎず、プラウトゥスまた軽すぎず、云々

この列挙はパロディー的ナンセンスを狙っているとはいえ、ルネッサンス以降の西洋演劇の多様性を語っている。一七世紀中葉以降、古典主義的規範を確立するフランスとて、直ちに悲劇と喜劇という二大ジャンルに整理された訳ではない。

ところでアリストテレスは、その『詩学』第五章で、喜劇は「普通より劣る人間の模倣」だが、その人間を劣るものにしている「悪」とは、「笑うべきもの」という領域に限られると説いている。悲劇と異なり、アリストテレスの喜劇論の主要部分が後

世に伝わらなかったため、学者たちも、喜劇に関しては、悲劇についてのような教条的な議論を展開しにくかった。もっとも古代劇においては、正確には悲劇と喜劇が対になっていたというよりは、悲劇自体が、悲劇三部に「サチュロス劇」という悲劇のパロディーの喜劇を伴っていた。ただ、悲劇三部がほぼ完全な形で残っているのがアイスキュロスの『オレステイア』だけである上に、サチュロス劇の部分は断片しか伝わらないから、後世は、アリストテレスに倣って、悲劇に対してはアリストパネスなどの喜劇をという対比構造を規範にするようになったのである。

悲劇の場合と比べて喜劇は、劇作としてより広い時代や文化のもとで成立しているように思えるが、そこにも時代や文化の特性は現れている。しかし、喜劇を喜劇たらしめている笑うべきものや滑稽なもの、更には笑いの問題となると、問題の解だけではなく、その立て方そのものにも、時代や文化の思考の枠組みが大きく作用してくる。

笑わせる仕掛けを担う役者を、ここでは便宜的に道化と呼んでおくが、彼の行動原理や舞台で果たす役割、そして舞台における笑いの種類や効果について考えてみる。

1　「笑うべきもの」と「笑わせる仕掛け」

人は何故笑うのか

悲劇の効果についてアリストテレスが、「恐怖と憐憫」の情を掻き立てそのカタルシスをはかると説くのを聞いて、人は何故恐怖心を抱くのかとか、何故悲しいと涙を流すのか、といった問いは――ストア派の哲学者ならともかくも――通常は立てないで済ます。ところが喜劇については、例えば「笑うべきものの模倣」といわれて、「笑うべきもの」は何であるのかを考えようとすると、現象として笑う対象を列挙するのは容易であり、またその動機も説明できない訳ではないが、それを何故人は笑うのかという問いに繋げた途端、我々ははたと答えに詰まってしまう。

最も普通に引かれるのが、日本語訳もあって名高い、フランスの哲学者ベルクソンの『笑い』(一九〇〇年)である。ベルクソンによれば、生とは本来的に流れる持続であるから、それを遮るようにその上にはりつけられた機械的なこわばりが笑いを引き起こし、そのようなこわばりを矯正するのだという。しかしベルクソンの説は、彼の哲学を背景にしているばかりではなく、見方によってはその哲学そのものが、一九世紀後半から二〇世紀にかけて西洋社会に暴力的に侵入し始めた機械文明に対する抵抗でもあったと考えられるから、笑い一般を説明するものではない。ごく単純に考えても、この「こわばり説」では、何故赤ん坊が笑うのか、何故くすぐられると笑うのかといった、心理的なあるいは知的レヴェルでの批判作用では説明のつかない、生理的とも言ってよい身体的な笑いが取り残されてしまう。「タマネギの皮をむくことによる涙腺の刺激」と「くすぐられることによる笑い」とは、同じく生理的だといっても、

「くすぐられる笑い」は、「箸が転んでも笑う思春期の少女の笑い」と同じく、タマネギの皮と一緒くたにしてダスト・シュートに捨ててしまってよいものかどうか。特に後者は、現実にある種の客席を満たす人口と重なるのであるから。

あるいは、二〇世紀フランスの喜劇作家マルセル・パニョールが『笑いについて』（一九四七年）で主張したように、突然の優越感の表現として人は笑うとする考えもある。これも、アリストテレス以来の「より劣った人間」の「笑うべき」姿や行動を笑う時には当てはまるが、やはり諷刺《ふうし》などを前提にした心理主義的色彩は否めない。パニョール自身の劇作においては、地中海的な陽気さに裏付けられていて、笑いの持つ生理的な快感や解放感が暗黙の了解であったにもせよである。

優越感の表現としての笑いは、一七世紀イギリスの哲学者ホッブスの『人間論』（一六五八年）にも読まれ、ヨーロッパ的な笑いについての思考のモデルとなっているとされるが、それを笑いによる解放という方向に考えていけば、別の視野が開けてくる。精神分析の創始者であるフロイトは、笑いの中にも性的な衝動の発露を読み取って、抑圧された無意識的な性的欲望の解放によって生じると考えた（『機知—その無意識との関係』（一九〇五年））。事実、多くの文化で笑いの動機として性器の表象が挙げられるのは偶然ではないし、性行動にまつわる笑いは神話と同じく古い。日常的な個々人の体験のレベルにおいても、日本語で「艶笑」という単語が雄弁に語っているように、笑いとセックス（性器・性行動・性現象）との密《ひそ》かだが確実な結びつきは自覚されている。単に笑う対象の問題だけではなく、性現象《セックス》と結びついた笑いはすぐれて身体的であり、しかもそのように身体的な衝動が主体を解体するような制御不能の炸裂であることが知られているからであろう。

笑いは、このように否応なしに個人の秘密の体験に問いかけるだけではなく、社会的・集団的行動においても重要な役割を果たす。たとえばキリスト教西洋では、中世に、初めは宗教的な意味をもっていたが、一一世紀にはすでに価値の逆転を実体とする民間的な祭りとなり、一五世紀には、やがて非合法のものとなった愚者の祭りがあり——これはキリスト降誕祭から御公現の祝日（一月六日）までの間に催された——復活祭の前四〇日間の禁欲期間に先立つ冬の一番厳しい時期に催されるカーニヴァル（謝肉祭）は一九世紀まで盛んであった。中世末期以降、「愚者の祭り」はカーニヴァルに吸収されてしまうが、これらの全社会的な規模で、社会的・文化的価値の逆転を伴う祝祭と笑いの密接な結び付きの意味は、ミハイル・バフチンの『フランソワ・ラブレーの作品と中世・ルネッサンスの民衆文化』（英訳一九六八年、邦訳一九七三年）以来、さまざまな領域の論者に取り上げられてきた主題である。日本では、文化人類学者の山口昌男の「道化の民俗学」が、雑誌『文学』に登場する時期であり、従来の人間洞察的心理主義や諷刺の政治主義による笑いとは発想も地平も異なる視座が導入された。それは、笑いの持つ制御不能な脱‐関節作用とその身体性に焦点を当てて、文化分析の拠点としようとするものであり、儀礼や祝祭や芸能といった文化表象が特権的に注目を浴びたのである。一般に、知の伝統的な枠組みをすり抜けるような無‐意味＝ノン・センスの表象や体験の再評価が、笑いに注目したのもこの文脈においてである。

本章の初めに触れた「笑いについての思考の時代性」は顕著であって、それは日本の百科事典の「笑い」や「道化」の項目が、一九八〇年代以降画期的に変化したことからも窺える。

道化の存在

ところで、「笑い」一般についての問いにこだわるあまり、今ここで問題にしているのが劇場における笑いであり、特に喜劇という劇の作りであることを忘れては、本題から逸脱することになるだろう。

劇場では、人は舞台で行われていることを見て、笑う。笑いの対象を「笑うべきもの」として設定する謂れもそこにあるので、純粋に生理的な笑いや身体的な笑いも、舞台で演じられる表象（イメージ）を介して、見る者の想像力によって取り返されるのだ。このような舞台表象を、ランガーは「劇的幻想」と呼ぶが、喜劇の劇的幻想を掻き立てる上で、笑いは——ソフィスティケートされたユーモアの笑いであれ、笑劇（ファルス）の即物的な爆笑であれ——その種類によらず、決定的であり、そのような笑いによる劇的幻想を、みずからの行動によって掻き立てるのが、道化である。

道化という言葉は、創成期の歌舞伎の役にあった「道化方」に発するが、ヨーロッパ語では、英語の"fool《フール》"、フランス語の"fou《フー》"、ドイツ語の"Narr《ナル》"に当たり、愚者・間抜けから職業的道化師まで広く用いられる。ラテン系の言葉では、「ふいご」を意味するラテン語の"follis"から生まれ、縁語で「風」を意味するイタリア語の"buffa《ブッファ》"からは、英語の"buffoon《バフーン》"、フランス語の"bouffon《ブッフォン》"が生まれ、宮廷お抱えの道化方を意味した。しかし、多くの日本人が「道化」という言葉を聞いて思い起こすのは、フェリーニの映画が愛情をこめて描くサーカスの白塗りの道化ではなかろうか。愚者としての道化、つまり自分を笑うべきものとして見せる道化の典型である。役名としてはオーギュストとかピエロと呼ばれるが、総称としては"clown"（英語）である。

しかし、演劇の用語としてすでに長い過去を持つ「道化」が脚光を浴びるようになったのは、やはり文化人類学や神話研究が、多くの文化の神話・伝説や儀礼に認められる「トリックスター」"trickster"の重要性を指摘した時期である。トリックスターとは、策略や詐術を駆使して制度や秩序を攪乱《かくらん》すると同時に、異常な欲望によって失敗をし追放される一種の英雄である。人並み以上の知恵と人並み以上の挫折とが共存するという意味では、「生贄の牡山羊」と構造を一つにするし、一種の民衆的な神でありヒーローであるが、しかし悲劇の英雄のように、個人として一回限りの生を典型的な形で生きる、そういう人物の表象ではないという点では、反・英雄《アンティ・ヒーロー》である。道化は、ランガーを借りるなら、「人格化された生命の飛躍」である。「動物的とまでは言わないにしても、原始的で野性の生命のリズム」を持っていて、神聖な秩序分割を破って絶えず出現することができるのであり、常に更新される生命そのものである。「本物の喜劇は、観客のなかに、全体的に陽気な感じを作りだす」とするランガーの主張も、また彼女が引くファーガソンの「思考の軽いリズム」も、我々の経験則に照らして妥当なものだろう（ランガー『感情と形式』Ⅱ、五六五頁以下参照）。確かに、スカラムーシュが鞭《むち》打たれる時――もちろんスカラムーシュでなくても、漫才のボケが叩《たた》かれるのでもいいのだが――その鞭の痛さを観客である我々が感じてしまったら、喜劇は成り立たない。鞭で打つという観念そのものを我々が面白がることが前提なのであり、それを「思考の軽いリズム」と呼んだのである。事実、喜劇の可笑《おか》しみと残酷とは紙一重であり、残酷が身体的なものであれ（例えば鞭打ち）、心理的なものであれ（女房を寝取られた夫の嫉妬）、それが残酷である度合いは可笑しみの度合いを強めるが、しかしこの二つの強度そのものが笑いの質を保証しているのではなくて、それを可笑しみとして成立させる紙一重の差という危ない強度が、喜劇という演劇の幻想の楽しみであり、喜劇の強度なのである。恐らく、そのような紙一重の遊びを可能にするのが、演技する役者の体から発散する愛嬌《あいきょう》というものであって、花とか色気と呼ばれるものの喜劇における特殊な現れである。喜劇において、再現＝代行型の演技が、しばしば直接的＝身体型の行動へと振れる謂れもそこにある。

道化の悪だくみ

マスメディアを介して、薄いくすぐりのお笑いや、映像的に管理された営業的いじめへの爆笑が氾濫する中では、喜劇の領分でも、かつての名人の芸に接するのは、精神の気付薬である。ここでは具体的な例として、六世野村万蔵の『瓜盗人《うりぬすびと》』を挙げる（図8－1）。

みずから「心の直ぐにない者」と名乗る男が、「近頃の不幸せ」のために、瓜を盗むことを思いつき、他人の瓜畑へ侵入して、瓜を盗む。暗闇のことであるから、瓜のありかが分かりにくいので、地面に転がって瓜を探すという妙案を実行する。瓜をしたたか手に入れたところで、案山子《かかし》にぶつかり、始めは畑の主《あるじ》かと思って謝るが、やがて案山子と気づいて、腹を立て、それを打ち壊して去る。主は瓜が盗まれたばかりか、案山子も壊されているのを見て、自分が案山子に化けて、盗人を捕えることにする。それとは知らぬ男は、瓜盗みが成功したのに気をよくして、再び瓜畑に来て、案山子を見るなり、それを相手に、祭りの余興で演じる予定の「地獄で鬼が亡者を責める情景」を演じて楽しむ。始めは自分が鬼になって案山子を責め、ついで案山子を鬼に見立てて責められるのだが、案山子だと思っていた畑の主が正体を現して、盗人を追跡するのである。

道化の得意とする「悪だくみ」の分かりやすい例であり、現代でいえば木下順二の『彦市ばなし』が北九州方言を巧みに使って舞台に現した「策略」である。道化は己の知恵に傲《おご》って失敗するのだが、その知恵にはまってのことが多い。単に自分より愚かな者を笑い者にして優越の笑いを笑い、観客の優越感の笑いを引き起こすだけではない。彼自身が笑われる立場に陥ることで、更なる笑いを呼ぶのである。

道化が「笑うべきもの」の模倣をして、みずからを笑うべきものに仕立て、そうすることで、自分自身を笑わせながら、笑いの対象を笑うという仕組み。これは、演技というも

図8-1　狂言『瓜盗人』
男：六世野村万蔵
図版提供：放送大学

のの一つの始まりをも指し示している。その意味では、彼は本質的に二重の存在なのである。

2　道化の系譜

王と道化＝真実を言う者

バロック時代の道化は、真実を告げる役割を担っていた。『リア王』の道化がその例としてしばしば引かれる。ヨーロッパ中世の後期には、すでに触れたように、宗教的な枠の外部で行われる民衆的な祭りとして、愚者の祭りがあり、その日にはあらゆる価値の転倒が行われた。権力者は力なき民に、富者は貧者に変装し、男女の性別は入れ代わり、最期には倒錯した形でのミサが執り行われる。制度的に確立した表象の意識的錯乱であり、仮面をつけ仮装をし、聖なるものを殊更に穢し、猥雑《わいざつ》でいかがわしい歌や踊りに身をまかせたのである。

このような価値の倒錯を、制度化されたゲームとして、あるいは類焼防止地帯のようにして、王権の周囲に仕組んでおく。王が自分のネガティヴな分身・負の分け前として道化を雇うという構造であり、民族学がいわゆる未開社会にも認める仕組みである。

そこでは道化は、愚者でありいささか狂人であることによって、逆に真実を告げることができる。これは、たとえば予言者ティレシアスが盲目であったように、何らかの知的あるいは知覚上の障害が、逆に通常の人間には失われている予知能力を備え得るという古来の考え方に通ずるものである。道化も、単に人を笑わすためにだけ出てきているのではないのだ。

もっとも王と道化と言う時、現代の文化人類学の知見によって裏打ちされているような関係を、すべての人が思い浮かべるとは限るまい。ロマン派が好んで取り上げて読み直し、悲劇的な関係として表象した「道化」が、我々の舞台の記憶に立ちはだかっていることも事実である。ユゴーの戯曲『王は楽しむ』からヴェルディのオペラ『リゴレット』は作られたのだが、リゴレットはその名が示すとおり「滑稽な者」であり王の道化師である。このリゴレットから、レオンカヴァッロの『道化師』つまり相手役である若い女房を、舞台でも二枚目の恋人役の役者に奪われて、嫉妬のあまり殺人に至るイタリア喜劇の道化役者を主人公としたオペラまで、道化であることに反抗する道化の実存的なドラマは、ロマン派が好んだテーマであった。権力あるいは制度によって笑われ者の役割に閉じ込められている役者が、それによって傷つけられた人間的な感情によって、道化の役割を押しつけてくる権力や制度に反抗するという道化逸脱のドラマ。それは、俳優における、社会的に押しつけられた役割と実存的な選択との間の葛藤という、サルトルの『キーン』まで尾を引くテーマとなっているからである。

しかし、ジュネのような作家が、社会の押しつけるイメージに、心から「然り《ウィ》」を言って、そのイメージによって生きようとする犯罪者や男色家を描くことによって、いかなる実存主義的な劇よりも人間と社会の深淵《しんえん》を描いてしまう時代である。道化がロマン派的な悲劇的感情の地平から抜け出して、その本来の役割を取り返すのも当然かもしれない。

喜劇の道化

道化という役柄が登場する劇作と、道化が主人公であるような喜劇あるいは笑劇(ファルス)とでは、問題のあり方がいささか異なるだろう。『リア王』の道化で笑うのは、経験的にはかなり難しい。シェイクスピア悲劇の悲惨の底、ドーヴァー海峡の絶壁から身投げをする情景で、ベケットのごっこ芝居を援用したことで名高い、ピーター・ブルック演出の舞台は残念ながら見ていないが、その映画版を見る限り、道化で笑えるとは思えなかった。また、ブルック以後の最も優れた演出とされたミラノ・ピッコロ・テアートロにおけるジョルジョ・ストレーレル演出の舞台の強烈な印象でも、道化とコーデリアを同じ女優が演じるという仕掛けのほうが目についた。

それに対してイタリア喜劇系の道化は、歴然と「笑い」の煽動者であり、「笑い」

の発生源である。シェイクスピアの同時代人にも、たとえばベン・ジョンソンの『ヴォルポーネ』などのように、歴然とイタリア喜劇の発想によるものもあった。ただ、ここで言うイタリア喜劇の道化についても、歴史の記憶の成層を見ておかないといけないだろう。現代思想のトピックとしての観念的な議論と、舞台の現実とがすれ違ってしまう恐れがあるからだ。

ここで問題にするのは、一八世紀がロココ的な美的憂愁に包んだ道化たちではない。たとえばワトーやフラゴナールの絵に描かれたイタリア喜劇の俳優たちは、芸術的幻想の寓意であり、美的感情を担うイメージとして表象されている。また、一九世紀に白塗りパントマイムを独立した芸能にまで高めたドビュローが――『天井桟敷の人々』でジャン＝ルイ・バローが演じた俳優である――ロマン派好みの幻想的で悲劇的な感情を表現するピエロ、つまり悲劇的芸術家の寓意としてのピエロでもない。これは、ロマン派の舞台に現れる悲劇的道化を、世紀末の「呪われた詩人」のテーマに繋げるものだからである。

そうではなくて、一八世紀までのイタリア喜劇、なかんずくその核をなしたコメディア・デ・ラルテの道化であるアルレッキーノ（仏語でアルルカン）の、大食で好色な動物的エネルギーが、笑いの主導者として見直されるのである。

それは演劇の記憶を辿《たど》れば、喜劇の召使の系譜を追わなければならないので、一七世紀のフランスでは、イタリア人の喜劇役者スカラムーシュ（本名ティベリオ・フィオレリ）を師と仰いだモリエールの描く、スガナレルやスカパンといった才知にたけた召使の系譜を思い起こす必要がある。

先に触れた「真実を言う道化」としての役割は、これらの召使の重要な存在理由をなしている。特にモリエールでは、機知に富む女中が、主人の精神的な、あるいは知的な誤謬《ごびゅう》を率直に批判し、主人の滑稽さを笑い飛ばして、良識の説く知恵に引き戻そうとする。真実を語る道化という役割を、喜劇において、喜劇的なやり方で、つまり笑いを引き起こす陽気さの中で活用したものである。『町人貴族』のニコル――彼女は貴族の扮装をしたグロテスクなジュルダン氏を見て大笑いをする、その「笑い」の演技が見せ場となっている――あるいは『気で病む男』で病気の妄想に取りつかれた主人を笑うトワネットはその見本である。

男の召使について言えば、タイトルにまで入っているスカパンをすぐ思い出す。『人間嫌い』のような高級な喜劇を書いたモリエールが、『スカパンの悪だくみ』のように、登場人物表で「ぺてん師」と指定されている召使が誑《たぶら》かした老人を袋に入れて棒で殴るといった、安易な可笑しみで受けたのは遺憾だとしたのは、ボワローである。しかし、この身体的な見せ場の横溢《おういつ》する笑劇（ファルス）は、やはりモリエールの天才も喜劇の始原的な精髄も、十分に分からせてくれる作品である。

その意味で『スカパンの悪だくみ』は、イタリア喜劇の道化の悪だくみを喜劇として更に洗練した傑作だと言える。一般にモリエール喜劇は、人間の弱みや欠点を捉えてそれを諷刺する「諷刺喜劇」の定法を踏まえており、そこから喜劇や笑いの批判的機能が引き出されてくるのだが、道化はまずそのような弱みや欠点を、通常の人間よりは鋭く知っていて、それを自分の策謀に利用する人物である。人間の弱点を操りながら策略を実現していく過程で、これらの人間の弱みや欠陥が観客の目にまざまざと、かつ滑稽な・笑うべきものとして描き出されていく。しかし道化は、単に真実を暴く審問官ではない。観客を笑わせながら、人間の弱点を舞台的幻想として展開する演出家である道化は、同時に策謀する彼自身が、みずから仕掛けた罠に嵌まって、その企《たくら》みに失敗するのである。

このような道化の役割が、人間や社会の歪みに対する批判としての諷刺の機能を担わされたことは、容易に想像できる。

3　道化の仮面

人間の弱点を操る道化

人間の弱みに通じていて、それを操って策謀をするというスカパン的なるものは、例えば『タルチュフ』のような、贋《にせ》信心家のいかさま師を扱った作品にも見いだすことができる。もちろん、吝嗇《りんしょく》な父親や頑固親父《おやじ》の裏をかいて、若い恋人達の恋を成就させてやるといった、スカパンの計画の本質的な陽気さ・善意に比べては、『タルチュフ別名いかさま師』の喜劇の主題は、深刻でありかつ危険でもあって、事実、初演時には宗教界の非難を浴びて、ルイ一四世も上演禁止の命を出さねばならなかったほどだ。

主人公の「いかさま宗教家」タルチュフが、裕福な町人オルゴン氏の邸に入り込み、その娘も財産も、更にはその政治的な地位までも失わせるほどの権力を振るい得たのは、オルゴン氏における宗教心——これについては、同時代の現象として説明がいるのだが——という弱みに付け込んだからに他ならない。その意味では、息子を溺愛する守銭奴を、息子の危難と金銭的な脅迫によって操るスカパンの「悪だくみ」と、構造は一つである。ただ、主題が主題だけに、タルチュフの外見的なグロテスクや、あるいはその内心の劇に焦点を当てて、あまりこの構造は見えてこないのが普通である。

一九五〇年代後半から一九六〇年代にかけてコメディ＝フランセーズに君臨したジャック・シャロンとロベール・イルシュの二人の喜劇役者が、この作品を演じたことがある。当時すでに現れていた「古典の読み直し」とは異なる仕方で、『タルチュフ』にある種の新しい照明を当てることには成功していた。このシャロンの演出の見所は、一九六〇年代初頭に、ラシーヌの『ブリタニキュス』のネロンに挑戦して、この怪物的皇帝の深層心理に潜む幼児性を見事に演じたイルシュに、タルチュフを演じさせたことである（因みにその『ブリタニキュス』は、コメディ＝フランセーズの第一回日本公演にも『スカパンの悪だくみ』と共に上演されたが、残念ながらいずれも映像記録はない）。

国立民衆劇場《テー・エヌ・ペー》におけるロジェ・プランションの演出は、「古典の読み直し」の見本であり、一九七九年に日本にも来たもので、「第12章　前衛劇の地平」で取り上げるが、まずはイルシュによる道化としてのタルチュフを見ておこう。

タルチュフがオルゴン氏の弱点として操っているのは、その宗教心であるが、彼はそれだけではなく、オルゴン氏の社会的な地位に関わる政治的秘密までも握っている。しかし、タルチュフのほうにも弱みはあり、それはオルゴン氏の若い後妻のエルミールに惚《ほ》れていて、彼女を手に入れようとしていることである。オルゴン氏の留守中に、若き人妻を口説くタルチュフ。その台詞は、「恋の言説」を「宗教の言説」に重ねた口説きの傑作であり、この喜劇の文脈を離れて読めば、ラシーヌ悲劇の口説きと並べて「口説きの詞華集」に収めてもおかしくはない。それを立ち聞きした息子のダミスが、父に告げると言い張っているところへオルゴン氏が帰ってくるので、母の制止も聞かず、息子はタルチュフの恥知らずな行動を父に暴露する。しかし、タルチュフの「美徳」に目が眩《くら》んでいるオルゴン氏は、それには耳を貸さず、逆に息子を非難し、タルチュフを庇《かば》う。

イルシュの芝居は、時にかなり臭いのだが、彼の体から発散する独特の愛嬌がそれを救っていた。ダミスによってオルゴン氏に自分の行動を暴かれた後のタルチュフの取り繕い方などにも、それは窺える。

剝がされた仮面

人間の弱みを突く役割の道化が、同時に別の形で弱みに捉えられていて、それで悪だくみは失敗する。「笑う者」が「笑われる者」に転落するのが、喜劇の通常のパターンだが、モリエールの『タルチュフ』では、主人公はそれほど簡単には挫折しない。第三幕の「口説きの中断」の後で、息子がタルチュフの恥知らずな行動を暴露しても一向に信じようとしないオルゴン氏。この夫の目を開かせるために、今度はエルミールのほうで、恋するいかさま師を罠にかける。夫をテーブルの下に潜ませたエルミールは、タルチュフに誘いかけて、恋の口説をもう一度やらせる。その仮面を剝ぐためである。

道化が罠にはまる。道化の仮面が剝がされる。というか、この宗教家は単なる道化に過ぎなかったことが暴露されるその瞬間に、彼は道化の仮面をかなぐり捨てて、文字通りの「いかさま師」になりかわる。オルゴン氏が彼に財産を譲渡した書類を楯《たて》に、この家の主人は自分だと居直るのだ。更にはオルゴン氏の政治的過去に関わる秘密の小箱の一件を国王に讒訴して、オルゴン逮捕の勅命まで用意させてしまうタルチュフの悪だくみ。

『タルチュフ』第四幕における「逆転」は、もはや笑い事では済まないレベルに突入して、第五幕の更なる「どんでん返し」によってようやく幕を下ろす。プランションの演出では、この劇の暗示している同時代の歴史的・文化的な表象にこだわり、そこから新しい権力への過程にあるブルジョワジーの家族のドラマを浮き彫りにするのだが、それは第12章で見ることにする。事実この作品は、もはや通常の喜劇の枠には収まり切らない領域へと大きく踏み出しているのである。

『ドン・ジュアン』のような「無神論者」の放蕩貴族を主人公にした喜劇になると、主人公である貴族自身が、召使のスガナレル以上に道化的にいかさま師を演じてしまう。このような「超-道化」の出現によって、道化芝居は人間の魂の深淵を見据える装置に変容するのだ。

悲劇について、悲劇ならざる劇表現にそれが脅かされているのを見た。喜劇は悲劇に比べてより普遍的であり、多くの文化や社会にその舞台表現を見ることができる。とはいえ、モリエールの例がよく示しているように、喜劇ではない「真面目な劇」あるいは「深刻な劇」（フランス語で〝drame《ドラム》〟と呼ぶジャンル）へと踏み出す現象も、見逃すことはできない。

4　喜劇の呪術性

笑いの呪力――笑いと性的なるもの

ところで、古代ギリシアにおいては、喜劇は誇張された男根のイメージと不可分であったし、サチュロス劇においても、サチュロスを特徴づけているのはその勃起した男性器であった。そこには、性的な表象と笑いとの、起源における結合が見られる。

日本にも男性器を御神体や呪物とする祭儀は多い。と同時に、岩屋戸神話における天《あめの》鈿女命《うずめのみこと》の性器を露出した踊りが、神々を笑わせ、そうすることで太陽女神の復活を成就したあの神話を思い出す人も多いだろう。驚くべきことには、古代ギリシアにも同じような神話があり、それは大地母神であるデーメーテールを慰めたバウボーの踊りであった。

大地母神が、娘ペルセポネーを冥界の王に奪われたことを嘆いて止まないために、大地は穀物を生産せず、家畜も子を産まなくなった。ところが、女神がエレウシスに来た時に、召使のバウボーが、性器を露出して、猥雑な踊りを踊ったところ、女神はそれを見て笑った。この時から、それまでの大地の不毛は止み、実りが戻ってきた、という神話である。

性器は、生殖の器官として大地の生産力の回復に呪力があると信じられたのだし、太陽女神の岩屋戸隠れも、太陽の死であり、大地の生産力の衰退であったから、それを性器の露出によって回復させるのである。ただ、古代ギリシアでも日本でも、笑いが生命の復活と不可分の記号として語られていることは、笑いの呪力とされるものの性的な根を思わせるに充分ではなかろうか。

呪術的な儀礼

記紀の神話が語るところは、笑いの呪力と、それに携わる芸能者の聖なる使命を語る起源神話だが、ヨーロッパでは、特に古典近代以後、笑いの心理的な側面や社会的な機能ばかりが注目されたために、呪力としての笑いは、長く見落とされていた様相である。笑いと笑いを呼ぶ芸能者の呪術的な根は、日本の場合、狂言にも残されており、その最も儀礼的な演技を、『翁』の三番叟に見ることができる。

世阿弥の時代には「三番猿楽」と呼ばれた三番叟は、当時から狂言方の役であったとされるが、現在は「露払い」である千歳《せんざい》と、白式尉《じょう》である「翁」による、天下泰平・国土鎮護の舞の後で、「黒式尉」の面を掛けて、荘重な「翁」のもどきとして、舞を舞う。その舞は、揉《も》みの段と呼ばれる直面《ひためん》の舞――「烏跳《からすと》び」という跳躍を含んだ躍動的な舞――と、黒い尉の面を掛け、鈴を振り鳴らしながら種蒔《ま》きの所作をする鈴の段と呼ばれる舞とからなる。しかし、農耕祭儀の演劇的表現というのは後世の解釈だとされ、元来は、反閇《へんばい》という足を踏みならす所作も、跳躍も、鈴を持って走るのも、猿楽の先行芸能の一つとされる咒師《しゅし》の芸能に由来するもので二月に執り行われる修二会《しゅにえ》の儀式で、神聖な儀礼空間を固める方堅《ほうがた》めの呪術がその起源だとされる。

現在の三番叟からは想像できないが、翁の「祝言の詞」も今様などから取ったエロティックな要素もある訳だから、芸能となった始めは、もっと猥雑なものであったかも知れない。

祝言の笑い

ともあれ、ウズメとバウボーの例でみた笑いの持つ呪力は、日本の芸能で祝言の笑いと呼ぶもののなかによく現れている。正月の万歳は都市部で忘れられて久しいが、落語の枕にはなおよく使われる「笑う門には福来る」という決まり文句は、笑いの呪力の最も端的な証言である。喜劇を特徴づける笑いは、それ自体で寿福増長の効果を持つものと考えられていた。

劇としての狂言の場合も、主題が如何《いか》に深刻な方向に傾斜しようと、最終的にはそれを祝言へと持っていく。例えば『末広がり』の切りで、己の愚行の償いに、都の「すっぱ」が教えてくれた小唄を舞い歌って、主人の機嫌を直す太郎冠者《かじゃ》。そこでは、音曲が、この目出たい和解を一層高揚させる効果を担っている。優越感というよりは解放感と生命力の更新と言ったほうが適切だろう。

呪術的模倣所作

民俗学者として折口信夫が説いたことを敷衍《ふえん》すれば、古代人が模倣をするとき、それは共同体に禍《わざわ》いをもたらす「でーもんやすぴりっと」の所作を真似《まね》て、その力を人間の側に取り返す呪術なのであった。人は、えてして人間の模倣から始めたと考えがちだが、田畑に害をなす蟹《かに》や鹿に服従を誓わせるためには、これらの異常な力を持つと信じられていた動物の行動を模倣して、その力を取り返す必要があった。鹿《しし》踊りのように、民俗芸能には、動物の擬態を演じるものは幾つもある。

狂言の場合、そのような呪術的擬態が、そのレパートリーの内で最も重い曲とされる『釣り狐』に残っているのは、興味深いことだ。

猟師に眷属《けんぞく》を残らず捕われた古狐が、猟師の叔父《おじ》の白蔵主《はくぞうす》という僧に化けて、猟師に狐の恐ろしさを説き、狐を釣る（捕る）ことを思い止《とど》まらせようとする。前段は、白蔵主に姿を変えた狐が猟師の家まで行く道行、猟師の家で狐の恐ろしさを語る「玉藻の前の妖術」と「那須の殺生石」の物語、そして帰り道に、猟師が仕掛けた「捨て罠」の餌に引かれて罠に掛かりそうになり、誘惑と闘い、遂に罠を破って逃げる迄《まで》。後段は、縫いぐるみの狐の姿になって、罠にもう一度挑み、危うく猟師に捕えられようとして、罠を破って逃げ込む。前段で、白蔵主の、人間とも狐ともつかぬ奇怪な面を掛け、狐の縫いぐるみの上から僧服を着て、しかも狐であることを顕《あら》わさないために常に肘を胴に付け、中腰の老体で演じるのは、大変な力量を要求される。「猿に始まり狐に終わる」と言われるように、狂言師にとっては、言わば博士論文のようなものである。

喜劇と仮面

すでに比喩として何度も「道化の仮面」という言い方をした。仮面は、日本の能を持ち出すまでもなく、ギリシア悲劇においても用いられたことは西欧文化の常識である。しかし日本のように、公式な演劇においても舞楽と能・狂言に用いられていて、舞楽はともかくも、能はいささかも喜劇ではないことを現実に知っている場合と、西洋世界のように、悲劇の仮面は文献上の知見に止まって、実際の仮面としてはカーニヴァルのグロテスク面とコメディア・デ・ラルテの道化面しか知らない場合とでは、仮面についての認識原理が大いに異なるのだ。

たとえば、一八八九年のパリ万国博、つまりエッフェル塔が建てられた博覧会は、芸能の東西という観点からは極めて重要な転機であって、そのことは「第10章　東洋演劇の幻惑（一）」で取り上げるが、この万国博に日本は具体的なパフォーマンスは出品せず、能面などのオブジェを展示しただけであった。しかし、それらを見た当時のパリの演劇批評家は、明らかに能面と思われる面について、「彼の地でも、我々の国におけると同様、仮面は喜劇に用いられるものの如し」と記していたのである。

そもそも、日本語で仮面と言う時——その用例は江戸時代の喜多《きた》古能の『仮面譜』に遡るが——そこには、「いかがわしい物」とか「偽物」といったニュアンスはなかった。ギリシア語やラテン語においても同じである。しかし、近代ヨーロッパ語で仮面を表す「マスク」（英語の"mask"、仏語の"masque"）は、初め「悪魔」を、次いで「魔女」を意味した「マスカ」"masca"に由来するとされ、出発点から負の記号を負わされていた。

しかし、演劇あるいは演戯の意識からすれば、変身の仕掛け自体がいかがわしいものであるはずで、そのような行為の虚構性を強調するには打ってつけの道具である。それを付けることで、半神の一回限りの典型的な生を現前させるのとは違って、限りなく変身を繰り返すことの可能な、その意味で変身の神ディオニュソスのしるしのもとにある演戯にとって、仮面は恰好な仕掛けであった。

バフチンの「カーニヴァル理論」に倣って説かれる「社会と文化の周縁部が中心部へとなだれ込む光景」とか、「秩序の内部への混沌の侵入」や「確立した価値の逆転」といった命題によく見合った演劇表現として、コメディア・デ・ラルテの道化が脚光を浴びたのは理由のないことではなかった。大食や好色、糞尿譚《ふんにょうたん》などを核とした瀆聖《とくせい》行為、こうした道化の途方もなさは、グロテスクに誇張した仮面と、同じく様式的に誇張された身体行動を伴う演技によって可能になるからだ。

ヨーロッパでは、仮面と言えばカーニヴァルの仮面かコメディア・デ・ラルテの仮面しか思い浮かべないと書いた。しかし、コメディア・デ・ラルテの芸能そのものは事実上断絶していたから、それを復活させるには多くの演劇人たちの試行錯誤が必要だったのである。

　そのような伝統的仮面の芸能を復活させ、しかも単なる民俗学的復元ではなくて、極めて現代的な演劇美学へと繋げる形でそれに成功したのは、ミラノ・ピッコロ・テアートロの演出家ジョルジョ・ストレーレルによるゴルドーニ『一度に二人の主人を持つと』である。山口昌男の「道化の民俗学」も、パリで見たこの上演に刺激されて書かれたものであった。

　この演出をめぐっては、ストレーレル自身の回想録に興味深い考察があるが、黒い革製の半面によって顔の表情を切ってしまうアルレッキーノについては、演技そのものの通念を考え直さなければならなかったこと、更には仮面という固定した表情をどのようにして生きた表情にするのかなど、極めてスリリングな実験であった。能面について、金剛流の巨匠で面打ちでもあった金剛巌《いわお》は、「演者が見るのではない、面が見るのだ」という名高い言葉を残したが（『能と能面』）、それにも通ずるような演劇知の再発見である。

すでに何度か触れた太陽劇団の『黄金時代』も、単なる仮面の民俗学的再現などではなかった。それは、コメディア・デ・ラルテに想を得た仮面を用いて、現代の移民労働者の問題を浮き彫りにする政治劇だが、更には、シェイクスピアの『リチャード二世』の連作の上演に際しても、能の尉の面やバリ島のトペンの仮面などを、大胆に活用して、独自の効果を挙げている。

特にバリ島のトペンの面は、道化の役が喋るために半面が多いから、台詞劇――それも長大で難解なムヌーシュキン訳の台詞劇――を絶叫するためには、恰好なモデルであった。

5　対比構造と変容

もどきの構造

古代ギリシアにおいて、悲劇とそれに続くサチュロス劇が、劇とそのもどきの関係にあったように、能と狂言も、劇的物語とそのもどきの関係を長く保った。先に見た『瓜盗人』の後半で、主人公が瓜畑の案山子を相手に、祭りの余興で演じなければならぬ「鬼の能」をやってみせるのは、その分かりやすい例である。事実、大和猿楽の伝統的な演目には、「鬼の能」が重要な部分を占めていて、それらは、地獄に落ちた亡者を地獄の鬼が責めるという物であったが、世阿弥は、真の地獄の鬼――それを「力道風の鬼」と呼んで「砕道風の鬼」つまり「人心形鬼」と区別する――には「幽玄のたよりがない」、つまり歌ったり舞ったりすることはできないという理由で、演じなかったと称する。「地獄で責められる」情景は、観阿弥作の『求塚《もとめづか》』などにも見られるし、修羅物の基本構造は武将が地獄で苦しむ話だから、大和猿楽から鬼が消えた訳ではないが、亡者を責める鬼自体が出てくる曲は稀である。

その埋め合わせをするように、狂言は地獄の鬼、特に閻魔大王を好んで舞台に乗せる。ただし、閻魔が亡者にやり込められるという、「地獄の責め」の逆転、パロディーとしてである。閻魔が怪力無双の武将朝比奈《あさいな》にしてやられるという『朝比奈』や、博打《ばくち》の名人と博打をして負けてしまい、罪人を極楽へ送らざるを得なくなる閻魔を描く『博奕十王』などは、その典型である。

対比構造とその変容

歌舞伎の史家は、歌舞伎の創成期において、真面目な音曲の舞と、それに続いて演じられる物真似狂言尽くしとを交互に演じたのが、能と狂言の関係に倣ったものであり、しかもそこから、後の時代狂言と世話狂言の組み合わせが生まれたと説く（服部幸雄『江戸歌舞伎』)。ここでは、時代物と世話物の成立の歴史を振り返る余裕はないが、並木五瓶《ごへい》以降、江戸の歌舞伎の狂言建ての原則となった時代狂言と、それを同時代の風俗にもどいた世話狂言の関係は、近年持て囃された例で言えば、『仮名手本忠臣蔵』とそのもどきあるいは裏面史として書かれた鶴屋南北の『東海道四谷怪談』である。

こう見てくると、悲劇がドラム(正劇)に変容するのと並行して、喜劇の側もドラムに接近する。それはジャンルの制度的な分割を廃止すると言っただけでは説明のつかない運動である。同時代の観客の問題意識に応えるような同時代風俗劇は、町民と呼ぶにせよ市民と呼ぶにせよ、ブルジョワジーの文化の必然的な要請であった。

それは、必ずしも喜劇の消滅を意味しない。喜劇を貫く笑いの精髄は、ヨーロッパならば、一九世紀のヴォードヴィルという形で劇場の大当たりを保証していく。パリならばラビッシュであり、フェードーである。また音楽と歌が入るジャンルならば、オペラ・コミックやオペレッタであり、その王はオッフェンバックであったが、一九世紀中葉の消費社会の劇場をいかにも陽気な祝祭空間に変えてしまう。自作を喜劇だと銘打ったにもかかわらず、演出家や俳優がひたすら深刻な舞台にしたことに常に不満であったチェーホフが、一幕物の傑作ヴォードヴィルの作者であったことは思い出してもよいだろう。

ともあれ、喜劇は喜劇として、演劇的な洗練を目指す。わが国の独自の話芸であり劇的話劇（一人芝居）として、驚くべき完成の域に達した落語のパフォーマンスも、例えば桂文楽の高座などにおいては、喜劇の洗練が演劇としての洗練に他ならなかったことを理解させてくれる。ただ笑うことだけが問題なのではない。いかにも笑いとは、喜劇の生命であるが、同時に喜劇にとって外部でもありうるのであって、喜劇の歴史は、ひたすら笑いの炸裂を仕組むか、あるいは笑いをも含んだ更に大きな劇構造を目指すかの二つの動機の間で、大きく揺れ動いてきたように思われる。

第９章　近代劇とその対部――前衛の出現

現在我々が劇場で見ている大部分の演劇は、一九世紀ヨーロッパで生まれた近代劇、ないしは近代劇の否定として作られた劇である。シェイクスピアにせよ一七世紀フランス古典劇にせよ、一九世紀の演劇美学による変形を経ないで、創成期の形がそのまま継承されたわけではないからである。

それではヨーロッパの近代劇とはどのような劇作であり、どのような演劇であったか。ヨーロッパ演劇は、一七世紀中葉のフランス古典主義演劇の成功によって、一八世紀を通じてフランスが全ヨーロッパ的に規範として通用した。オペラ・セリアと呼ばれる悲劇的な主題のオペラが、その主題のみならず台本まで、フランス古典悲劇に仰いだのはその証左の一つである。

その意味でフランス・モデルを語らないわけにはいかないのだが、そこで見られる現象は、まず一八世紀後半における古典主義の凋落《ちょうらく》と、新しい劇作や新しい演劇の場の出現であった。

新しい劇作については、悲劇・喜劇の二大分類には属さない新しいジャンル（例えば「催涙喜劇」）が持て囃され、それはディドロの主張する「市民劇」の発想と同じ時代の兆候であった。また、勅許を必要とする公式の劇場の外部で、例えば修道院領で定期的に開かれる市《いち》あるいは縁日の場で演じられる芝居が活力を取り戻し、やがて一八世紀の後半になると、パリの北の郊外に接した地区が、見せ物などの常時掛かる歓楽街へと変貌していく。そこでは、台詞入りオペラであるオペラ・コミックや、音楽入りヴォードヴィル“vaudeville”（軽喜劇）、そして勧善懲悪お涙頂戴スリラー劇であるメロドラム“mélodrame”――これも音楽が入った――が流行した。その代表たるメロドラムは犯罪者を登場させることが頻繁だったから、この芝居町は「犯罪大通り」と付けられた。マルセル・カルネの映画『天井桟敷の人々』は、一九世紀三〇年代の犯罪大通りを、近代演劇の青春として、登場する役者達の青春に重ねて描いた傑作である。これら都市の周縁部で隆盛に向かう大衆的な芸能が、一九世紀初頭のロマン派による舞台の革命の下地を作ったのである。

ここで扱う近代劇は、ロマン派による演劇の変革を受けて誕生する。

1　近代劇あるいは同時代風俗劇

悲劇の消滅――ロマン派劇

フランス一九世紀の二〇年代末から四〇年代に隆盛をみる新しい演劇表現を担ったのは、ユゴー、ヴィニィー、ラマルチーヌ、ミュッセなどロマン派の詩人の劇作であり、あるいは「剣とマントの劇」とも呼ばれたアレクサンドル・デュマ・ペール（ペールは父の意、大デュマともいう）の活劇入りの歴史劇であった。

そこには、革命以後のフランスの知識人が、外部に関心を向けるようになり、シュレーゲルの『劇文学講義』（一八〇九―一八一一年）によってドイツ演劇の理論的新風を、マンツォーニの理論的テクスト（「『カルマニョラ伯爵』の序文」（一八二〇年）、「悲劇における時と場所の単一についてショーヴェ氏に送る手紙」（一八二三年））などによってイタリアで起きている議論を知ったことが与かって力があった。しかし、何といっても重要な事件は、シェイクスピアの発見であった。

シェイクスピアは一八世紀にようやくフランスでも知られるようになったのだが、その流行を決定づけたのは、一八二二年と一八二七〜二八年、イギリスの劇団のパリ巡業であった。特に二七年の巡業では、『ハムレット』『オセロー』『ロミオとジュリエット』を英語で上演して、ロマン派の熱狂的な喝采を受け、単に劇作術の面だけではなく、俳優の演技の面でも――キーンが『リチャード三世』を演じていた――古典主義美学に縛られたパリの演劇の慣習を覆す恰好の戦略拠点と映じたのである。スタンダールの『ラシーヌとシェイクスピア』（一八二三年）は、ロマン派演劇の宣言として最も早いものだが、そのタイトルが雄弁に物語っているように、古典主義の神であったラシーヌに代わって、シェイクスピアという神を神の座につけようとした。劇場では、ヴィクトル・ユゴーの「『クロムウェル』の序文」(一八二七年)による宣戦布告と、一八三〇年の「『エルナニ』の戦い」、つまりその戯曲『エルナニ』のコメディ＝フランセーズ初演の騒動に始まるけたたましいロマン派革命の幕開けであった。ロマン派の劇作は、ディドロの市民劇の主張を受け継いで“drame《ドラム》”を称したが、日本語では、森鷗外がドイツ語の“Schauspiel《シャウシュピール》”から作った訳語「正劇」を用いるが、あまり普及したとは思えない。ところでロマン派が歴史劇を好んだのは、時代色や地方色の重視という主張の他に、悲劇に代わる偉大な劇的幻想を追求したからである。大デュマの通俗的歴史劇『アンリ三世とその宮廷』(一八二九年)の成功は、ロマン派好みの歴史絵巻物的な劇作のモデルとなる。

ロマン派の演劇は、日本ではあまり上演されないが、オペラになったものが多いし(ユゴーの『エルナニ』『リゴレット』など)、シェイクスピアの作品も同じ発想でオペラ化されている(トマの『ハムレット』、ヴェルディの『オテロ』『マクベス』など)。舞台効果のある悲劇的演技、大がかりな装置、豪華な衣装などの演劇性が持て囃されたからである。

同時代には演じられず、二〇世紀になってロマン派演劇の最高傑作と見なされるにいたったのが、ミュッセの『ロレンザッチョ』である。メディチ家の暴君を暗殺する虚無的な道化を演じる、この「フランス版ハムレット」については、「第5章　稽古という作業」でも触れたが、二幕四場の「アレクサンドルの宮廷」の場面で、決闘を挑まれたロレンゾが、剣を見て失神する。その失神の動機や実態が、この人物についての謎を深めるのである。

同時代風俗劇——近代劇の成立

近代劇と呼ばれる劇作の形態が成立するのは、一九世紀の半ばであり、ロマン派が古典主義を敵として繰り広げた鳴り物入りの闘争が、ユゴーの『城主』の失敗（一八四三年）によって一段落ついた後である。アレクサンドル・デュマ・フィス（息子のデュマ、小デュマとも呼ぶ）の『椿姫』（一八五二年）がその嚆矢《こうし》となった。

この作品は、「半社交界の女《ドミ・モンド》」と呼ばれる高級娼婦と中産階級の息子の悲恋を描いて、四年前に大当たりを取った自作の小説を、小デュマ自身が戯曲に書き直したもので、この年に始まる第二帝政という時代を代表する劇作となる。同時代の先端的な社会風俗のなかで、ブルジョワジーの主要関心事と切り結ぶ話題をテーマに、思想的・教訓的なメッセージも籠められた「ウェル・メイド・プレイ」であり、その意味で同時代風俗劇と呼ぶことができる。

『椿姫』の場合、貴婦人かと見紛《みまが》う豪奢な生活を送る高級娼婦を主人公にしたことは、当時としては非常に衝撃的であったが、それは最新流行のトピックに他ならず、そこにブルジョワジーの主要関心事である「金とセックス」に「肺病」という宿命的な病気を絡めて、娼婦と若者の純愛物語を感動的に描いたのである。哲学者のミシェル・フーコーが『性の歴史Ⅰ――知への意志』で見事に分析したように、「セックス」は、一方で家族の優生学的維持の観点から極めて重要な配慮の対象であったし、(「ブルジョワジーにとって、貴族の血に当たるもの」であった)、他方、乱費を嫌うブルジョワジーにとって、商品として値踏みされることで価値の体系に入るものであった。その意味で「肺病病みの高級娼婦」とは、「家族・夫婦・健康な血」という価値のシステムを脅かす典型的な悪に他ならなかった。

小デュマのこの作品は、ヴェルディのオペラになって一層その名を高めたし、原作の戯曲は、一九世紀の末にはサラ・ベルナールや、イタリアの名女優エレオノーラ・ドゥーゼの当たり役となるなど、演劇史に輝かしい記憶を残している。近年の日本では、小デュマの原作から直接に作られた舞台は、一九七九年に坂東玉三郎が演じたものだけであるが、もっとも、『椿姫』の物語を述べただけで、大正・昭和の芝居に多少なりと通じている人は、同じような主題とその演劇的扱いが、日本の近代化の中でも存在したことに気づくはずだ。そもそも「正劇」という言葉を積極的に用いたのは川上音二郎であったし、その流れを汲む新派と呼ばれる一種の近代劇が、鏡花の劇作によって広めたものこそ、『椿姫』型の劇作術であった。『婦系図《おんなけいず》』『日本橋』といった舞台がその代表作であり、その意味で『椿姫』は、玉三郎のために恰好の企画であった。ともあれ、極言すれば、一九世紀半ばの『椿姫』の成功がなかったならば、イプセンもチェーホフも、あるいはサルトル、アヌイ、テネシー・ウィリアムスすらも存在しえなかった、そのような節目を作った劇なのであった。

同時代演劇のパラダイム

近代劇は、こうして同時代の風俗に主題と舞台を取り、同時代人を登場させることによって、ロマン派までは、喜劇を除けば、「時代の衣装」つまり歴史劇の虚構を劇の展開に不可欠としていた原則を、根底から覆す。よくいわれるように、舞台上の人物と客席にいる人物とが、同列の存在となった。言い換えれば、平均的ブルジョワと等身大の人物が舞台に君臨することとなったのである。

それは同時代の文学や美術一般にみられる現実の忠実な再現を標榜《ひょうぼう》する写実主義《リアリズム》への傾斜とも不可分である。その際、同時代風俗劇つまり近代劇は、現実を更に限定して、同時代の日常的現実とした。そのような日常的現実再現型の真面目な劇と並行して、同時代風俗による軽喜劇ヴォードヴィルが隆盛を見て、その職人芸の代表者がラビッシュであったし、また同時代風俗による軽喜劇オペレッタが熱狂的な喝采を博し、その神はオッフェンバックであった。これらの舞台が、グランド・オペラとロマン派バレエと並んで、第二帝政期パリの劇場の世俗的祝祭を司《つかさど》ることになる。産業革命によって生まれた都市型消費文化の、快楽原理に貫かれた舞台表象であり、これは一九世紀中葉のヨーロッパの大都市では多かれ少なかれ共通する現象であった。

一つの文化なり時代を特徴づける問題の系を、言語学用語を援用して範列＝パラダイムと呼ぶ。いわば、時代や文化に固有な現象のメニューであるが、その意味で今みてきたような真面目な風俗劇、ヴォードヴィル、オペレッタ、グランド・オペラ、ロマン派バレエは、そこにロマン派的演出・演技による古典劇の新解釈を加えれば、一九世紀中葉の西洋演劇のパラダイムを構成することになる。

真面目な劇――「正劇」――として出発した近代劇も、その芝居作りの職人芸的な技巧によって、これもまた都市に新しく出現した演劇における商業主義というものの寵児《ちょうじ》となる。一九世紀の半ばは、フランスでボードレールの詩集『悪の華』とフローベールの小説『ボヴァリー夫人』が同じ年、一八五七年に裁判沙汰となることに象徴されるように、芸術創造における制度的成功と新しい探究が歴然と乖離していく時代でもあった。劇作の世界は、否応なしに社会的であり、つまりある程度の公性を保たない限りその企てそのものが成立しないこともあって、商業的に当たる作者と芸術的な作家との断絶が劇的なまでに極端になる。

かつてコメディ＝フランセーズで、俳優の契約に役柄を明記していた頃、レパートリーを大きく古典と近代に区分していたが、その分け目となるのはミュッセ没年、つまり一八五七年であった。今述べたような社会と文化の関係における亀裂の進行を考えると、これは便宜的な目安以上の意味を持つだろう。劇作の領域で『椿姫』を近代劇の嚆矢とするのも、このような社会的・文化的背景をも考慮に入れてのことである。

フランスでは、第二帝政の豪奢な芝居の楽しみも、普仏戦争の敗北と帝政の終焉《しゅうえん》、パリ・コミューンの内乱を経て一八七一年に成立する第三共和国になって、変質し始める。世紀末にかけて二つの前衛的な文学の流派、すなわち自然主義と象徴派が生まれ、いずれも劇場を革新の砦《とりで》としようとする。これが演劇における前衛の出現である。

それらは共に、北欧の新しい劇作家イプセンを一つのモデルとして掲げ、あまりにも商業的に成功してしまった『椿姫』型の近代劇に対する異議申し立てであったが、しかし現在からみれば、やはり近代戯曲であり近代劇である。「現代」の形容詞を冠するのは、原則として第二次大戦後の、いわゆる実存主義演劇からであるが、これとても、五〇年代の不条理劇における物語性・劇構造・登場人物の解体という観点からすれば、近代劇の一変形と見なし得るものも多い。

約一〇〇年にわたる近代劇の歴史を振り返ると、近代劇はある意味では、それを生み出した近代ブルジョワジーと同じく、その内部に自分自身の否定に繋がる契機を含んでいた。近代劇とその対部を同時に語らなくてはならない謂れである。この構造的な特徴は、帝政末期のロシアで、チェーホフが芝居を書き始めた時に、西の地平の先進国フランスにおいて演劇が体験していた葛藤の内部に、すでに姿を現していた現象に他ならなかった。

チェーホフの喜劇

チェーホフ(一八六〇―一九〇四)は、初め短編小説作家として成功し、短編ヴォードヴィルの『熊』(一八八八年)の後、『イワーノフ』で劇場における大成功を博する。『かもめ』(一八九六年)は、チェーホフがその独自の劇的世界を確立した初めての本格的長編ドラマである。『伯父《おじ》ワーニャ』『三人姉妹』『桜の園』という、モスクワ芸術座の名声と不可分のものとなる四大喜劇の第一であり、これらチェーホフ戯曲は、モスクワ芸術座とスタニスラフスキー演出の方法とならんで、日本の近代演劇つまり新劇にとって、さまざまな意味でモデルとなった。「小デュマやイプセンの書き方から決定的に離れ、沈黙や暗黙の了解などのうちに展開される一見日常的で何の変哲もない対話によって、人間心理の深部を描いた」という『プティ・ロベールII』(フランスの一冊本百科事典)の記述は、チェーホフについての通念的理解を要約しているが、近年のヨーロッパにおける読み直しは、チェーホフ戯曲に書き込まれたはるかに多様な可能性を掘り起こそうとしている。

『かもめ』は裕福なインテリゲンチアの休暇を描いた「別荘地物」である。休暇地という、いわば現実の社会から切り離された空間と時間の中で、芸術家の使命や彼らを取り巻く環境の不条理を、四幕の喜劇として描く。

母で女優のアルカージナ、その息子で前衛的劇詩人を志すトレープレフ、アルカージナの愛人で流行小説家のトリゴーリン、トレープレフの恋人で女優志望のニーナ（彼女はトリゴーリンの愛人となり、後に捨てられる）、この四人を巡って、アルカージナの兄の農場での別荘暮らしが舞台である。第一幕は、トレープレフが新作の実験的な戯曲を、湖に面した別荘の庭の仮設舞台で演じようとする所から始まる。

ここではまず、『かもめ』第一幕の、トレープレフの劇中劇が、母親であり「当代切っての名女優」と自負するアルカージナの悪意ある妨害で中断させられた後、劇中劇を演じたニーナに、アルカージナがトリゴーリンを紹介する場面に着目する。チェーホフ的な、殊更に脈絡のない対話の一つの見本である。特に、芸術家に憧れているこの集団の中にあって、まさにアルカージナと同じく成功した芸術家の見本であるトリゴーリンが、一般大衆（そこにはドールン医師のようなインテリ階級も含まれるが）の抱く芸術家像に、殊更水を差すような即物的な話題を持ち出す（「この湖には魚が沢山いるでしょうな」云々《うんぬん》)。

先に触れた通念にもかかわらず、『かもめ』には、チェーホフが書く上で頭に置き、そのパロディーや変形あるいは本歌取り的な引用をしている部分が非常に多い。最も歴然としているのは『ハムレット』だが、テクスト上は古代悲劇の引用から、技法的にはチェーホフ自身が得意としたヴォードヴィルの目まぐるしいどんでん返しの援用——特に三幕の母・息子の諍《いさか》いと、アルカージナ・トリゴーリンの恋の諍いなど——まで、更にはベケットのナンセンス劇の予告もそこには読み取れる。近代劇の深化であると同時に、近代劇に対する批判も含まれているという意味で、文字通り多義的な戯曲である。

『かもめ』という戯曲の分析は別の機会に行う予定であるから、ここでは同時代の前衛劇の批判的読み直しとも考えられる第一幕の「劇中劇」の場面に焦点を当てておく。

2　前衛の出現

同時代演劇と劇中劇

通常トレープレフの劇中劇は、前衛気取りの若者の単なる妄想であり、観念過剰の失敗作であって、作者自身も信じていない類の劇作だとして、殊更に観念的に、殊更に稚拙に演じられることが多い。しかし、事はそれほど簡単だろうか。

先に「同時代演劇のパラダイム」と書いたが、それを構成する近代風俗劇、ヴォードヴィル、オペレッタは、『かもめ』が前提としている舞台芸術のパラダイムそのものである。その上で、同時代の二つの前衛、すなわち自然主義と象徴派が、世紀末におけるこのパラダイムの地平を画している。

新しい形式による劇詩人たろうとするトレープレフは、第一幕で登場してすぐ、伯父で農場主のソーリンを相手に、自分の演劇の理念を語り、同時代に氾濫する既成の演劇の批判をする。もちろん後者を体現しているのは、母で女優のアルカージナである。

トレープレフの現代演劇批判は、彼の台詞が語るように、「幕が上がると薄暗い部屋。そこで天下の名優達が、飲んだり食ったり、芸術の司祭でございとばかりに振る舞う」という、同時代の最も正統な演劇の現実の姿である。そこではっきり批判の対象として指摘されているのは、まず日常生活の断片を再現しようとするリアリズム演劇の表象である。ジュリアンの主張した「人生の一断面」“une tranche de la vie”が、「断片として捉えた人生」“des tranches de vie”として共有されるようになるのは、アントワーヌの自然主義演劇においてであったが、観客は、舞台額縁という「目に見えぬ四番目の壁」を通して、実人生の断片の再現を覗き見することになったのである。しかし、リアリズム演劇の日常的現実再現志向においても、名優の君臨は変わらなかったのであって、『かもめ』の中で何度も名女優として引かれるイタリアのエレオノーラ・ドゥーゼは、『椿姫』で大当たりを取ると同時に、イプセンの主人公を演じていた。アントワーヌの自由劇場が素人俳優で始めようとしたのは、ロマン派以来の、後に「聖なる怪物」と呼ばれる桁外れの名優達が、なお舞台と劇場に君臨していたからであって、その最も若い二人がサラ・ベルナールとムネ＝シュリーに他ならなかった。しかも、これもまたロマン派が流布した「天才的芸術家の運命」という神話に不可欠の要素だが、芸術家は「芸術に仕える司祭」として、特権的な使命を負わされているという信仰が広く共有されていた。それが、一方では商業主義的な成功を一層確固たるものにすると同時に、一九世紀中葉に起きるあの断絶、つまり「呪われた詩人」の悲惨を悲劇的アウラで包むことにもなった。商業演劇と芸術的演劇の乖離・断絶であり、言うまでもなく、母で女優のアルカージナは前者に属し、息子で詩人のトレープレフは後者を代弁する。

第一幕のトレープレフの演劇批判は、いきなり過激な主張をする。これから演じる自作の実験的な演劇は劇場を必要としないという、「反劇場主義」の立場である。新しい演劇には新しい形式が必要だから、それを何もない空間で作りだそうというのである。装置はなく、湖という自然の背景があるだけだが、それでも、この演技の場を巡って母と息子の確執が起きる程度には、舞台がある。事実、トレープレフの余興を見ることを承知した母である女優は、仮設の舞台を見るやそこに上がって、息子を前に『ハムレット』第四幕「寝室の場」のガートルードの台詞を言って、息子を「ごっこ芝居」に誘う。

この「ハムレットごっこ」によって予告されるのは、単にトレープレフの劇中劇だけではない。『かもめ』という作品自体が、随所に引用のゲームをちりばめて、芝居の芝居、つまり二〇世紀後半ならば「メタシアター」“metatheatre”（エイベルの作った言葉）と呼ぶであろう構造である。

しかし、トレープレフの劇中劇は、単に観念的に想像された前衛劇ではない。モデルは、八〇年代フランスの象徴派演劇なのである。

フランス象徴派演劇

トレープレフ自身による「序詞」が、湖に彷徨《さまよ》う「影達」に呼びかけて、「今より五〇万年後の光景を見せしめよ」と語ると、伯父のソーリンは、「五〇万年後には何もないよ」と半畳を入れる。若い詩人は待っていましたとばかり、「その何もないところを見せる」のだと反駁《はんばく》する。一言でいえば、トレープレフの新しい劇作は、既成の劇場では演じられず、筋も登場人物もなく、現実の時空とは切り離された夢・幻の世界を見せるのである。

このような実験的な演劇は、チェーホフより前に存在した。それは八〇年代フランスの前衛である象徴派の演劇の理念である。マラルメを師と仰いだその劇場進出は、自然主義のようには成功しなかったが、しかしカミーユ・モークレールの「象徴的劇作術のための覚書」などが要約している「筋・人物・具体的な時空を廃止した劇作術」という考えは、これらの若い詩人の間で共有されていた。母が「当節流行りのデカダン派」に過ぎないと何度も皮肉を言うが、その「デカダン派」とは、まさに八〇年代前半にフランス象徴派が被らなければならなかった呼称の一つであり、かつ彼らの存在を知らしめるのに大いに貢献したものであった。アントワーヌ・ヴィテーズ訳の『かもめ』に注解を書いたパトリス・パヴィが説くように、トレープレフの「劇中劇」のモデルは象徴派演劇であり、しかもロシアにおける象徴派演劇は遥《はるか》に後から現れるのだから、フランスの象徴派の演劇に他ならなかった。

こう書くと、世紀末の二つの前衛、すなわち自然主義と象徴派のうち、チェーホフが劇中劇によって批判したのが象徴派の演劇理念で、自然主義を選んだと考えられるかも知れないが、それは早計である。確かにチェーホフの選んだ書き方は、リアリズムの手法であったし、その社会的な関わりを強調する社会主義リアリズムが、演劇の動脈硬化——事は演劇に留《とど》まらなかったが——を招いたことは記憶に新しい。しかし、一方でフランスの自然主義演劇は、ゾラの主張とは裏腹に、問題劇として声高なリアリズム演劇を超えなかったから、ストリンドベリのように内的人格の崩壊までも舞台の表象とする射程を手に入れなかったし、他方でチェーホフは、そのような社会的問題劇の書き方も、狂気の幻覚の描写も選びはしなかった。

『かもめ』でも、学校教師のメドヴェジェンコが流行作家のトリゴーリンに向かって、「学校教師の生活を芝居に書く」ことを提案するが、作家はもとより、その場に居合わす誰も取り合わない。狂気に隣接するのは、職業作家になりきれないトレープレフと売れない地方回りの女優になったニーナだが、トレープレフの挫折＝自殺は、結局前衛である意志を捨てたことに起因するのだし、ニーナが生きていくのは、持続して耐えることへの意志によるので、芸術家としての展望が開けたからではない。その意味では自然主義も、作家が選ばなかった形式なのであった。

劇中劇の作用

作者が選ばなかった形式を劇中劇として仕組むという手法は、『ハムレット』以来、舞台には馴染みのあるやり方である。事実それは、『ハムレット』における「劇中劇」の書き方や、特に役者達が着いてすぐハムレットが演じるように命じ、彼自身がその冒頭を語る「トロイヤ落城の語り」の筆法と、『ハムレット』の関係と見合う。この点については後でもう一度見るが、差し当たり『かもめ』に話を戻せば、作家によってより否定的な評価を下されているかに見える「劇中劇」の書き方、つまりフランス象徴派の劇作術は、作家の演じて見せた擬態の見事さによって、単なるパロディーや反面教師の域を超えている。いわば、劇的テクストという織物の中心に裏返しの紋章のように織り込まれた不可能性の演劇のイメージであり、この別荘地物のドラマを裏から照らしだす一つの装置＝鏡である。

この劇中劇の劇作術上の特徴は、すでに述べたように、筋も人物も不在で、場所も時間も具体的ではないこと、その意味では象徴的というよりは抽象的な劇作術であるが、そこで語られるのは、終末論的なヴィジョンであり、そこを貫くのは輪廻転生《りんねてんしょう》＝永劫《えいごう》回帰のテーマである。詩人の分身ともいうべき「すべての生きる者達の魂の集約」であり「宇宙の精神」である少女が――彼女は「何者でもない」、抽象的な存在である――終末の風景のなかでニーチェ的な「強度の回帰」を語る。「歴史上の偉大な仮面による一大カーニヴァル」とフーコーなら呼んだであろう永劫回帰の演劇であり、魂の復活を阻止しようとする宇宙の支配者たる悪魔との、黙示録的な戦いであって、通常の演劇のような筋はない。しかも、その抽象的な主人公は一人で、この宇宙論的なドラマを、主として語りによって表現する。

主題といいテーマといい、書き方といい、それはまさに、フランス象徴派演劇の理論的主張をそのまま劇に仕組んだものといえるが、この前衛演劇の引用は、極めて具体的な舞台効果にまで及んでいて、それは「悪魔の赤い目の出現」のくだりで硫黄《いおう》を燃やし、地獄の「硫黄の臭い」を表現しようとする箇所である。

ここまでくると、パロディーは歴然である。何故なら、フランス象徴派演劇の牙城であったポール・フォールの芸術座では、感覚を刺激するために薔薇の香水を撒《ま》くという、即物的な手法もやったことがあるからである。そして、アルカージナによる揶《や》揄《ゆ》も、このくだりでようやく敵の急所を突いて、劇中劇中断に持ち込むことに成功するのだ。

一九九〇年の銀座セゾン劇場における私の演出について一言付け加えておくならば、たまたまこの年の前半にグローブ座で『ハムレット』を演出していて、『ハムレット』と『かもめ』を裏・表で上演したら面白かろうと話していたところ、セゾン劇場側から提案があって、チェーホフに挑戦することになったのだ。したがって、従来の新劇の解釈や手法とは違うところから発想したものであり、言わばこの戯曲の孕む「間《かん》テクスト性」、つまり他のテクストとの間に可能な「読みの照合」や「引用のゲーム」に関心が傾いていた。「劇中劇」の仮設舞台を、一種の呪物のように強調し、それを「難破船」に見立てたプロローグや、それが劇の最後で嵐の中、宙に舞い上がって崩壊する屋台崩しをつけるとか、あるいは世紀末の「呪われた詩人」であり「なりそこねたハムレット」である「トレープレフの夢」を、一幕と二幕の転換の幕間劇として付け加えるなど、チェーホフ上演の正統派からは批判されるような仕掛けを色々と考えた。劇中劇は、それらの中で最も膨らんだ部分で、世紀末フランス象徴派の命題を現代的に、ということは一九六八年以降の演劇における言葉や身体演技の脱構築作業を踏まえた上で、作りなおしてみた。

劇中劇の中断は、女優である母の側からの逆襲であり、『ハムレット』の王の反応とは正確に反対であるが——意図的な逆転である——それを強調するために、劇中劇を中断させるや、彼女は直ちに幕を開けて、舞台を占拠する。考えてみれば仮設舞台であり、「ほんの余興」だとしても、息子に舞台を譲るには、劇中劇の直前に例の「ハムレットごっこ」をしなければ気がすまなかった女優＝母親なのである。息子の芸術家としての誕生をあくまで阻もうとする母。去勢する母は、この新しい誕生に必要な舞台という胎盤をも、息子に拒絶するのだ。

一九世紀の劇場街

ヨーロッパの古典主義近代における首府では、常設劇場は王権の許可を得て開かれたし、時の権力者達も好んで舞台を見たから、王宮の内部に劇場が、しかも公開の劇場が作られることもたびたびであった。これは、劇場と舞台芸術に対する国の助成の歴史の上でも見過ごすことのできない様相である。日本の徳川幕府における江戸のよ

う に、芝居町が遊廓と並んで「悪場所」として、都市の周縁部に囲いこまれるという現象は、ヨーロッパではなかった。もちろん、役者に対する差別は、特に宗教的な局面で存在したが、劇場そのものが禁忌の空間のように扱われることはなかったのである。

一九世紀のヨーロッパで劇場街を最も華麗に発達させた都市であり、現在もその面影を偲ぶことができるのはパリだと思うが、その劇場街の起源は、すでに述べたように一八世紀後半に遡る。パリの北の旧城壁の跡地に見せ物小屋が集まり、やがてフランス革命の人権宣言によって劇場開設の自由が認められると、「タンプル〔寺院〕大通り」と呼ばれるこの界隈《かいわい》に常設小屋がひしめき、一大歓楽街を形成するようになる。当時の流行りのジャンルであったメロドラムが悪漢による流血事件を常に舞台にかけたことから、「犯罪大通り」とも呼ばれたこの劇場街は、第二帝政期のオスマン男爵による区画整理で大幅に改造される。その後のグラン・ブールヴァールにできた劇場街は、第二次世界大戦後も六〇年代までは、ブールヴァール演劇と呼ばれる商業演劇の中心地として栄えた。

今問題にしている一九世紀の八〇年代でも、劇場といえばセーヌ右岸のグラン・ブールヴァール界隈が絶対多数であり——当時大小併せて四〇軒の劇場があった——左岸ではカルチエ・ラタンにあるオデオン座が、殆ど例外的な存在であった。アントワーヌの自由劇場も、レリゼ・デ・ボー＝ザール小路の小屋で始まったが、現在はアンドレ・アントワーヌ小路となっているその場所は、モンマルトルのピガールに近い場末の歓楽街の裏手にある。次にアントワーヌが拠点とするムニュ＝プレジール劇場は、現在もアントワーヌの名を冠して、グラン・ブールヴァールに近い劇場街にある。

ともあれ、アントワーヌの自由劇場の創設は、二〇世紀の演劇改革にとっては、モデルとして機能した。既成の劇場ではない小劇場により、既成の役者ではない素人俳優を使い、同時代の新しい文芸運動と連帯して、新しい戯曲を上演する。運動としての演劇創造には、それに相応しい新しい観客を開拓する。そして、このような運動体としての劇団を率いて、舞台の芸術的な創造の全体に責任を持つのは、演出家という独立した存在である。こうした演劇的前衛のパラダイムと呼ぶべき問題意識は、ほぼすべてアントワーヌ（一八五八―一九四三）とその自由劇場によって提出されたのであった。

3　「演出家」の誕生

演劇作業の変革

一九世紀の末に劇場に出現した演出家という新しい職種。それは、単に従来誰かが果たしてきた役割を、特定の個人が受け持つようになったという類の変化ではなかった。

確かに演劇の歴史を振り返れば、舞台上演の総合的な調整をする役割は、どのような時代、どのような文化にも多かれ少なかれ存在した。その系譜を辿れば、演出家の先駆者としては、座長（役者）・作家・支配人（監督）・美術設計者などが挙げられるだろう。現在でも演出家が他の役割を兼ねている場合とそうでない場合とがあって、そのうち、役者兼演出家というケースは少なくない。作者兼演出家は、二〇世紀のヨーロッパではまずないが、一九七〇年代の日本の前衛的な集団では多かった。支配人兼演出家は、二〇世紀になっても、歌劇場や商業劇場など、経営が全面に出る劇場には多く見られるケースである。

しかし、演劇作業の内部で独立したパートを担うというだけではなく、また、舞台表現のさまざまなパート（作者、俳優、美術、劇場支配人など）の調整役ではなく、また単に役者の間の交通整理役でもなく、舞台創造の全体について責任を持つ独立した職種が出現したのは、やはり一九世紀末である。舞台上演の意味を決定し、それを実現するための支配的な役割、上演の他の構成要素がそれに従属するような自立した役割を演じる人物である。そして、約一世紀足らずの内に「二〇世紀は演出家の世紀」という認識が――少なくとも欧米型社会では――共有されるまでになったのであり、少なくとも「話題になる舞台」とは、役者や作品を見に行く以上に、演出を見に行くことと考えられるようになった。

そこには、幾つかの背景となる歴史的な現象があった。第一には、一八世紀と比較して一〇〇倍になったとされる程の演劇人口の飛躍的な増大と、それに伴う観客層の多様化である。第二には、現実再現型の美学が舞台を支配し始め、豪華な舞台美術が流行して、装置家が舞台に君臨することとなった。そこには、同時代、つまり一九世紀後半における舞台のテクノロジーの急激な進歩も与かって力があった（例えば電気照明）。そして第三には、一九世紀の演劇の大きな魅力をもなしていた名優の君臨が、スターによる芸術的独善という形で、舞台表現を歪めていた。

そこから、新しい選択として、まずはアンサンブルのある舞台を作る仕組みを創出する必要があった。その最初の企てとしては、ドイツのザクセン公ゲオルグ二世が組織して、一八七四年から一八九〇年にかけてヨーロッパを巡業したマイニンゲン劇団の例が挙げられる。

演劇的前衛と演出家

しかし、先に触れたような大衆文化状況に対しては、単にアンサンブルの回復を図るだけでは不十分であった。より過激で、より根底的な戦略が必要であったし、後に前衛という、軍隊用語を以て語られる作戦を開始する時であった。同時代の文芸上の前衛との連帯（ここではゾラの自然主義であり、イプセンの劇作であった）。従来の演劇作業の習慣を覆すような選択、つまり既成の俳優教育を受けていない俳優を使い、既成の劇場ではない空間（小劇場）で演じ、更には観客の受容の仕方も変革する（劇場にくるのは、一晩の娯楽ではなく、優れた文学や芸術が担ってきたように、人間と社会についての認識を改革することでもあった）。要するに演劇の創造・伝達・受容のあらゆる局面での思考の変革。

アントワーヌの戦略は、わが国においては、小山内薫《おさないかおる》（一八八一―一九二八）が一九二四年に設立した築地小劇場から、戦後の一五年間くらいは保たれていた、新劇の「変革としての演劇」の初心であり、それは六〇年代末から七〇年代初頭の、いわゆるアングラ演劇において、別の形で、よりラディカルに主張され、共有されたものでもあった。

一八八七年三月に始まるアントワーヌの自由劇場は、残された証言や資料から推測するに、芸術的に目を見張るものであったとは思えない。もちろん、当時の写真術には限界があったから、写真の語る舞台がそのままで現実のものと考えるべきではないが、それにしてもその「自然主義的な」と呼ばれる演技は、現在の目から見れば甚だ類型的である。しかし、こういう運動は、必ずしも芸術上の成果だけで意味を持つものではない。その運動が――それは運動体としての劇団活動を前提にしていたから、文字通り運動であった――西欧のみならず世界のあらゆる地点で、演劇改革のモデルと見なされたことのほうが重要である。

二人の理論家、すなわちスイス人のアドルフ・アッピア（一八六二―一九二八）とイギリス人のエドワード・ゴードン・クレイグ（一八七二―一九六六）がアントワーヌを支持し、更にモスクワではスタニスラフスキー（一八六三―一九三八）がモスクワ芸術座を一八九八年に創設、その作業を俳優養成にまで拡大する。演出家という新しい指導権が確立したのである。

別の観点からいえば、アントワーヌはいつまでも「素人芝居じみた前衛」で売り続ける必要はなかったということだ。フランスに事を限っていえば、ジャック・コポー（一八七九―一九四九）が一九一三年に創設したヴィユー＝コロンビエ座が、アントワーヌの始めたことを、より芸術的に高い水準で実現した。この小劇場は、学生街であり、新しい出版社や知識人の活動の拠点であるカルチエ・ラタンに作られたが、この場所の選択は同時代の芸術の新しい動きに見合った見事な選択であった。コポーが連帯した「新フランス評論」の作家、つまりジッド、クローデル、ヴァレリーといった世代は、等しくマラルメを師と仰いだが、コポーも師マラルメに倣って、「自由な演劇には裸の舞台を！」と主張した。その理念に応えるべく、抽象的でかつ詩的な常設舞台が、当時装置の助手であったルイ・ジューヴェによって作られた。すでに触れたように、コポーの定義によれば、演出家の仕事とは、「作家によって発想され、戯曲のうちに潜在的・精神的に内在する生命を、舞台の上の現実的・具体的生命に転換する」ことであり、言わば、舞台の上にしか現れ得ぬ詩的な真実を、ある種の全体感覚とともに実現することであった。

コポー自身の活動もさることながら、それを超えて、両大戦間のフランスの新しい演劇の担い手となるカルテル四人組の演出家のうち二人までを育てたことは、やはり重要であった。すなわち、ルイ・ジューヴェ（一八八七―一九五一）とシャルル・デュラン（一八八五―一九四九）であり――後の二人はロシアからきたジョルジュ・ピトエフ（一八八四―一九三九）と装置家であったガストン・バティ（一八八五―一九五二）――デュランからは、戦後のフランス演劇の新しい動きを支えるジャン＝ルイ・バロー（一九一〇―一九九四）とジャン・ヴィラール（一九一二―一九七一）が生まれた。こうしてフランスにおいても、演出家による主導権は次第に自明のものとなっていったのである。

先に、一九世紀に始まる演劇の大衆化状況と言った。それが一層普及される二〇世紀においては、このような前衛的な小劇場運動はどのような形を取っていくのか。一九三一年以来ジューヴェの拠点劇場の一つとなるアテネ座にせよ、デュランのアトリエ座にせよ、パリの劇場としては客席数六〇〇前後の中劇場に属する。一九九五年の五月に三島由紀夫の『サド侯爵夫人』を演じたのは、他ならぬアテネ座においてであったが、ここでジロドゥーの『トロイ戦争は起こるまい』やモリエールの『タルチュフ』が演じられ、サルトルの『悪魔と神』の稽古の最中にここでジューヴェは倒れたのだと思うと、感慨も一入《ひとしお》であった。と同時に、両大戦間から戦後にかけての演劇史に輝くあれらの傑作は、随分狭い舞台で作られたのだという、意外な思いも抱かされた。事実、二階より上の席では、両サイドの席は甚だ視界が限られて、決して観劇の条件はよくないからである。

コポーの弟子や、その同志達の輝かしい活躍に隠れて、一九世紀末から生まれた民衆演劇運動は、第二次大戦後のジャン・ヴィラールとその国立民衆劇場《テー・エヌ・ペー》の成功がなかったならば、相変わらず単なる理想主義の冒険に過ぎないと見なされたかもしれない。ロマン・ロランの友人であるモーリス・ポトシェール（彼はクローデルの友人でもあった）がビュッサンで始めた「民衆劇場」は、運動としてはフィルマン・ジェミエ（一八六九―一九三三）のテント劇場へと引き継がれ、やがて戦後の「演劇の地方分化」と「民衆演劇」という両輪の輪の成功に至る。

これらの演劇運動は、知的エリートとパリの観客を特権的に扱うことを否定して、労働者階級や農民層に演劇への情熱をかき立てようとしたから、当然に大ホールでの公演形態を選んだ。ヴィラールの場合は、パリのトロカデロに、一九三七年、人民戦線内閣時代に建てられた二五〇〇人を収容する巨大なホールでの公演と、南仏アヴィニョンの法王庁の中庭——中世に法王庁が二つに分裂していた時代があるが、その当時の館——における演劇祭の公演とを巧みに組み合わせて、観客の民衆的な組織化と、地方における観客の育成とに、二つながら奇蹟《きせき》的な成功を収めた。

以来、パリ郊外ナンテールのアマンディエ劇場——八〇年代にパトリス・シェロー（一九四四—二〇一三）が総支配人をして刺激的な舞台を作った——を始め、地方の文化会館が専属の劇団ないしは創造集団を持つという制度が確立し、例えば国立民衆劇場はロジェ・プランション（一九三一—二〇〇九）の下に、リヨンの労働者街ヴィユルバンヌに移った。またパリの東の郊外に隣接するヴァンセンヌの森の旧弾薬庫を改造したスペースで、一九七一年以来、アリアーヌ・ムヌーシュキン（一九三九—）と彼女の率いる太陽劇団が、現状で最も民衆的かつ先鋭的な演劇活動を続けている。

演出家の作業

それでは具体的に演出家は何をするのか。

すでに「第5章　稽古という作業」で、一応どこでも通用しそうな、演出の基本的作業には触れた。しかしそこでは、演出の手順のようなものをざっと追うに留めたし、具体的な稽古のプロセスの分析には、別の視線が必要である。それはともかく、稽古の前段階から稽古期間を通じて、上演する作品についての演出の基本的コンセプトと具体的なイメージの提示をするのは当然だが、その具体化の過程では、それをスタッフ・キャストに徹底させることと並んで、共同作業による変更もあり得るわけだ。稽古に入る前に抱いていたコンセプトやイメージが、一方ではスタッフとの作業の過程で具体化するとともに、切り捨てるべきものは切り捨て、漠然としていたが核として成長してきたような要素や様相は、大胆に取り入れる必要がある。他方では——これが特に重要だが——演じる俳優についての誤算や新しい発見を、早く見極めることが求められる。

ピーター・ブルックのようにでき上がった戯曲に拠らない演出をするかの印象を与える演出家でも——これは、彼の一時期のワークショップ方式などから生まれた誤解である——演出家も役者も最終的に問いかけるべき相手は戯曲だとしているほどなのだから、演出家による戯曲の読みの質は、演出された舞台の質を決定する重要なファクターである。

ここで頭に置いておかなければならない一つの特殊事情がある。演出家という存在そのものが、出現してからようやく一〇〇年経つわけだが、その創始者たちが独学で自分の方法を身につけたのは当然である。しかし、演出家という職業の自立は、遥に後のことであったし、実は現在でも、演出だけで食べていくのは容易ではない。ヨーロッパなら、何らかの形で助成金のついた劇場ないし集団を指導するか、それに属することがほとんど不可欠であるし、日本の場合、演出以外の収入がなくてプロの演出を続けることは不可能に近い。演出家の養成は今もって本人の努力に任せられており、学生劇団で芝居作りに関わるなかからさまざまな手法を覚えていくか、あるいはプロの劇団の「演出部」に属して、演出家ないし舞台監督の助手をしながら覚えていくのが常態である。これは、かつての東欧社会主義国などのように、国立の演劇学校があり、そこで将来の演出家を養成するというシステムがあった国々とは大いに異なるのだが、あの当時でさえも、こういった社会主義国における養成システムが、何の才能もない演劇官僚を増やしていくだけであって、真の創造的な演出家は育ちはしないという批判は、ヨーロッパの左翼の演出家からも聞かされていた。

俳優教育あるいは俳優訓練については、何々システムとか何々メソッドといったものが、周期的に持て囃されるが、これとても、何を表現するための方法であり手順なのかを見落として、メソッドやシステムだけを呪物崇拝するのは、舞台創造には繫がらない。ところで、演出家の作業についての分析は少なくないが、演出家自身が語ったものとなると意外と少ない。多くは演劇論として、一般的なレヴェルで語っている。そのようなものとして名高いのはピーター・ブルックの著作だが、ミラノ・ピッコロ・テアートロの巨匠ジョルジョ・ストレーレルにも、ポーランドのグロトフスキにも、また遡ればバローやヴィラール、ジューヴェにも、自分の演劇作業についての省察はある。

インタビューの類も存在するが、これは聞き手の質問の仕方にもよる。たとえば、「ヴィテーズ式俳優」を作ったと言われるアントワーヌ・ヴィテーズのインタビュー・ヴィデオで興味深いのは、「演出は翻訳と同じ作業で、原作に対して幾通りもの翻訳が可能である点である。だから自分は翻訳そのものにも興味を持ち、自分でも翻訳する」というヴィテーズの持論を繰り返している点だが、「何故あなたの俳優は身体行動を無闇とするのか、あれは振り付けるのか」という肝心な質問にははっきり答えていない。自分としては身体行動が多すぎるとは思わないし、また自分は、役者がやってくれるのを見て決める、と答えるだけである。ヴィテーズやプランションに関しては、私が以前に行った対談のほうが、余程はっきりしたことを語っているように思う（『劇場の余白に』青土社、一九八五年）。

初めにも述べたように、欧米では演出家が劇場の総支配人あるいは少なくとも芸術総監督の責任を負うケースが多い。特に国庫の助成が劇場の運営予算の重要な部分を占めるフランスでは、国立劇場の支配人や総監督の地位は、単なるステータス・シンボルではなく、恵まれた環境のなかで優れた人材を使って舞台を作ることを可能にする重要なチャンスであるから、大部分の演出家はその地位を望む。かつて、友人のアントワーヌ・ヴィテーズがコメディ＝フランセーズの総支配人に任命された時、その前の職である国立シャイヨー宮劇場の総監督と比較して、「あそこでは絶対王政が敷けたが、今度は立憲民主制だ」と語っていた（一九八八年の東京公演の際に、「マリ・クレール」のためにした対談）。残念ながらヴィテーズはそれから二年も経たぬうちに急死するが、彼から二代目に当たる総支配人ジャン＝ピエール・ミケル氏に、演出家・総支配人の仕事について聞いた。

ミケル氏によれば、財政的な責任以外の劇場運営について全責任を負っているのだそうで、演出家としての経験を生かして総支配人の仕事をしている。コメディ＝フランセーズはフランスでは珍しい確固たる劇団制度を取り、しかも俳優の同業組合に発した劇団であるから、俳優との確執があるかと尋ねたが、上演レパートリーの決定から、演出家の決定・配役の決定に至るまで、すべての決定権を持つのは総支配人だという。もちろん、外部の専門家を入れた諮問委員会はあるが、原則として総支配人が責任者であり、俳優の集団とはうまくいっているとの返事であった。それに、演出家の重要性は皆認識しているから、ポスターやチラシに作家と演出家の名前だけを記載しても、誰も怪しまないという。

ところで、演出家はオーケストラの指揮者ではない。たとえば、舞台の幕が開いたら、上演中は手出しができないのである。その日その日の舞台の成果は、現にそれに関わっている人々の成果である。その意味では、演出家の作業は、集団作業に糸口をつけ、水脈をつけるだけのようにも思えるが、そうもいえない。やはり舞台は、演出家の美学や美意識、あるいは解釈や読みを、そこに立ち上がらせるからである。確かにそれは、近代の芸術作品のように個人の表現ではないが、さりとて単に集団の作業であって演出家は無名性あるいは匿名性に徹するというのでもない。この危うい駆け引きのようなものが、双方の掛け算として成果を挙げた舞台が、演出家にとってもスタッフ・キャストにとっても、至福の瞬間であることはいうまでもないが。

4　メタ・シアター――演劇についての演劇

演劇の反省意識

メタシアター"Metatheatre"という単語は、アメリカの批評家ライオネル・エイベル Lionel Abel がその著書の表題に用いたのが初めで、一九六三年に刊行されたこの書物は、一九八〇年に邦訳が出ている。一九世紀後半以降、近代性の芸術が自己の根拠を問うようになる過程で、詩についての詩、小説についての小説、演劇についての演劇といった形式が脚光を浴びるようになった。

詩についての詩は、伝統的な「詩法の詩」つまり『詩学』の規範なり規則なりを韻文で記したものとは異なり、詩作の根拠を問い詰める詩人の内心の劇を詩の主題とするもので、その典型は、晩年のマラルメが詩作の不可能性を問い詰めたソネ（一四行詩）である。プルーストの膨大な小説『失われた時を求めて』も、いかにして語り手が小説の制作を決心するかにいたる道程そのものを小説に仕組むことで、小説という虚構的言語の構築物の存在理由を問い続けたから、その意味では「小説の小説」といえる。

　演劇の領域では、演劇そのものを舞台に掛けるというやり方は、パロディーの技法と同じく古い。楽屋落ちはいつの時代にも受けるものだし、一七世紀フランスには、「即興劇」というジャンルがあって、モリエールの『ヴェルサイユ即興劇』のように、ライヴァル劇団であるブルゴーニュ座の名優たちの演技を模写しつつ、演技論や演劇論を展開するというものだ。その水準には留まらないで、演技や演劇的虚構あるいは幻想の根拠にまで主題を深めていけば、ロトルーの『聖ジュネスト』やコルネイユの『芝居の幻想』、あるいはシェイクスピアの『テンペスト』やカルデロンの『人生は夢』といった傑作が思い出される。

　しかし、すでに『かもめ』でみたように、劇中劇という手法は、劇の内部にはっきりと、演劇が演劇について抱く意識や批評対象として劇場を設定するのであって、劇の本体のレベルとは異なるレベルで、二重虚構空間が開かれるのであった。そこで演じられる舞台が、例えばロスタンの『シラノ・ド・ベルジュラック』第一幕のブルゴーニュ座のように、あからさまに愚弄の対象としてパロディー的に構成されている場合は、いわば劇中劇は劇の本体のための口実である。しかし、『かもめ』の場合は違う。

『かもめ』から『ハムレット』へ

すでに見たように、この劇中劇に関するその作者トレープレフの主張は、劇全体の作者チェーホフによって極めて丹念に展開されており、そこに戯曲の作者におけるフランス象徴派への関心や、その前衛的表象を用いることの効果や意味についての計算も窺えた。

この劇中劇については、当然にニーナ、つまりその唯一の登場人物を演じるべき当事者の意見も何回か繰り返し述べられているが、少なくとも第一幕では、トリゴーリンの短編小説のような当時流行りのプロの文学に憧れている少女には、全くといってよいほど理解できない。「あなたの芝居、やりにくいわ、筋がないんですもの」であり、「やっぱり、恋愛がないと」芝居はつまらないのだ。アルカージナは、すでにみたように、能無しの息子が母に楯突いて、「当節流行りのデカダン派気取り」でこんな茶番をやったことが、我慢のならない挑発と映る。流行作家のトリゴーリンはといえば、ニーナに「変な芝居でしょう?」と聞かれて、「面白く拝見しましたよ。さっぱり分からなかったが」と答えて、ニーナの魅力に世辞を言うだけである。唯一まともにこの前衛劇を受け止めたのは医師ドールンで、劇中劇中断の後で「気が狂いそうな」衝撃を受けたと呟《つぶや》く。彼は、意気消沈したトレープレフにも、自分の感じた「何か分からない興奮」を語り、物書きとしての基本について忠告までしてやるのだ。

つまり、劇中劇は、登場人物を照らしだす鏡として機能しているが、それは、多かれ少なかれ演劇についての彼らの立場をも照らす形においてなのである。この戯曲では、別荘地という、演劇にとっては本来外部である空間に、演劇は栄光の記憶として常に遍在しようとするが、そのような演劇的幻想そのものへの異議申し立ての役割を、劇中劇とその舞台は担わされている。

『ハムレット』における演劇論と劇中劇については、すでに多くの事が語られてきたから、ここでは幾つかの場面を抜き出すに留めよう。

最初は、第二幕で役者達の登場に続く場面で、王子が役者に注文して演じさせる「一人語り」——「俗受けはしなかったが、真の傑作」とハムレットが評価する「トロイヤ落城の語り」である。この語りは、日本で上演する場合は、本説つまり典拠への照合が分からないだろうなどの理由で、最後の「ヘカベー愁嘆」でお茶を濁すことが多い。しかし、「猛きピュロス、心も黒く、鎧も黒く……」で始まる「トロイヤ落城の語り」が描くピュロスの蛮行は、父アキレウスの死の弔い合戦、つまり復讐物語なのであって、〈ハムレットの問題〉と鋭く切り結ぶテクストなのである。しかも定型韻文で書かれた古代物悲劇なのであるから、作品に対する一種の鏡として機能している。『ハムレット』という作品も、また悲劇のアンチ・ヒーローであるハムレットも、まさに選ばなかった形式という意味においてである。

この「トロイヤ落城」の語りと、「ヘカベー愁嘆」に本物の涙を流す役者の不条理が触媒となって、この場の後の独白で、「……おお、復讐を！」の叫びが発せられる。「束の間の夢にすぎない情念」"a dream of passion"に全身全霊を注ぐ役者という存在の謎が、（虚構の）行為と（現実の）非・行為とのコントラストを劇的な強度に高めたからである。

劇中劇の始まる前に、ハムレットが座長に与える忠告――「演技は自然の節度を超えないこと」とか、「芝居とは今も昔も人間の本性に差し出す鏡」とか――は、これもまたよく引かれる箇所であるから、指摘するに留めよう。むしろ劇中劇の台詞劇ヴァージョンの、殊更に古風な台詞と様式が、演劇的幻想に不可欠な距離（ランガー）を保証して、王子の仕掛ける罠を成立させている点に注目しておこう。

劇中劇中断は、クローディアスがハムレットの罠に掛かったからだが、ここでも、『ハムレット』と『かもめ』の対比構造は鮮明である。一方は真実を発見するための茶番、他方は真実を告げるための深刻な劇。『ハムレット』の劇中劇のストーリーは王の暗殺・后《きさき》との姦通の暴露であり、それは虚偽の王権と虚偽の貞操への挑戦であった。『かもめ』の劇中劇の仕掛けは、母とその愛人の小説家に代表される堕落した芸術への挑戦であるが、彼らの堕落した芸術は彼らの不純な愛情と等しく、劇中劇によっては一見何の影響も被らない。

『かもめ』の劇中劇の意味が読み解かれるのは、劇の内部においてではなく、この劇を見る観客の意識においてなのであった。

『かもめ』は、二〇世紀後半の前衛劇の地平から読み直すことで、それ自身の可能な意味と、また不条理劇以降の前衛に照明を当ててくれる、そういう特権的な戯曲である。

第10章　東洋演劇の幻惑（一）

西欧の一九世紀は、産業革命の成功により空前の経済的成長を遂げ、近代と呼ばれる社会が成立する時代である。「第9章　近代劇とその対部」でみたように、近代都市における文化的な繁栄は、不可避的に矛盾を孕み、公の規範から排除されるべき負の部分が出現する光景に立ち会わねばならなかった。芸術文化についても、新聞ジャーナリズムの飛躍的な発展に象徴されるような消費者の異常な増大を招き、商業主義と「芸術的な」創造とに乖離が生じる。やがて新しい価値の創造に賭ける芸術家たちは、社会的に挫折するだけではなく、「呪われた詩人」として社会から排除されるに至る、そういう時代であった。

それは同時に、西欧の列強が、植民地帝国として地球の制覇に自己の命運を賭ける「帝国主義」の幕開けでもあった。それまでオリエントといえば、たかだか地中海の対岸から近東地域、エジプトからトルコまでであったものが、中東から極東にまで拡大された。

本章の初めに述べたような文化の状況では、西洋文明を超えようとする西欧の知識人や特に芸術家は、文明の始原へ遡ることで純粋な価値を発見しようとした。タヒチに移住したゴーギャンの例はよく知られていよう。例えば一八八〇年代の末に劇詩人としてデビューしようとしているクローデルも、西洋近代の起源としては古典主義を超えてエリザベス朝演劇に、古典古代の演劇のうちではより始原的な形を残すアイスキュロスに魅《ひ》かれ、また近代の舞台芸術では北欧・ゲルマン神話に基づく神話的音楽劇を書いたワーグナーに熱狂した。そればかりではない。始原への回帰は、ヨーロッパ世界を突き抜けて、その外部へと探究を向かわせたから、演劇の面でも、初めて東洋の伝統的な芸能が、未知の幻惑力を以て立ち現れてきたのだ。

一八八九年のパリ万国博覧会は、エッフェル塔が建てられたことで記憶されているが、同時代の西欧列強の植民地帝国としての国力を誇示する絶好の劇場であった。同時にそれは、オブジェの展示によってなる新しい百科全書であり、世界の多様な文化を、イメージ＝表象という相において、同じ資格で同じ空間に配列してみるという、一九世紀近代から二〇世紀が引き継ぐ新しい視覚を、従来にない規模で実現した文化装置なのであった。この万国博覧会で紹介されたジャワの宮廷舞踊と安南の芝居は、二〇世紀におけるヨーロッパの舞台芸術にとって、記念すべき出会いとなるのである。

1　一八八九年パリ万国博覧会

ジャワの宮廷舞踊とドビュッシー

一八八九年のパリ万国博覧会には、東洋からジャワの宮廷舞踊と安南の伝統演劇が来た。ジャワは当時オランダの植民地、安南つまり現在のヴェトナム中部はフランスの植民地である（安南はインドシナ半島東岸のヴェトナム全体をも指しうるが、当時の行政区画では、北部はトンキン、南部はコーチン・シナと呼ばれていた）。

この二つの東洋の伝統芸能が紹介されるのは、フランスでは初めてであったから、その評判の多くはエキゾチズムの域を出ないか、あるいは西欧的尺度による無理解に終わるかであった。しかし、展覧会場であるシャン・ド・マルスを訪れた見物の内で、少なくとも二人の若い芸術家は、これらの東洋の演戯と音楽に強い関心を示した。すでに少壮の作曲家として知られ始めていたクロード・ドビュッシー（一八六二―一九一八）と、劇詩人としてデビューしようとしていたポール・クローデル（一八六八―一九五五）である。

若き作曲家は、すでに前年とこの年にバイロイトへ足を運んで、『パルシファル』『ニュールンベルグのマイスタージンガー』と『トリスタンとイゾルデ』を聞いていた。伝統的な西洋音楽の技法にも飽き足らず、またワーグナー楽劇の方法にも反抗しようとしていた彼は、ジャワと安南の劇場音楽に、解決の糸口を見いだしたとされる。ドビュッシーが接したジャワの宮廷舞踊の実態は必ずしも明らかではなく、万国博覧会の報告書や評判記、あるいは数少ない音楽批評から推測するほかない。しかし少なくとも確かなことは、万国博覧会の会場にジャワの「カンポン（村）」が作られたことと、そこで演奏したのはジャワ島中部ソロの王宮の楽士と踊り手であったということだ。ソロの王家はジャワ王家の分家に当たり、現在も続いているが、パリへ来たのは当時のマンゴ・ネゴロ王の率いる舞踊団であった。中でも評判になったのは、ヴァキエム、サリエム、ソエキア、タニマーというそれぞれ一二歳、一四歳、一三歳、一六歳の少女の踊り手だった。二人が男役、他の二人が女役を演じて、「ギュスターヴ・モローの絵が生きて動くようだ」（アンリ・ルロールの評）と持て囃されたのである。四人の群舞が二番あって、その間に、別の少女と男性舞踊手が、劇的所作のある寸劇を演じた。「ワニ・ワニ」という器楽曲と、「ダホン・マース（金の葉）」という踊りの名だけが伝えられるというが、それ以上に具体的な曲名や振付はドビュッシー研究者にも分かっていないようだし、また、現地での調査でも判然としなかった。現地で取材した舞踊劇「ラングン・ドリアン」は、叙事詩「ダマル・ウラン」に基づき、英雄ダマル・ウランと、魔法を使う悪い王メナ・ジンゴの戦いを描いたもので、メナ・ジンゴになった女性の踊り手がなかなか力があり魅力的であった。英雄との戦闘シーンが、歌舞伎の荒事のような見得の切り方や構え方、ツケ打ちを思わせる金属板の音なども相まって、面白かった。

万国博覧会の長大な報告書であるエミール・モノの『一八八九年万国博覧会』の記述によれば、「絶え入るような嘆き節」と聞こえる音楽を始め、衣装・振付など、「野蛮な所は少しも無く」優美で洗練された舞台と受け取られている。事実、同じインドネシアでも、バリ島のあの強烈なガムランに比べて、嫋々《じょうじょう》として聞く者をあえかな夢に包むような音楽であり、同時代のオリエンタリズムの幻想にはよく応えるイメージであったろう。それは、この時に上演された安南の伝統演劇の印象とは対比的でもあった。

世紀末ジャポニスムの表象

もっとも、東洋演劇に直接触れるのはこれが最初であったとはいえ、一八六〇年代のゴンクール兄弟による日本の浮世絵版画の紹介と、後に印象派と呼ばれるようになる若い画家たちにとってのその衝撃は考慮にいれておかねばなるまい。ドビュッシーも、パリの芸術的前衛の共通の熱狂であった浮世絵版画とそれが広めたジャポニスム（日本情緒）に浸《つ》かっていたからである。この頃のドビュッシーの恋人は、詩人ポール・クローデルの姉で、ロダンの女弟子にして愛人であった天才的彫刻家カミーユ・

クローデルだと推測されるが、作曲家は彼女と、北斎の『漫画』を聖書のようにして常に眺めていたという。事実、ドビュッシーは自作の『交響詩 海』の初版の表紙を北斎の名高い「神奈川沖浪裏」で飾ったし、カミーユはカミーユで、同じ版画から想を得て「水浴びをする女たち」を、縞瑪瑙《しまめのう》を彫った巨大な波頭で表したのである。

ただ、紙に刷られた版画や、あるいは屏風・骨董といったオブジェと、生身の人間が歌い踊り、楽士が演奏する舞台表象では、やはり受け手の印象は大いに違う。受け手の側は、空想を馳《は》せる余裕も少ないし、知的に理解する背景も欠いているから、ただ自分たちの舞台芸術の通念を尺度に判断しようとする。勢い、共感も拒否も極めて感覚的な、あるいは感情的なレベルで起きてしまう。「生きたギュスターヴ・モロー」という表現が要約するように、ジャワの宮廷舞踊は、細かい細工の金の飾りや目も綾《あや》な豪奢な衣装に体の線を際立たせ、肩と、役によっては足も露出した少女の、物憂げなエロチシズムという、いかにも世紀末のオリエンタリズムを生身でそこに出現させたようなイメージであったろうが、安南の芝居は違った。

2　中国演劇の登場

安南の伝統演劇

現在でいうならヴェトナム中部の、古都ユエを中心とする安南の芝居については、物の本によれば中国起源であり、主題も中国の『三国志』などの史伝によるという（Georges Coulet: *Le Théâtre Annamite classique*, Toulon, 1928）。万国博覧会の記録や評判記を飾る挿絵を見ても、京劇のように派手な化粧はしていないものの、男性の役には隈取《くまど》りをしたものがあるし、躍動的な立ち回りの光景も描かれている。劇評も大方は「吼《ほ》えるような俳優」や「オーケストラの不協和音と喧騒《けんそう》に満ちた音楽」に眉をひそめているし、東洋通を以て鳴るエドモン・ド・ゴンクールでさえも、「半鐘のような音楽のさなかで、さかりのついた猫の鳴き声」とまで酷評している。

「不運な俳優たちが、無関心な客の前で、目も綾な衣装に身を包み、自国の伝説を演じている」その中で、クローデルだけは強い印象を受けたことを伝えている最初の証言は、オランダの批評家ベイヴァンクが一八九四年に書いた『黄金の頭』の新進劇作家クローデルの紹介記事である。ドビュッシーはというと、安南の芝居に、「楽劇の萌芽のようなもの」を認め、「そこには四部作の方式が窺えるが、ただ神々の数が多く、装置が少ない……狂ったような小さなクラリネットが感動を導き、タムタムが恐怖を組織する」と語ったとされている。象徴派の批評家ウージェーヌ＝メルキオール・ド・ヴォギュエの評も、「筋が簡単に過ぎ、音楽は野蛮だ」としながらも、ワーグナー派の識者の意見として、「ライトモチーフ」や「情念の長いレチタチーヴォ」が認められ、主題の工夫は東洋のニーベルンゲン物語に基づいているとしている。上演されたのは『薔薇』*La Hue* という作品だというが、批評家が、常に見慣れた同時代の舞台との比較は放棄して、「始原的」と幻想されるワーグナーやホメーロス、シェイクスピアを持ち出すのも、好意的な反応を説明するためであった。

中国演劇の発見

クローデルの示した関心が、パリの前衛スノッブの反応とは異質のものであったことは、外交官としての最初の赴任地ニューヨークで見たチャイナタウンの伝統演劇についての感想にも窺える。『にんじん』の作者となる友人のジュール・ルナールには、「この世で中国の芝居ほど美しいものはない。これを見た後では何も見る気にならない」と書き送り、またモーリス・ポトシェールには、「俳優の優雅な魅力と、正確な所作」に感じ入っているとして、俳優たちは「あたかも絶えずヴァイオリンの荘重な哀歌に耳を澄ましているかのように、いともしなやかに体全体で筋の流れに従っていく」と述べている。

中国に赴任してからも、広東で見たと思われる舞台について、散文詩集『東方の認識』のなかに「劇場」と題するテクストが収められている。そこで強調されているのは、「舞台的幻覚」を作りだすための化粧や扮装の役割と音楽の支配的な力である。彼厚い化粧や豪奢な冠と衣装に隠れた俳優は、ひたすら「仕草と声」として演じる。

らの演技を導き、支えるのが音楽であって、音楽が沈黙すれば舞台上の幻覚も消え去るかのようであると。この散文詩「劇場」は、舞台で演じられる物語の主題と共に、観客の示す舞台への全身的同化も描いていて、臨場感溢れるものであるが、そこには、マラルメの「ワーグナー論」の主要なテーマの反響を読み取ることもまた可能である。舞台上の幻想生成におけるオーケストラの至上権や、音楽によって登場人物が解体されると同時に作り直されるというテーマがそれだ。

クローデルの中国演劇についての言及は、以後表面には出ないが、大正年間に東京に赴任していたあいだに、一九二四年（大正一三年）、震災で焼け落ちて改修された帝国劇場で大倉男爵の米寿祝賀会があり、そこで京劇の梅蘭芳《メイランファン》を見て、いたく感動する。日記には「空気の精のような梅蘭芳」と記しているが、東京の後で赴任したワシントンでも、巡業に来た梅蘭芳を見て、アメリカの友人に是非見に行くようにと勧めている。

梅蘭芳には、ブレヒトもモスクワのホテルで会うことになるのだが、洋服で京劇の仕草を演じてみせるこの名花旦《かたん》に痛く感動したという。

クローデルのパラダイム

ところで、クローデルが安南の芝居に始まって中国の伝統演劇にここまで関心を持ち、それが日本の伝統演劇を理解する上で特権的ともいえる下地を作ったことは、想像に難くない。しかしクローデルは、単に一好事家として異国の舞台芸術に接したのではなかった。外交官と作家活動を並行したとはいえ、プロの劇作家であり詩人である。しかも、劇詩人クローデルの出発に当たっては、いくつもの基本的選択があったのであり、それを劇詩人クローデルの問題のパラダイムとして整理しておけば、次のようになるだろう。

まずそこには、同時代までの西洋演劇の正統に対する徹底的な否定があった。つまり反＝近代劇であり、反＝古典主義演劇の態度であり、当然に反＝フランスである。具体的な拠り所として求められたのは、第一に演劇の始原的な形である。ポール・ド・サン＝ヴィクトールの『二つの仮面』の説くギリシア悲劇起源論は、奇妙な形でニーチェの『悲劇の誕生』のあのディオニュソスとアポローンの対比構造を思い出させるし、そこで描かれる始原の祭儀的な演劇は、アイスキュロスの古風で呪術的な根を失っていない悲劇である。それは、カトリックの典礼のあるものと近親性を持つと説かれるのだが、同時にクローデルにとっては、師と仰ぐことになるマラルメの演劇観にも通じるものがあった。英雄と彼を取り巻くコロスによる、歌と踊りの入る演劇としてである。

始原は、ワーグナーの神話的楽劇のように、西洋文明の周縁部からも立ち現れる。

これが第二の様相であり、ドストエフスキーへの関心も同じである。そして第三に、西洋文明の外部に始原は求められる。ジャワの宮廷舞踊も安南の芝居も京劇も、いずれも新しい形式を求める詩人にとって〈戦略的な外部〉に他ならなかった。

しかし、繰り返していうが、クローデルは演劇の考古学者としてこれらの始原的な形式を求めたのではない。そこには、自分の劇詩の実験が不可分に結びついていたから、貪婪《どんらん》なまでに西洋近代にとっての〈外部〉を探究する。一九一〇年代に、自作の『マリアへのお告げ』がヘレラウで上演されることになると、当地で行われていたダルクローズ体操の身体訓練や身体表現に強い関心を示す。一九一七年に任地ブラジルで見たニジンスキーのバレエに大いに共鳴して、彼のために「造形的詩篇《しへん》」と称してバレエ台本『男と欲望』を書くといった、極めて具体的な関心の持ち方であった。

これらを通じて共通に見て取れる様相は、古典主義から近代劇に至る台詞劇とは異なる演劇表現に常に関心を抱いていること、それは第一に音楽の入る舞台であり、第二に俳優の身体行動が重要な演技であった。そして更に劇作術の上では、西洋演劇の時間・空間のとらえ方を抜本的に覆す方法の模索でもあった。

一九二一年（大正一〇年）一一月に日本に来る以前の段階で、日記などから、「言語外的な言語」（たとえば意味のない呟き、声、叫び、物音など）に対する関心が強まることや、台詞の発声や抑揚・テンポ（特に「緩慢さ」の要請）などについても、従来の写実的技法を変更しようとする意志が窺われる点は注目に値する。

こうして大作『繻子《しゅす》の靴』を抱えた五三歳の詩人は、日本の地を踏む。一九二七年二月まで、間に一〇か月の休暇を挟んで、正味四年半を日本で過ごすためである。

3　クローデルと日本

日本の演劇伝統の発見

ここでクローデルと日本との出会いを大雑把に要約しておけば、初めは一八九八年（明治三一年）六月、福州領事の時、一か月の観光旅行をして、東京、日光、静岡、京都の寺社を見物して歩いたが、芝居は見なかったこと、大正年間は、大使という特権的な立場もあり、日本の伝統文化に積極的に触れて、二国間の相互理解を進める役割に意義を見いだしていたことが挙げられる。絵画では、室町・桃山から江戸初期の大画面の水墨山水や金碧《きんぺき》障壁画と琳派の洗練が詩人大使の好むところであり、現代画家では京都画壇の富田渓仙と親しく付き合った。仏教美術は、信仰上あまり評価しないのが常であったクローデルも、法隆寺などの飛鳥・天平仏にはギリシア的静謐《せいひつ》を見いだしている。京都・奈良の古寺の建築も、また特に桂・修学院の庭や小堀遠州の庭園を愛したし、大使別荘のある中禅寺湖周辺や瀬戸内の風景を始め、日本の自然はしばしば詩人の筆に描かれる。日本風短詩形による詩を、筆と墨で書いた文字的パフォーマンスの扇面や『百扇帖《ひゃくせんちょう》』があり、日本文化論としては『朝日の中の黒い鳥』(一九二七年初版、藤田嗣治《つぐはる》の挿絵入り)が画期的であった。特筆すべきことは、この時期のクローデルの日記には、これら日本文化との出会いの新鮮な印象がかなり詳しく書き残されていることで、それによって、例えばクローデルがどのような舞台を、いつ、どのような状況で見たのかは、その時のクローデルの反応と共に、ある程度推定できることである。

日本の伝統演劇の四大ジャンルの内で、クローデルが最も高く評価したのは能である。当時は全く知られていなかった舞楽の発見も大きかったが、文楽と歌舞伎は、むしろ劇作のプロとしての関心が表に出ている。因みに、当時、最も情報の多かったのも能であって、フランス語ではノエル・ペリーの優れた翻訳と研究があり、英語ではアーサー・ウェーリーの自由な翻訳や、チェンバレンの紹介があったし、ミシェル・ルボンの『日本文学詞華集』も、『羽衣』の翻訳を載せている。

しかし、実際にクローデルが見たのは、まず舞楽であり、次いで大阪で文楽を、そして東京の帝国劇場で歌舞伎を見るのだが、能を見るのは東京着任から一一か月を経た一九二二年一〇月のことであった。

ともあれ、その観劇の記事を『日記』で追うと次のようになる。

まず舞楽。これは一九二二年四月一二日、宮中でプリンス・オブ・ウェールズの歓迎の宴が催され、クローデルは『春庭花《しゅんでいか》』と『納曽利《なそり》』を見る。唐時代の中国の舞曲と聞かされては、一四年間を中国大陸で過ごした大使詩人が関心を示さぬわけはない。事実、『日記』には、詳しくこの中国の大地の精髄を表象した舞楽の印象を書き記している。『春庭花』は『春庭楽』の舞を二度繰り返すヴァージョンで、舞人四人、太刀を佩《は》き、冠には花を挿すが、プログラムでは「春の祭典」と説明されていたようで、クローデルは「記憶を絶した太古からの中国」の大地の荒々しい春の目覚めの表象として感動する。『納曽利』は高麗楽《こまがく》で、舞人二人が龍を表しているとされるから、クローデルはそこに水や気といった自然界の構成元素が、龍の形をとって演じる宇宙的な劇を読む。いかにも北京で『五大讃歌』の第二である宇宙論的な長編叙情詩「精霊と水」を、中国の風土と景観の喚起で始めた詩人に相応しい指摘である。

文楽座には、大阪在住の宮島綱男教授がクローデルを連れて行った。一九二二年五月二七日で、演目は『彦山権現誓助剣《ひこさんごんげんちかいのすけだち》』『日吉丸稚桜《わかきのさくら》』『迎駕野中《むかいかごのなか》の井戸』であったが、『演芸画報』の同年七月号の巻頭の「演芸消息」によれば、「古靫《こうつぼ》太夫の浄瑠璃、新左衛門の絃で、彦山のうち瓢簞棚の段を聞いた」が、古靫の浄瑠璃は詩人大使のたっての希望であった、と伝えているから、第一の演目を見たのは間違いない。クローデルに見えたものは、人形が腰で動くことと、太夫・三味線の息が人形を息づかせる仕組みであり、人形遣いが舞台に見えていることも関心を引いた。

歌舞伎は、翌六月、帝国劇場において、『仮名手本忠臣蔵』の三段目「殿中刃傷」(師直《もろなお》が判官の膝に乗り掛かって挑発するところ)と六段目「勘平切腹」(切腹して掴み出した臓物でする生々しい血判状)に強い感銘を受けている。これは「大序《だいじょ》」抜きで「七段目」までの変則的「通し」、師直は七世松本幸四郎、判官は七世沢村宗十郎で、勘平は一五世市村羽左衛門であった。後にクローデルが書き記すところから判断すると、国民的叙事詩である『仮名手本忠臣蔵』が現代にも演じ続けられていることや、音楽などの技術的な側面に興味を引かれていたことが分かる(『朝日の中の黒い鳥』のエッセー以外に、『クリストファー・コロンブスの書物』の英語版をイエール大学から出版する際に行った講演「劇と音楽」も歌舞伎の音楽の演劇性について論じている)。ともあれ、歌舞伎との出会いは、当時歌舞伎界に君臨していた五世中村歌右衛門の息子である五世中村福助の「羽衣会」のために、舞踊劇の台本『女と影』を書き、それが一九二三年三月に帝国劇場で上演されるというイヴェントに発展するのである。ニジンスキーのために書いた『男と欲望』の歌舞伎ヴァージョンであったが、この時点でクローデルに日本の伝統演劇のコードが十分理解されていたとは考えにくく、正宗白鳥などはこの舞台を酷評した。ただ、『繻子の靴』の制作過程との関係でいえば、クローデルの内部で、「影」や超現実的な形象の舞台効果に関心が向かっていた時期の証言として、興味深い。

能を見るクローデル

クローデルの『日記』からは、この年つまり一九二二年の一〇月から翌二三年の二月にかけて、四回能楽堂に足を運んでおり、その時の印象を詳しく書いている様子が分かる。これ以前には、能の話は聞いたことがあり、装束の展覧会などには出向いているが、能そのものは見ていないと考えてよさそうである。実は一九二三年二月に、仏国答礼使節としてジョッフル元帥が来日しているが――時の摂政皇太子、後の昭和天皇の訪仏の答礼で、皇太子のパリ滞在中には、日本に派遣されることが決まっていたクローデル大使が、ルイ・ヴィトンの店などにご同行している――当然この祝宴に出席していると思われる仏国大使は、外務省の資料によれば、「風邪のため欠席」とあり、その時演じられた『船弁慶』も見ていないことになる。

ところで、すでに述べたように、クローデルは前衛的とよぶに相応しい関心から、劇詩人として能を見ているのであって、単なる観光客の視覚でないのは言うまでもないし、また単に優れた詩人の直観で見たというようなレベルのことでもない。したがって、前衛的演劇人としてクローデルの問題意識を常に照合しつつ、能を見るクローデルを読み解かなければならないのだ。

その問題意識が能理解を助けたことは明らかであるが、同時にクローデルの場合には、大正時代の名人の幾つかの舞台を見ることができたという幸運に恵まれている。それらの名人は、大正から昭和にかけての近代の能の最良の部分を表していたのである。確かに外国人の目に物珍しい儀礼的なショーと映る限りは、どの能を誰で見ても変わらないかも知れない。しかし、クローデルの場合はそうではなかった。

それでは一九二二年一〇月から翌一二年二月にかけてクローデルが見た能は、何であり、誰が演じていたのか。

まず一九二二年一〇月二二日に、東京の観世会秋季別会で、大阪のシテ方 大槻十三《おおつきじゅうぞう》の『道成寺』を見ている。ついで翌二三年正月に、厩橋《うまや》の梅若発会で、梅若六郎（後の実）の『翁』と梅若万三郎の『弓八幡《ゆみやわた》』の切り、ならびに梅若六郎の『羽衣』を、二月四日には観世元滋《もとしげ》（後の左近）の『景清《かげきよ》』を、二月一六日には細川家舞台で桜間《さくらま》弓川《きゅうせん》の『角田川《すみだ》』（金春《こんぱる》流の表記）を見て、いずれも深く感動して、『日記』に詳しいメモを残している。

以後、能に関する言及は散発的になるが、この年の九月一日に起きた関東大震災によって大使館が消失するなど、公私共に多忙であったのは事実である。それでも一九二四年正月には、観世発会で観世元滋の『翁』と、恐らく橋岡久太郎の『高砂』を見ているし、一九二五年をほぼ休暇でヨーロッパに過ごした後、一九二六年初頭から、日本文化論である『朝日の中の黒い鳥』に収めるべく、日本の伝統演劇についてのエッセーを書き出す。ノエル・ペリーなどの翻訳や研究を読み直した上で、クローデルなりの整合性のある能のイメージを書くわけだが、その前後に見た能としては、三月一四日の宝生会における宝生重英《ほうしょうしげふさ》の『芦刈』、野口兼資《かねすけ》の『楊貴妃』が挙げられ、更に五月三〇日には靖国神社舞台で観世喜之『砧《きぬた》』、六月八日には九段能楽堂で武田喜男（後の光雲）の『蟬丸』を見ている。この他にも、たとえば『敦盛』は、最初の『道成寺』の時にも谷村直次郎のシテで出ているし、少なくともこの年の春には見ているはずである。

現在と違って能会の数は圧倒的に限られていたし、午前中から始まるのが常であったから、公務のある大使としては、よく番数を挙げたと思う。しかも、すでに述べたように、これだけの名人の舞台に接しているのは、誠に幸運であったというほかない。これらの観能体験のうちで、なんといっても決定的であったのが、一九二二年秋から翌二三年春にかけての能との出会いであった。

『道成寺』は能のなかでも非常に重い曲であるし、前シテの「乱拍子」から「急の舞」「鐘入り」までと、僧の語りによる道成寺縁起、そして引き上げられた鐘から蛇体となって現れる後シテと僧の戦い・悪霊降伏《ごうぶく》に至るまで、見せ場は多いが、見るほうも大変な緊張を強いられる曲である。通念的にいえば、外国人を案内するには極めて難しい能ともいえるが、この能にクローデルは痛く感動するのだ。当日のワキは宝生新、大鼓・川崎利吉、小鼓・大倉喜太郎、太鼓・松村隆司、笛・一噌《いっそう》又六郎であった。

クローデルが『日記』に書きつけているところから判断すると、何よりも「乱拍子」の段の緊迫感に強い印象を受けた。少し長くなるが引用すると——

能の原理は、体の構えや形をすべて単純化し、動きをすべて緩慢にすることにある。まるで動きが最も困難で、より密度の高い場所で完結するかのようだ。動きは、絶えざる繰り返しと緩慢さにより、極度に重要な意味を帯びる。想像力と意志の訓練であり、一時間余、精神を同じ状況に釘付けにする。例えば、柱の傍らに座った僧が、自分のほうへ向かって来る吸血鬼《ヴァンピール》を凝視する。楽士の発する咆哮にも似た声。足の爪先が上がる。鼓を一つ打つ。爪先が下りる。静まりかえる。突如、全身を折り曲げる。飛び掛かろうとするかのように。それから再び静寂。長い不動の間。このようにして、舞台を一巡するのに一時間掛ける。実に見事に劇的である。〔……〕この間、見つめる役は、文字通りに瞬き一つせず、不動の姿勢を保つ。〔……〕私は誘惑の突然の襲来を、悪魔との長い孤独な闘いを、迫り来る危険と死とに耐えている様を思った。

すべてを削《そ》ぎ落とした単純な姿態とその不動性、長い長い空白の間——しかしそれは単なる空白ではなく、濃密な緊張の持続の場である——そしてすべての運動を極度に緩慢なものとする。こうした能の原理を、舞台上で行われていることに集中して受け止めている一人の見者がそこにはいる。いわば、能の最も即物的な力あるいは強度に感応する演劇人である。しかし、『道成寺』は、単に高度に洗練された抽象的な演戯ではない。そこには、「道成寺伝説」に基づく呪術的な物語《ミュートス》があるのであって、それにもクローデルなりに的確な反応を見せている。つまり、美しい白拍子の姿を取って現れたのは、冥界から再び地上に出現した怨霊なのであって、しかもその怨念の根拠は裏切られた恋であった。ここでは「吸血鬼」という語彙や、シテとワキの関係をそのまま対立・葛藤の関係において読んだ誤解は、あげつらうには及ばないだろう。エロスの地底的な恐るべき力が、美しい女という誘惑者の姿で再臨し、換喩的に怨念の対象である鐘に飛び込んで、やがて蛇体となってその正体を現す。後半は悪霊降伏の呪術の演劇的再現である。後シテの演劇性はさして難解なものではない。肝心なことは、クローデルが青年時代から、古代悲劇について常に思い描いていた「降霊呪術」が、その呪術的構造を、信じられないような舞台演戯の美的洗練において実現している芸術があったという驚きである。「実に見事に劇的」という言葉に偽りはない。

この日、クローデルは、能舞台の特殊な配置にも強い関心を示して『日記』に記すが、橋掛りによって人物が登場するとき、「常に横向きで現れ、自分を取り囲む枠組みの大きさが増すにつれて、次第に重要さを増す」という仕組みを指摘する。後に『朝日の中の黒い鳥』のエッセー「能」の冒頭に読まれる名高い定義――「劇とは何事かの到来、能とは何者かの到来」がすでに予感されている。

クローデルが『道成寺』に始まって、『翁』『羽衣』『景清』『角田川』と能を見ていったのは偶然であるが、この一連の体験は、クローデルの能観に固有の枠組みを与える作用を持った。

一九二三年正月、当時梅若一門が拠っていた厩橋の舞台で、梅若六郎の『翁』と『羽衣』に感動する。この曲が持つ宗教的な儀礼性は、カトリック詩人の目にも明らかであった。役者・囃方・地謡の荘重な登場から始まって、千歳の「見事な、短いが堂々とした舞」が「宇宙を前に自らを主張するかに見える」その「力強い足拍子」を讃える。次いで、面を着けた翁の「平和への祈り、ゆるやかな散策、時々、瞑想的に立ち止まる。抱擁と祝福。ゆるやかにその幅広い袖と炎と燃える扇の後ろに姿を隠す」と記す、文字通りに神聖な儀礼の演劇。

エッセー「能」が「蘇った歳霊への奉献の儀式」と呼ぶ視点は、翁の「天地人」の足拍子を前に、すでに獲得されている。そして、最後に三番叟つまり「黒い尉」の演技は、特に詳しく記録されている。まず「揉みの段」について――

速く、急テンポで、舞台の四方を駈け巡る（時々、立ち止まる）。リズムを取って踏む足拍子と交互に、音を立てずに踏む拍子。まるで、見尽くし、走り尽くすことがないかのように。

ついで「鈴の段」――

舞台奥へ行き、面を着ける。後見が恭しく灌水器のようなものを、銀の実のついた枝を渡す。豊穣の象徴らしい。地面に種子を蒔く仕草。手に持つ例の房を、拍子を取りながら振る。次第に拍子は複雑になり、高潮する。あたかも神聖な力が四方八方に増大し繁殖するかのように。

エッセー「能」では、三番叟について更に突っ込んだ解釈を展開する。すなわち、舞台上にいるのは「もはや一個の人間ではなく、民衆によって、一時、神か天使の役割を委ねられた人物」であり、「この衣装や仮面には、自然との素朴な馴れ合いとも言うべき思想が潜んで」いるように見える。「そのままでは取るに足らぬ人間が、知性によって、自然という野性の女を怯えさせ、飼い馴らし、我々とおだやかに協調して働くようにしむけるために、いささか自然に似た変装をする」のではないかと。日本の芸能の根にあったと民俗学が説く呪術的模倣所作を、前衛的な劇詩人は的確に見抜いている。かつて神話学者に先立って、「岩屋戸隠れ」のウズメの踊りにエレウシスの秘儀を重ねた、神話的想像力の射程の長さ・的確さを再び見せられる思いである。

さて、この日の脇能『弓八幡』は、上野の精養軒で昼食を取ったために、後場しか見ていないが、次の『羽衣』は、チェンバレンやミシェル・ルボンの翻訳があるお蔭《かげ》で、筋まで含めて正確に追っている。注目すべきことは、『羽衣』という「舞楽の天上界起源」を説く能に、天上界との交流が開かれ、舞楽という贈り物によって下界に天上の祝福が与えられる秘儀の演劇化を見ていることだ。つまり、『道成寺』による「地底的な危険な力＝エロスの侵入とその悪魔祓い」の劇に続いて、『翁』は「地上に平和と祝福を、生命の復活を確立する呪法」であったが、そのような価値の転換を芸能によって保証するものとして、『羽衣』は讃えられているのである。

それは、アイスキュロスの『オレスティア』三部作によってクローデルが知っていたあの転換、つまりアトレウス家に巣くった血を血で洗う「復讐の鬼女たち」が、オリンポスから下る祝福を受けて「恵みの女神たち」へと変容する演劇的秘儀に照応するものであった。

さて、このように呪術的な根のかなりはっきり見えている能の後で、クローデルは極めて「人間的な」作品を二番見る。四番目物（現在物）の『景清』（観世元滋、後の左近）と、同じく四番目の「狂女物」の『角田川』（桜間金太郎、後の弓川）である。源平の合戦を語る叙事詩を典拠に、盲目となって僻地《へきち》に流されたかつての英雄のもとに、かつて彼の作った娘が会いにくるが、自分の境涯を恥じて会おうとしない。やがて運命を分けた壇の浦の合戦における「錣引《しころび》き」の武勇を語り、娘は一人都へ帰らせるという物語は、かなり普遍的なテーマと構造を持っている。作り物の中からシテの謡が聞こえてくる「松門の出」や、特に娘との別離の演出、つまり二人並んで橋掛りのほうへ歩み、途中でシテは止まり、ツレはそのまま橋掛りへ行き、見送るシテが数歩下がるという運びが、切り詰めたなかに万感の思いが籠められていて、感動的であったと書く。

二人は離れる。彼は娘の肩に手を置き、揃って二歩踏み出し、そして彼だけ後に残る。見事だ。

なお、観世宗家の定めとしては髭《ひげ》のない面を用い、大口を穿《は》かないのだが、この時は、大口を穿き、髭のある面を用いたことが分かっている。因みに、『繻子の靴』の四日目つまり第四部は、日本滞在中に完成するわけだが、片足を失った老残の英雄とその娘が主人公である点や、背景になる「海上に浮かぶスペイン宮廷」といい、『景清』の設定が透けて見えるように思われる。

『角田川』は、「純粋に人間的な能」と『日記』が記すように、人買いにわが子を攫《さら》われ、狂女となって東国まで追ってくる母の悲劇である。元雅《もとまさ》のこの傑作は、後にフランスでジャン・ダステによって脚色され上演されるように、外国人にも分かりやすいテーマと書き方の能である。もっとも、芥川龍之介は、「金春会の『隅田川』」と題するエッセーで、自分の左右にいた「まるまると肥った仏蘭西の大使クロオデル氏を始め、男女の西洋人も五六人、オペラ・グラスなどを動かしている」のが、「ドオミエの一枚じみ」ていると皮肉っているが、ヴォルテールやアナトール・フランスをモデルとするこの才人とクローデルでは、所詮視点のすれ違いではなかったろうか。「子を失った女が、ついに角田川のほとりで、その墓を見いだす」能。この日の舞台でクローデルを感動させたのは、シテの演技であり、特に「シオル」姿であった。桜間金太郎の「シオリ」について、クローデルは『日記』にこう記す――

仕草のゆるやかなことが、あらゆる解釈を許す。例えば、彼女が泣くために手を目に運ぶ。しかしそれは、苦悩のイメージをよりはっきりと見るために近づけるのだとも受け取れるし、あるいは汲み取る涙の水、祈りの重み、それから、飲み干して口から離す懊悩の盃、生の放棄、等々である。彼女が身をかがめて座るとき、幅広い衣装の襞の一つ一つが新しい形を取るその見事な動き。小さな金属板を、間を置いて打つと、あたかも苦悩が突如こみ上げてくるようだ。

ここで、この時のシテ、桜間弓川の芸について語らなければならない。泣く仕草として——涙を拭うと言ってもよい——手を目の高さに上げるという能の演技は、一般論としても注目に値する。私自身も、当時未発表であった『日記』を、一九五七年に調べることができたときには、クローデルの記述を、能の仕草の象徴性のようなことで納得していた。というのも、能は演者によって非常に変わるということは知っていたし、少なくとも晩年の梅若実は熱狂の対象であったから、なんとか想像できたのだが、桜間弓川はこの目で見ていなかったのだ。それがあるとき、桜間弓川のシテで、一九三五年（昭和一〇年）に野上豊一郎博士の下で作られた能の最初の記録映画『葵上《あおいのうえ》』というものを見て、目から鱗《うろこ》が落ちる思いがした。桜間弓川という人は、同時代の名人と同じく、極めて個性的な演技をするが、この『葵上』も典型的である。録画と録音が別々であることから始まって、大変な作業であったと伝えられるし、英語の解説は時代を感じさせるが、しかし、桜間弓川の芸がこれほどまでに鮮やかに記録されて残った幸運には、感謝しなければなるまい。

この映像でも、前シテが橋掛りで「遣《や》る方なきこそ」とシオルところの妖艶な美しさ、それは面や体の全体から溢れてくる色気であるが、中でも非常にしなやかに長い手と指が、通常のシオリを超えた表現になっている。「細い指」とか「しなやかな掌《て》」といったのではまだ足りない、手首の色気とでも評したい何か。

それは日本人として能に入れ込んだ者の思い込みかも知れない。しかしクローデルが弓川の狂女で感じてしまったものは、それこそマラルメが詩句の炸裂を譬えた「虚空に一瞬開く花」にも似た衝撃であって、そこからマラルメの弟子は、いかにも近代性の特権的命題である「仕草の多義性」の論を引き出すのであった。

能の意味空間

観能の印象を直ちに書き記した『日記』の記録から数年を経て、クローデルは『朝日の中の黒い鳥』のために「能論」を書く。すでに触れたように、それまでにすでにノエル・ペリーやアーサー・ウェーリー、チェンバレン、ミシェル・ルボン等によって、能の基本構造やその舞台芸術としての特性について、当時手に入る知見は身につけていた。そこから、『日記』とエッセー「能」のテクストの間には、ある種のずれが生じる。その最も重要な局面は、能の紹介をするときに必ず持ち出される「能の代表的な形」としての「複式夢幻能」が、一九二二年から二三年にかけての観能体験ではほとんど欠けていたという点だ。しいて言えば、四番目物・怨霊物である『道成寺』が、複式夢幻能と同じ構造を持っているから、劇作の仕組みとしてはすぐに了解できただろう。それに、日本語を解さないクローデルであるから、いくら傑作であるからといって、前段に長い「居《い》グセ」のある『井筒』から見始めたら、果たしてあの能理解に達したかどうか。それでもクローデルは、世阿弥の複式夢幻能としては、脇能の『高砂』を観世流の名人橋岡久太郎で見ているし、夢幻能ではないが本三番目物の『楊貴妃』は、宝生流の名人野口兼資で見た。特に『敦盛』は、修羅の複式夢幻能の典型であり、笛という「花鳥風月のたより」（世阿弥）を感動的に使った曲として、またシテの亡霊が、自らの敵である蓮生坊《れんしょうぼう》の夢に現れるという点でも、分かりやすかったはずである。

ともあれ、最初の体験で強い印象を受けたさまざまな要素は保有され、展開される。たとえば能楽堂における舞台・客席の関係について、クローデルは、幕や額縁で仕切られた西洋型劇場と異なり、「舞台上で演じられるものと観客が相互に浸透する」とし、「すべては観客の内部で生起するが、観客は自分が包み込まれていると同時に、距離を保っているという印象を失わない」と書いて、それを〈夢の二重人格化〉の視座へと展開する。この特殊な重層構造は、音楽によっても強化されている。「打楽器がリズムと運動を与え、冥界から吹き起こるような笛は、我々の耳に間を置いて囁き巡る時間の抑揚、役者たちの背後から聞こえる時間と瞬間の対話」であると。ワキが「待ち受ける者」であるのに対して、シテは「未知なるものの使者」であり、その資格において面を着けている。「何かしら秘密の、覆われたものであり、ワキに己の正体を明らかにすることを求めて現れる」のだ。すべては「物質によって現わされた夢」の印象を与えるし、シテは、「死から、〔……〕忘却から抜け出し〔……〕今や夢幻の湖のなかに浮かぶ眠る離れ屋を、己が想像力の容積で満たすのである」と。

その魔法の扇の働きによって、現在時を煙のように追い払い、この神秘な翼のゆるやかな風によって、すでに存在を失っていたものに命じて、己の周囲を満たすようにさせる。次の言葉が現れるにつれて消え去る独特の言葉の力によって、この世の下の庭園は、次第次第に、響きに満ちた灰のなかに描きだされてくる。一つ一つの仕草は、嵩張った衣装の重みと襞とを以て、死を乗り超えねばならないかのようだ。それは死んだ情念を永遠の境においてゆるやかに写しとる営みであると言える。亡霊たちの国から連れ戻され、瞑想の眼差しのもとに、我々に描きだされる人生である。我々は己れ自身の前に立たされる。我らの欲望の、苦悩の、狂気の、苦渋に満ちた動きのなかで。

すべてを意味の世界で解きあかすために、能の緩慢さの原理はあるとクローデルはいう。我々の日常的な取るに足らぬ仕草が、実は永遠な行為の無意識な模倣にすぎなかったことを、能によって人々は悟るのである。

桜間弓川の狂女の双《もろ》シオリが再び引かれるのは、この文脈においてである。「それは容易に持ち上げられぬ不幸の重荷、唇に運ぶ苦い盃、身を隠したいという願いであり、絶望のうちに自分の姿を見ようとする鏡、読めと与えられた宿命の宣告である」と。

桜間弓川の舞台は、このように、クローデルの能理解の道筋においては、極めて重要な役割を果たしている。『日記』の記述から、独立したエッセーへと転換する、その回転扉であった。

第11章　東洋演劇の幻惑（二）

クローデルは、そのカトリック信仰の過激さと第三共和国を代表する外交官という矛盾した立場に加えて——第三共和制は、共和派の共和国と呼ばれたほど、反教会的であって、事実二〇世紀初頭に「政教分離」を実現して、教会領の財産を国に移管してしまう——演劇的には、同時代のいかなる前衛も顔負けするような新しい意識で斬新な方法を追求していた。そのため、二二歳で処女出版した戯曲『黄金の頭』が、象徴派とその周辺には新しい才能の出現として持て囃されたが、外交官として外地に過ごすことが多かったためもあって、名のみ知られて、実際には孤立した詩人としての時期も長かった。マラルメを師として象徴派のグループと交わったことは、後に雑誌『新フランス評論《エヌ・エル・エフ》』の創設に際してジッド、ヴァレリーなどと文学的グループを作ることに繋がるのだし、そのグループの演出家ジャック・コポーはクローデルの初期の劇作『交換』をヴィユー＝コロンビエ座で上演する。一九一四年のことであり、それに先立って一九一二年には、かつて象徴派演劇の主導者であったリュニェ＝ポーが、書かれて間もない『マリアへのお告げ』を、彼の主宰する作品座《ウーヴル》で初演している。また『人質』は一九一三年にロンドンでエディス・クレイグが初演し、フランスではリュニェ＝ポーが一九一四年に初演したが、これらの作品は、クローデル戯曲のなかでもフランスの劇場に合った書き方をされている。『繻子の靴』は書かれてから上演されるまでに一九年の歳月を要したし、『真昼に分かつ』が正式に上演されるのは四二年後、処女出版の『黄金の頭』に至っては作者の死後、一九五九年に初演されるのだから、上演された第二稿の出版から数えても六〇年近く経っている。それは、クローデルという桁外れの劇作家・詩人の途方もないスケールと未知の可能性を示しているものだし、現在でも二〇世紀のフランスの劇作家として、例外的に新演出による上演が続いている。

したがって、クローデルが日本に滞在して、当時としても、現在の目からみても、類稀《たぐい》な日本文化論を書き、そのなかで例外的に優れた水準で日本の伝統演劇について語っても、演劇の現場は全くといってよいほど無関心であった。たかだか、フランスでは受け入れられない劇作家の妄言くらいにしか受け取られなかったようだ。

アルトーの場合、事情は遙に劇的である。俳優としてはデュランのもとでデビューし、詩人・評論家としてはシュールレアリスム（超現実主義）の運動に参加しながらも、早くブルトンらと決裂して、シュールレアリスムの批判の標的であった『新フランス評論』のグループに接近する。そのアルトーにとって、雷の一撃のような衝撃を与えたのが、一九三一年、パリで開かれた植民地博覧会のオランダ館におけるバリ島の踊りであった。

1　バリ島の舞踊とアルトーの「残酷演劇」

一九三一年パリ植民地博覧会

二〇世紀後半の演劇の歴史において、アントナン・アルトー（一八九六―一九四八）の演劇論『演劇とその分身』（一九三八年）ほどに読まれ、かつ影響を与えたテクストは少ないだろう。一九世紀末の「呪われた詩人」の最後の、そして最も悲惨な症例であり、俳優としてドライヤー『裁かるゝジャンヌ』の映画で一部の人々の称賛をかち得た他は、生涯が挫折の連続であったといっても過言ではない。その『演劇とその分身』にしても、発表されるや直ちに人々の熱狂を呼び覚ましたわけではなく、ジャン＝ルイ・バロー、ロジェ・ブラン、アラン・キュニーなどの極めて限られた若いアルトー信奉者の聖典となったに過ぎない。その刊行に先立って、すでに一九三七年には、精神障害を理由に強制収監され、電気ショック療法による肉体的・精神的荒廃を蒙《こうむ》るが、その生涯を一つの「残酷演劇」に転換することで、アルトーは死後、多くの熱狂的な読者を得た。イヨネスコを始め一九五〇年代の前衛劇、つまりいわゆる不条理劇の劇作家たちや、彼らを支持する批評家たちが、アルトーを引いたのが復権の始まりであり、次いで一九六〇年代の肉体演劇は、アルトーのテクストを現代演劇の聖典と見なした。そのようなアルトーの演劇観を決定的な形へ導いたのが、他ならぬパリ植民地博覧会オランダ館におけるバリ島の踊りと音楽だったのである。

アルトーがそこで見たバリ島の演劇については、アメリカ人の前衛劇研究家レオナード・キャベル・プロンコの『演劇の東西――全体演劇への展望』*Theater East and West, perspectives toward a total theater*（一九六七年）が、その時参加したバリ島プリアタンの村の舞踊団のプログラムを紹介しているし、またこの植民地博覧会の政治的意味については、季刊『民族学』七〇号に、永渕《ながふち》康之氏の「パリにきたバリ――1931年、パリ国際植民地博覧会オランダ館」（一九九四年秋期号、四四―五四頁）が詳しい。

アルトーのテクストは、初め『新フランス評論』誌一九三一年一〇月号に載った「植民地博覧会におけるバリ島の演劇」が主要なものであるが、同年一二月一〇日にパリ・ソルボンヌ大学で行った講演「演出と形而上学」を始めとする一連のテクストでも、バリ島の演劇は古代のオルペウス神秘主義やエレウシス秘儀、あるいは錬金術やペストと並んでモデルとして引かれ、一九三二年の「残酷演劇宣言」に至るのである。ただ、元来幻視者的な想像力を持つアルトーであるから、バリ島の演技と音楽が与えた衝撃の強さ、深さはその通りであったろうが、実際の舞台や演奏について書かれたアルトーのテクストは、どこまで現実に照応しているのかという疑問は残る。我々としては、現在バリ島で体験できる芸能を一方に置きつつも、それさえ過去六〇年の間に被った変化は大きいだろうということを考慮し、アルトーが見た時点に比較的近い出版物で、しかも名著の誉れ高いベリル・ド・ズゥト、ヴァルター・シュピース共著の『バリ島の踊りと劇』*Dance and Drama in Bali*（一九三八年）やミゲル・コバルビアスの『バリ島』*Island of Bali*（一九三七年、一九四三年・一九九一年に邦訳がある）などを参照しながら、アルトーの捉えたバリ島の演劇を再構成してみたい。

一九三一年といえば、列強の植民地支配に対する批判は、西欧の知識人のなかでも芽生え始めていたから、一八八九年のパリ万国博覧会のように、西洋文明の価値を無条件に前提として異国情緒に浸ることは難しくなってきていたでもあろうし、事実、政治的に左翼を標榜したシュールレアリスムの芸術家たちは、この植民地博覧会をボイコットせよと呼びかけたという（前掲、永渕論文）。ただ、植民地支配が終わった時点で振り返って論じるのと、その当時の一般世論の気分とでは大いに差があるので、ヨーロッパの外部は、単に政治的・経済的な収奪の対象であっただけではなく、エロス的な幻想の捌《は》け口《ぐち》であったことに変わりはなかった。

したがって、アルトーが植民地博覧会のオランダ館でバリ島の芸能に熱狂したからといって、それでシュールレアリスムのほうが潔白だったという理屈にはなるまい。確かなことは、シュールレアリスムのボイコットが、アルトーに植民地博覧会を見に行く恰好の口実を与えたことである。

アルトー、バリ島の踊りを見る

ともあれ、アルトーがオランダ館で見たものは、プロンコによれば次の九曲だという。①ゴン②ゴンによる踊り③クビヤール④ジャンゲル⑤ラセム⑥レゴン⑦バリス⑧ラクシャサ⑨バロンの九曲であるが、このうち、「ゴン」と「ラセム」は器楽演奏である。場所はオランダ館のカーテンで壁を覆った広間で、写真で見るかぎり、正面中央に、通常バリ島の「割れ門」の前に設ける二本の傘が立てられていて、その両側にガムランが壁に並行に座っている。プロンコが引くプログラムの記事からは、番組の内実が必ずしもはっきりしないが、種々の情報を突き合わせてみると、「ゴン」による器楽演奏で始まり、花を撒くなどの儀礼的な踊りがあって、③の「クビヤール」と④の「ジャンゲル」という近年の創作舞踊を見せ、再び器楽演奏の「ラセム」が入った後、バリ島の代表的な踊りである優美な「レゴン」、男性群舞である勇壮な「バリス」、そして物語性のある呪術的な「ラクシャサ」と「バロン」で終わる。最後の二番は、英雄アルジュナと悪霊ラクシャサとの闘いで、プログラムの解説では、ラクシャサが森の聖獣バロンに化けてアルジュナに討たれることになっている。プロンコは、アルトーが、この年の九月に行われたバリ島の踊りのガラにも行ったはずだとして、そこではより普通の「バロン・チャロナラン」、つまり鬼女ランダが登場するヴァージョンも、トランス・ダンスである「サンギャン」、仮面劇「トペン」とあわせて見ているだろうと推測する。

　通常の西洋の舞台表現のコードでは語れないバリ島の踊りと音楽である。勢いアルトーの描写も比喩的にならざるを得ないから、特定の曲についての指摘であるかどうかを決めかねる部分もある。「伝統に反抗した娘に対する父の怒り」を筋とする最初の短い芝居は「ジャンゲル」のことだとプロンコは言う。他にもアルトーの描写から推定できるものとしては、「神憑り《トランス》となり、絶えず戦闘状態にある兵士たち」は「バリス」の群舞であり、現在では儀礼の際でもないと見られないものだ（現在、普通に見られるヴァージョンは男性のソロ）。また、「アデオルジャナと竜の恐るべき闘い」とか、「白いゼラチンで膨らませた手、緑色の葉のような爪」は、最後の「ラクシャサ」と「バロン」に関わるだろう。「レゴン」を思わせる描写は最も長く、マリオという近年の名手の考案になる、打楽器のトロンボンを演奏しながら座ったまま踊る「クビヤール」は、特にアルトーの関心を引いた形跡がない。

上演が始まると「登場人物たちは、まず亡霊的な状態で我々の前に立ち現れる」とか、「幻覚状態という角度から見られている」といった表現は、バリ島といえば「トランス＝憑依」といった通念によるというよりは、文字通りのそのようなトランス状態を求めていたアルトーの欲求に応えていると考えるべきだろう。

アルトーのテクストから確定するのが容易な「レゴン」について見るならば、「レゴン」にもさまざまなヴァージョンがあるが、一応「レゴン・クラトン」とすれば、登場人物は三人。始めは侍女チョンドンの一人舞で、ついで二人のレゴンが登場し、チョンドンから扇子を受け取り、王女ランケサリと父の敵でかつ彼女の婚約者である傲慢なラッサム王との物語を舞う。チョンドンが「不吉な鳥」の姿でラッサム王に襲いかかり、彼の敗北を予告して戦うが追い払われるという筋である。

アルトーの書いた文章から、レゴンの踊りを想像するのはさして難しいことではない――

鋭角的で、しかも突然中断される構え、喉の奥で発せられる断続的な声の抑揚、不意に中断する楽節、昆虫の硬い羽根の唸りを挙げて飛ぶ音、枝のさわぎ、虚ろな木の太鼓の響き、自動人形のきしむ音、息をする人形の踊り

とアルトーは記す。驚くべきことには、「これらの仕草や型や叫び声を通して、また

舞台空間のいかなる部分も使わずにはおかない動きの展開と曲線を通して、言葉を基盤にするのではなく、表徴《シーニュ》を基盤とした新しい身体的な言語の意味が立ち現れてくる」のだと。「機械的にぐるぐる動かす目遣い、唇の膨らませ方、筋肉の痙攣の度合い」が「厳密に計算された効果をもち、あらゆる自発的即興の可能性を断って」おり、また、「片方の肩からもう一方の肩へと、溝にはめ込まれたように水平に動く首」も、単に「直接的な心理的要請に応えるだけではなく、一種の精神的な構築物に呼応して」いると考える。「生きた象形文字」あるいは「立体的な象形文字」という定義が呪文のように繰り返される——

〔踊り手の衣装の〕水平な線は、あらゆる方向に体の外へと拡がって行く。まるで夥しい筋と結節を持つ大きな昆虫であり、それらの筋や結節が彼らを不思議な自然の遠近法に結び付け、かくして役者たちは、自然の幾何学構造から切り離された一部のように見えてくる。

男性群舞の「バリス」は、バリ島風の鋭角的で痙攣的な身体行動の凝縮のように映る。これは一人で踊るヴァージョンからも想像できることで、コバルビアスを借りるならば、踊り手の体はすべて活動しており、顔面の全筋肉は、気短な戦士の感情の嵐を表現すべく、統御されている。彼らを取り囲む、目には見えない霊的世界への賛美と驚嘆、敵に対する奇襲と怒り、それから喜び、温和、恋などを表現するのだ。しかし、音楽が更に高揚すると、彼らの緊張は一層高まり、爪先で立ち、その目は眼窩《がんか》から飛びださんばかりである。全身は激しく震えて、頭に飾る花を散らし、敵を指して「ワー」「アドー！　アドー！」と叫びつつ、短剣を抜き、大股で敵に迫る……。

アルトーが「トランス状態で絶えざる戦闘状態にある」と書く踊りに他ならないし、身体行動と音楽の双方において、「拍子の解きがたい迷路のなかで見失われ、混乱に陥るかと思うと、独特の形で身を反らし、脚を捩じって平衡を取り戻す」といった表現も、バリ島の踊りと音楽のあの独特なリズムの駆け引きをよく言い表している。事実アルトーは、音楽と身体行動のあいだに、「鏡の作用」に譬える「照応関係《コレスポンダンス》」を読み取っている。

森の聖獣バロンと鬼女ランダの闘いは、「チャロナラン」の舞踊劇として知られているが、バリ島の二元論的宇宙を現す典型的な表象だとされる。一一世紀のジャワを支配することになったバリ人の王エルランガ大王と、その母で、妖術を使うとして先王に森へ追放されたマヘンドラダッタ、つまりランダ（寡婦の意）との闘いの物語である。バロンは獅子であり、善と右の魔法を現し、ランダは悪であり、左の魔法を司る。エルランガ大王を滅ぼさんものと、ランダは妖術を仕込んだ弟子を動員し、民の半分まで滅ぼしてしまったという。「チャロナラン」では、魔女の弟子である六人の少女による踊り、道化芝居、王の家臣と魔女レヤクとの出会いなどを経て、王子とランダの対決となる。助けに入るのは聖獣バロンだが、ランダの魔法でバロンも一旦は催眠状態に陥るが、最後はランダによってトランス状態に入った男たちの狂気を覚ましてやるのだ。

アルトーが見たのはランダそのものであったのか、あるいは悪魔の眷属であったのかは判然としないが、かつてアルトー自身が主宰したアルフレッド・ジャリ劇場で使った人形と同じく「白く膨れた手に木の葉のような緑の爪」というのは、これらバリ島の悪魔たちの特徴に一応は適合する。アルトーの記述からは、道化芝居の部分はほとんどなく、踊りと様式的な演技にまとめられていたようである。いずれにせよ、そこまでの番組では人間の姿で踊られていたものが、ここで初めて、歴然と神話的・幻想的な表象を伴って演じられたから、アルトーとしては前の踊りも宇宙論的・呪術的レベルで見ていた自分の読みが正しかったことを確認したのであろう。

アルトーのヴィジョン

観光化されているといないとにかかわらず、現在のバリ島の芸能にアルトーのヴィジョンをそのまま重ねることはかなり難しい。ただ、観光ショーとして演じられる

「トランス・ダンス」の「サンギャン」などは論外としても、バリ島の文化のなかには、ランダを演じて憑依状態になることがあるのを、私自身、一九八〇年に、ドイツのボンでタンパクシリンの村のガムランと合宿して行ったワークショップの際に見ている。したがって、アルトーの見たものが、バリ島ではなくてもよかった、たとえばジャワの宮廷舞踊でも、インドのカタカリでも、あるいは京劇や能でもよかったとはやはりいえない。どうしてもあのガムランの独特な音楽的世界と、あれらの優美さと鋭利な強度を二つながら備えた踊りとが必要だったのである。

アルトーに衝撃を与えたのは、優美に、ただし体を極めて非日常的に反らしたり、曲げたりして舞っていたものが、突然痙攣《けいれん》して、鋭角的に激しく動くあの身体の蠱惑《こわく》的な作用である。あるいはまた、笛の長閑《のどか》な旋律とは極端な対比をなして、撥《ばち》と掌とを使い分けるという神業によって極めて複雑なリズムを刻む太鼓や、複雑なリズムを刻むポリフォニックな金属楽器ガムランが、唐突といってもよい激しいリズムの変化を見せて、「痙攣的」とアルトーが繰り返す運動が、聞く者の身体感覚を呪縛してしまうあの体験であった。

それをアルトーの言葉で要約するならば、「バリ島の演劇」が啓示したものは次の三点ではなかろうか。第一には、「幻覚と恐怖という角度から」作られた演劇であり、西洋演劇を毒している心理主義などはいとも易々《やすやす》と放擲《ほうてき》されて、古代悲劇を始め、始原的な演劇が保っていた、あの「形而上的恐怖」を体験させる舞台に他ならないこと。

第二には、言葉によらず、舞台上においてのみ成立する、身体所作による純粋な演劇であり、アルトーは、踊り手を「生きた象形文字」と呼ぶ。この用語そのものはアルトーの発明ではないし、少なくともアルトーが知りうる範囲の「舞踊論」で、しきりと「象形文字」を口にしたのは、他でもないステファーヌ・マラルメのそれであった。マラルメに言わせれば、舞台で行われる舞踊は、本来的な意味での「踊り」ではない。「踊り」では踊る当事者の身体的快感が問題なのだから、観客の視線に対して見せるバレエは、踊りではない。バレリーナは、自分の体で、舞台上に、想像力の深層に潜む基本的な形——花、盃《さかずき》、剣など——を書いていくのだ。その意味で、バレエは読み解かれるべき秘密の「象形文字」なのである。アルトーにとってのバリ島の踊り手たちは、より歴然と秘教的な意味で「象形文字」であり、その姿・形、飾りや運動には、宇宙の呪文が書き込まれ、生きているのであった。

第三には、幾何学的に厳密に作り上げられたこの踊りと音楽が、「押し寄せてくる物質の波濤」にも似て、「自然の持つ、突如混沌へと回帰する力」を顕現するという、その形而上的な作用である。ここで「形而上的」とは「自然的なものを超えた」の意だが、「超自然」という語の持つ月並みな効果を避けて「形而上的」といったのである。実際、アルトーにとっての「超自然」は、あくまで物質的な根を保っていなければならなかった。精神とは肉体の問題なのであり、精神の作り直しは肉体の作り直しによる。世紀末からヨーロッパで流行したオリエンタリズムの中には、漠とした神秘性と曖昧な官能性の所産としての神秘主義があったが、アルトーの求めているのは、その手の「宗教性・精神性」などではなかったのである。バリ島の音楽と踊りの、あまりといえば身体的な衝撃は、まさにアルトーの期待に応えるに十分なものであった。

この「神話的混沌」のヴィジョンは、積極的で具体的なアナルシーの要請となって、時を経ずして「残酷の演劇」のヴィジョンに結晶する。「残酷演劇」の宣言文と「残酷についての手紙」が激しい口調で主張するプログラムは、要約すれば、「言葉によらず、叫びと仕草によって、生の作り直しを果たすような、必然の力の氾濫する舞台」である。すでに書かれた戯曲を演じるのは、生命から益々《ますます》遠ざかるばかりであるから、まずやめなければならない。少なくとも、分節された単語に先立つような言葉を発見しなければならないし、そのためには少なくとも言葉の使い方を変えることが求められる。ただ書かれただけの意味しか表さない言葉など、演劇にとって何の意味があろうか。言葉の身体的な位相が注目され、こうして言葉は叫びへと引き裂かれる。しかしそれは、必然的なものでなければならない。身体的な所作にしても、日常的行動の多かれ少なかれ様式化された類のものでよいはずがない。もちろん、すでに堕落した制度として確立したバレエやパントマイムの身体行動ではなく、バリ島の踊りのように、始原の力を失っていない厳密なコードを発明しなければならない……。アルトーが、自己の芸術的主張を実現すべく、一九三五年に演出・主演した『チェンチ一族』は壮絶な失敗に終わる。アルトーの幻視者的な演劇のヴィジョンが見直されるのは、第二次大戦後の前衛的な運動においてであった。

2　東洋のレッスン

劇作術と演出

事は異文化との接触に限らないが、何かに衝撃を受けて、それが創造行為の上で直接の痕跡を残すとは限らない。痕跡が見つかったからといってその衝撃が大きかったといえないのも同様である。

特に演劇のように、その表現に複数の領域が関わるジャンルでは、例えばある戯曲を読んで別の戯曲を書いた時に検証し得るかも知れない「影響関係」では、事はすまない。書かれたテクストとテクストの間ではない、位相の異なるテクスト間の対比をしてみなければならないからだ。

その点で、アイルランドの詩人で、フランス象徴派の洗礼を受けて出発したイェーツのように、翻訳された能のテクストから、自分なりに能に匹敵するような民族の伝説を主題にとった戯曲を書く場合は別である。アイルランドの英雄クーフリンを主人公に、イエーツは『鷹《たか》の井戸』を書くが、当時手に入る情報によって能の舞台を想像し、それが実はかなりフランス象徴派の理論に見合ったものだとしても、やはり舞台を見ないことには類推の余地がなかったろうし、また戯曲に還元した能というもの自体も問題である。ブレヒトが能の『谷行《たにこう》』から教育劇『イエスマン』と『ノーマン』を書いたのも同様である。出発点はアーサー・ウェーリーの英訳だとされるが、能の持つ舞台技法を、その本来の作用と切り離して使うという作業はできたであろうけれど、実際に『谷行』の舞台を見てしまうと、両者の関係を測るのは、ほとんど知的なゲームの様相を呈する。

その点、クローデルの場合は遙に複雑である。とにかく、あの水準で、あれだけの能体験をし、かつあれだけの文章を書いた欧米の劇作家は後にも先にもいないのだから、クローデルの劇作にそれが影を落とさないはずはないと考えるのが人情である。しかし、一つには、クローデル自身が告白しているように、大正年間に日本に滞在した劇詩人は、その創作の軌跡からいえば、ほとんど終着点に差しかかっていた。集大成的な長編戯曲『繻子の靴』は、すでに書き始められていたし、その基本的な構想や書き方にどのような変化が現れたか。もちろん、日本滞在以降の作品、つまり『クリストファー・コロンブスの書』（一九二七年）とか劇的オラトリオ『火刑台上のジャンヌ・ダルク』（一九三五年）などには、日本演劇の刻印を見いだすことは容易である。

それにもかかわらず、「日本の能に倣った」というオラトリオ『知恵の饗宴《きょうえん》』（一九三四年）は、全くクローデル的な発想であり、逆に小品の『アテネの城壁の下で』（一九二七年）に能の技法が透けて見えるのだ。

極めて現場感覚の強かったクローデルは、技法的に面白いと思ったものは、すぐに取り入れる傾向があった。たとえば歌舞伎については、能ほどに刺激的なテクストを書き残していないし、『朝日の中の黒い鳥』の「歌舞伎」と題するエッセーも、「能」「舞楽」そして「文楽」と比較してさえも、問題を正面から取り上げることを殊更に避けているように見える。むしろ、ワシントンの大使としてアメリカに移ってから、すでに触れたイエール大学での「劇と音楽」と題する講演で、歌舞伎に対する「芝居のプロ」としての興味を語っている。しかし劇と音楽の関係といっても、マラルメの「ワグナー論」のように——もちろんそれは意識されているが——形而上学的な瞑想《めいそう》ではなくて、極めて技術的な局面に限られている。つまり、歌舞伎における「ツケ打ち」「柝《き》」「竹本」「下座音楽」など、西洋演劇における劇場音楽の考え方と根底的に異なる音楽の使い方を絶賛しているのだ。

そこには、世紀末以来、というか特にマラルメ以来、劇作家・詩人を悩ましてきた「ワーグナー楽劇」の見事な代案を見つけて、満足しているクローデルを見ることができるのであって、事が技術的であるからといって皮相的であるとは決めつけられない。「劇的出現」や「劇的クライマックス」を用意し、その強度を高めるツケ打ちや、竹本の浄瑠璃・掛け声・太棹《ふとざお》三味線のダイナミックな効果。あるいは下座音楽が、劇の背景で「持続する時間」を暗示することなど。確かにオーケストラの君臨と、書かれた音楽の圧倒的支配のもとで発想される音楽劇では、劇作家のフラストレーションは募るばかりであり、ダリユス・ミヨーという年下の友人を相手にしても、それは変わらなかった。

いわば演出上の工夫である。見たものをすぐ使うという意味では、たとえば『繻子の靴』三日目で、ドニャ・プルエーズの夢に守護天使が現れ、愛するロドリッグから死を受け取ることだけが二人の救霊の道なのだと説得される場面で、守護天使はプルエーズを釣り糸の先に捕えているという比喩を使う。しかしこの比喩は、舞台上の演技として表されてもいて、プルエーズが愛する男に引かれて守護天使から離れようとすると、目に見えぬ糸が延び、それを守護天使が引き止め、手繰りよせるのだ。これは、クローデルが一九二二年（大正一一年）に帝国劇場で見た歌舞伎の幽霊の「連理《れんり》引き」の応用に違いなく、技法が演技の意味に繋がった例である。

『繻子の靴』四日目は、地中海のバレアレス諸島の沖合に、スペイン国王の宮廷が、文武百官、船を連ねて浮かんでいるという設定であり、四日目の場面を海上に設定することと自体は、当初から決まっていたと考えられるが、しかし、壊滅直前のスペイン帝国を船上に集め、そこに老残の、しかも片足を失った英雄とその娘を登場させるという趣向は、『景清』と『平家』に想を得たと言えないこともないだろう。更には、二日目の終局、つまり愛しながら地上の端と端に引き裂かれている恋人二人の情念が一塊の黒い影となって、アフリカの白亜の壁に映る「二重の影」や、二人を眠りのなかで包み込む「乳の海」である「月」の一人語りは、書かれた時期としてはちょうど『女と影』を発想した時に重なる。一般に、日本へ来てから書いている「二日目」以降には、「オリオン星座の姿をとる聖ヤコブ」のような超現実的な表象が、単に叙情的な、あるいは幻想的な役割ではなく、劇の垂直方向を指し示す重要な役割として登場している。「夢」と並んで「追憶」が重要な劇の場となるのも、クローデルとしてはこの作品においてであり、たとえばミシェル・ルボンの『日本文学詞華集』で知った百人一首の中からは、関白道綱の母の「嘆きつつひとり寝る夜のあくる間は、いかに久しきものとかは知る」や、「和田の原八十島かけて漕ぎいでんと、人にはつげよ、海女の釣り舟」が、劇的な仕掛けとしての追憶との関係で効果的に使われている。

クローデルにとって、能は記憶の再臨の劇であった。台詞・演技と歌・踊りと音楽が一体となった「全体演劇」として発想された『クリストファー・コロンブスの書』は、バイヤドリッドの旅籠《はたご》屋で、死を待つ老残のコロンブスが、「解説役」の読む「書物」によって、自分の生涯の劇が演じられるのを見、その意味を解き明かされるという構造である、ワキである「解説役」と、いわば前シテである老コロンブスと、後シテである「劇中のコロンブス」という関係は、明らかに能の置き換えである。劇的オラトリオ『火刑台上のジャンヌ・ダルク』も、ルーアンの広場で火あぶりになる死の直前のジャンヌが、ドミニック神父の読む「書物」によって、自分の使命を聞かされるという構造であり、複式夢幻能の「時間的遡行構造」を、近代性の想像力の限界内で生かしたものといってよいだろう。

文楽あるいはブレヒトのレッスン

日本で実際に舞台を見て、そこから何らかの発想を引き出した作家として、最後にやはりロラン・バルトの「文楽論」に触れない訳にはいくまい。

バルトについては、すでに「第4章　演じる者の系譜」で触れたが、初め国立民衆劇場の運動を理論的に支援する雑誌『民衆演劇』の編集委員として、ブレヒト理論をフランスに紹介する上で重要な役割を担った。日本には一九六六年に初めて来て、日本の虜《とりこ》となり、三度の来日の後で『表徴の帝国』という独自の日本文化論を書いた。この書物を書く過程で、一九六八年に、当時文芸批評の理論誌であった『テル・ケル』に「エクリチュールの教え」と題して文楽論を発表したのである。演劇批評家としての活動は、六〇年代に入って——ということは、構造主義の代表的な批評家・理論家と見なされるようになる時期と重なるのだが——中断していたから、バルトの演劇への回帰という意味でも、またクローデル以来初めての、日本学者ではない作家による日本論としても注目された。

「エクリチュール」は、ここでは一応「書き方」だが、「音声言語」である「パロール」"parole"と対比的に使われていることは頭に置いて置くべきである。一九六〇年代後半の言語についての議論では、哲学者ジャック・デリダの命題、すなわち音声言語は神のロゴスに従属するものであり、「文字言語」などの「エクリチュール」は、それに対して価値転覆的な作用を持つとする考えが広まり始めた時期であり、このような「エクリチュール」の主張は、演劇の領分では、台詞だけが君臨する古典主義演劇や近代劇の原理に対する異議申し立ての作用を果たしたからである。

バルトによれば、文楽において注目すべきことは、ヨーロッパの人形劇とは違って、同じ舞台に、人形、人形遣い、浄瑠璃が三つとも、同じ資格で見えていることだという。つまり、ヨーロッパの人形劇なら、見えているのは人形だけであり、それを操る人間は陰に隠れて見えないし、声もまた見えないところから舞台を支配するものとして聞こえてくる。文字通り人形は声と仕草の二つの次元で、彼を超えた力に操られているだけである。ところが文楽では、そのような人形を操る音声的な仕組みも行動上の仕組みも、人形と同じ舞台の水準に露呈されている。これは、まさしく、ブレヒトが「異化効果」の理論の想を得たロシア・フォルマリズムの説く、「仕掛けの露呈」ではないか。しかも、そのように仕掛けを露呈することによって、三つの表現手段――それを「三つのエクリチュール（書き方）」とバルトは呼ぶ――が、上下関係なく並列されていて、ブレヒトの主張する異化と同化のゲームに適《かな》った構造を実現している。

バルトの文楽論は、その斬新でありつつもレフェランスの確かな観点のために、かなり持て囃されたが、我々日本語を解する観客としては、浄瑠璃の言葉が人形に掛かるという作用を無視するわけにはいかないから、単純には賛同できない。ただ、「見慣れてしまったために見えなくなっている現象を、異化して見えるようにする」というブレヒトのレッスンとしては、聞くに値する議論である。

3　身体性の地平

異形の身体

東洋の伝統的舞台を見たヨーロッパの演劇人が、そこに魅かれたのは、単なるエキゾチズムによるものではなかった。しかし彼らの問題意識には、西洋近代の演劇に対する「反命題」が含まれていたから、現地の演技者や演奏家あるいは観客の、通常の受容態度と異なっていたのは当然だろう。そこには、アルトーの場合に顕著なように、幻視者である詩人の思い込みが強烈な場合もあるが、しかし、現場的な視座がそれだけでより分かりやすいと受け取られるわけではないその落差は、日本演劇について語るクローデルが経験しなければならないことだった。

しかし、彼らの問題意識に共通して認められる一つの主題は、演技者の特異な身体演技であり、それが単に技術のレベルを超えて身体とそのあり方・用い方にかかわっているという考えである。このような問題の対象を身体性と呼ぶならば、「東洋的身体性」が彼らの関心の核をなしていたといえよう。

たとえば、ジャワの宮廷舞踊にせよバリ島の踊りにせよ、あるいは日本の歌舞伎や能・狂言であれ——また、ここでは取り上げていないが、京劇やインドのオリッシ・ダンス、あるいは舞踊劇のカタカリでも同じだが——役者や踊り手は、子供の時から特別な方法で体を作り上げる。踊りの具体的な手法や表現に先立って、まずは踊り手の体ができていなければならない。もちろんそのような体は、単なる身体訓練によってではなく、踊りの稽古を通じて身に着いていくものである。それを前提として、これら東洋の演戯者の表現には、素人目にも明らかな幾つかの特徴がある。

まず第一に、それらの身体行動が、全く日常的なものではなく、その意味では「非日常的な」身体だということである。たとえば、ジャワの宮廷舞踊劇『ラングン・ドリアン』では、二人の女性が野心家のメナ・ジンゴと英雄ダマル・ウランを演じているが、特にメナ・ジンゴの踊りは、日本の歌舞伎で「丹前六法」と呼ぶような、大きく腕を広げ脚を蹴出す動きを見せる。しかもそれらの動きの原則は、これも日本で「なんば（南蛮）」と呼ぶ「左右の手足をそれぞれ同時に出す」原則に従っている。メナ・ジンゴの踊りを見ていると、あまりにも歌舞伎の荒事の所作に似ているので、その起源はこの辺にあったのかとさえ思ってしまう（宮廷の秘舞『スリンピ・パンデローリ』の音楽が、あまりと言えば琉球の曲に似ているのも同じく印象的である）。ジャワの宮廷舞踊の優美至上主義に比べると、バリ島の踊りは、最も優美な『レゴン』ですらも、鋭角的に荒々しい振りは必ずあって、それがアルトーの想像力を掻き立てたのだが、そこではジャワ以上に身体の捉え方・使い方は過激である。バリ島に関する書物には、必ずと言ってよいほど、老女が学齢期以前の小さな子供に、体に直接手を掛けて踊りを仕込む光景の写真が載っているが、この文字通りの身体訓練は、踊りの体を造形してしまうのだから、西洋文明の目には随分と野蛮なものにも映ったであろう。ともあれ、バリ島での体の使い方は、レゴンの腰を突き出し、極端に体をひねった構えにせよ、バリスの肩を怒らし爪先立ちになり、腕の内側に緊張を掛けつつ腕を伸ばし手の指を反らして目をむく、というあの硬直した決まり方にもせよ、正反対の方向に働く力の引っ張り合いによって成立していることは間違いない。これが第二の点である。

同じような体の使い方は、我々に親しい歌舞伎の「見得」にも歴然としている。正反対の引き裂く力は、ここでも「なんば」の関係で体を強度の表現の場としているからだ。『関《せき》の扉《と》』の関兵衛が小町桜の精によって正体を見顕される所などを見れば、それは納得がいくだろう。

虚構の身体

このような観点、つまり身体は文化であるが、それはすべての文化と同じく共有可能であるべきだとして、いわば文化人類学的に演劇における身体性を捉え直そうという試みは、近年は、例えばデンマークの演出家エウジェニオ・バルバ等によって行われてきた。一九七九年以来、彼が主催している「演劇人類学スクール」がそれで、私も最初の二回は講師として参加したが――バリ島のタンパクシリンの人々と付き合ったのもその時であったし、インドのオリッシ・ダンスの一座も常連であった――その成果は、バルバの『俳優の解剖学』などにまとめられている。私自身も、岩波書店の叢書『文化の現在』で報告しているし、その論文は後に『劇場の思考』に収めた。

バルバはイタリア人で、初めポーランドのグロトフスキの弟子として東洋演劇に関心を抱いた。しかし、グロトフスキを取り巻くカリスマ的神秘主義に飽き足らず、また東洋演劇をアルトー末流の多くの欧米人がそうであるように、神秘化して崇《あが》める態度には反発して、東洋的身体性というものを具体的に捉えてみようとしたのである。

バルバに言わせれば、東洋の伝統演劇の俳優たちは、舞台に立っているだけで、特に何かを表現しなくとも、欧米の俳優や踊り手にはない「プレザンス」〔存在感〕がある。その謂れは何なのか。この問いから出発して、バルバは「前表現的な身体」の存在を考えつき、今述べた「正反対の力の引っ張り合い」のような命題に達するのだが、以前から私が提出していた「虚構の身体」も、このような視座からバルバの主題と合致したのである。

確かに、東洋の踊りなどを前に、西洋的身体とは「質的に異なる差異」と見なして、西洋的身体では手に入れることができないという幻想を立てる立場があり、それが東洋の演劇や特に暗黒舞踏に発する「ブトー」に対する評価を支えてもいる。極めて優れたヨーロッパのバレリーナが、現在の振付家の作品はことごとく踊れても「ブトー」は踊れない、といった主張である。それに対して、東洋の踊りも、地球上にあるさまざまな身体技の一つであるとして、それを貪婪に取り込んでいく振付家もいる。たとえばモーリス・ベジャールとインドの踊りがその例であり、ジョルジュ・ドンの忘れられぬ造形となった、シヴァ神のS字型にくねらす体を思い出してみるとよい。

バルバは、神秘主義ではないにしても、より始末の悪いエキゾチズムは排し、同時に、単なる技術借用主義に陥らないようにと、技術と身体の接点を探ろうとした。

私としては、身体の文化があたかも言葉の文化とは独立して存在するかのように決めるのは納得がいかなかったし、また言葉と身体の関係は、これはこれで極めて難しい問題を含んでいるわけだから、バルバの考え方や方法だけでは、私の関心とずれがあることを認めざるをえなかった。

たとえば日本の芸能の場合、純粋にパントマイムであるような表現が主流で、言葉が加わるものは例外だというようなことはないのであり、特に都市型芸能として成立した舞台芸術の場合には、踊りに言葉が付いていない場合のほうが例外である。能の「序の舞」や「中の舞」のように器楽で舞う舞事があれほど肥大した例は他にないのだから、ロマン派以降のヨーロッパのバレエのように、「踊り手は全く言葉を発さず、音楽は器楽による」という原則とは全く異なる発想である。

その能ですら、稽古における謡と舞の比重は、まず謡が圧倒的に重要である。したがって、謡を教えずに舞の型だけをワークショップでやるのはほとんど意味がない。文字通りの型真似に終わるのが関の山だからである。

この点で、一九七七年にバローが二度目の来日をしたとき、観世寿夫と「立ち合い」をするという企画を立てて、青山の銕仙《てっせん》会舞台で実現した折の記録は参考になるだろう。同じテーマで、寿夫とバローが、それをどのように表現するかを対比する試みで、記録映像は残念ながら失敗して、すべての場面が残されたわけではないが、黒のタートル・ネックに黒いズボンの寿夫、白シャツにジーンズのバローのパフォーマンスの一部は幸いにも残っている。この企画については、「第15章　舞台芸術論の現在」で触れる。

こうして、東洋の幻惑は、二〇世紀西洋演劇の前衛に、少なからぬ刺激を与えた。絵画の上でピカソにとってのアフリカ黒人芸術が持った影響に比較しても、決して誇張ではないだろう。ただ、何度も言ったように、身体性も文化であり、文化から言葉を排除したものがより始原的であり、より純粋であるというのは、これも西洋近代の偏見に過ぎない。その上、演劇といい踊りといい、生身の人間が自分の体で表現するものである。その人間や体を、解剖学的な本質に還元して済むとするのも、また一つの近代主義である。文化とは、それ自体、作られつつ動くものではないか。幻想を往復させるだけでは事は済まないのである。

第12章　前衛劇の地平

「前衛」とはフランス語の「アヴァン・ギャルド」“avant-garde”の訳語で、元来は軍隊用語。日本では、一九二〇年代から政治的な用語として使われはじめた。「芸術の先駆的な人物・グループ」を比喩的に指す用法は、フランスでは一九世紀前半から存在するが、しかし、現在使われるような形で用いられるようになるのは、やはり二〇世紀になってからである。政治的な運動と密着した形での「前衛」は、一九一七年のロシア革命と不可分であるが、必ずしも特定の政治的党派や運動とは関係なく用いられるようになるのは、両大戦間からであろうか。日本語では、岩田豊雄や岸田國士《くにお》が一九二〇年代後半に、同時代のフランス演劇の新しい傾向について使ったのが早い例ではないか。たとえば岸田國士は、『近代劇全集』の後書きで、「先駆劇壇」に「テアトル・ダヴァン・ギャルド」とルビを振って、クローデルを代表としている。

すでに「第9章　近代劇とその対部」で触れたように、一九世紀末に、芸術上の革新と伝統的な流派が乖離するのが、二〇世紀が芸術的「前衛」と呼ぶもののはしりであった。二〇世紀に入って、「フォーヴィスム」「キュビスム」「未来派《フユチユリスモ》」「ダダイスム」「シュールレアリスム」「表現主義」と、「〜主義」のつく芸術運動が次から次へと現れるし、演劇の領域でも、これらの運動に関わるか近親的な実験として前衛劇と呼ばれるものが存在を主張しはじめる。しかし演劇の領域で、「前衛的」という名称のもとに広く共有されるような動きないし作風が出現するのは、やはり一九五〇年代の一連の劇作によってである。不条理劇と呼ばれる前衛戯曲がそれだ。

ここで、見取り図として、第二次大戦後の西洋演劇の節目となる項目を要約しておくならば、次のようになるだろう。

まず一九五〇年代は、

①ブレヒト革命つまりブレヒトの理論とベルリナー・アンサンブルの実践が、欧米諸国でモデルとして持て囃される。

②不条理劇の出現、すなわちイヨネスコ、ベケット、アダモフ、ジュネ等の戯曲が、戯曲として前衛、つまり前衛劇として脚光を浴びる。

③民主演劇運動が、両大戦間の試行錯誤を脱して、ようやく広い観客にアピールし、それが演劇の地方分化に大いに与かって力があった。この最後の様相は、舞台芸術への国庫補助の伝統が根強いフランスにおいては重要であって、中央集権的な演劇創造とそれへの助成に対する改革として行われたからである。

一九六〇年代後半は、上記の現象が挫折ないしは行き詰まりを見せた。政治的・文化的に節目となるのは、一九六八年フランスの五月革命に代表される深刻な文化の危機であり、ブレヒト革命の幻想も、不条理劇の衝撃も、また民衆演劇と演劇の地方分化の希望も、根底から批判された。

その結果七〇年代にかけて、舞台創造のプロセスとしては、

①作家殺しつまり劇作家の書いた戯曲を演じるのではないという思考が徹底化し、いわゆる肉体の演劇が、アルトーの影の下で、ポーランドのグロトフスキ、オフ・オフ・ブロードウェイからヨーロッパに来たリヴィング・シアターなどによって主張され、ピーター・ブルックのような演出家もそれに同調する。

②作家殺しは、論理的必然として演出家の廃絶＝集団制作という極端な形に発展する。その輝かしい成功は、一九七〇年代初頭の「太陽劇団」であり、「民衆演劇運動」の新しい展望を示した。しかし、集団制作という方法については、やがてその幻想の部分も明らかにされていく。

③作家殺しとは裏腹のように思えるが、創作劇に代わって古典の読み直しが、演出家や俳優にとって重要な創造的な場となる。ロジェ・プランションからパトリス・シェローまで、ジョルジョ・ストレーレルからピーター・ブルックまで、古典に新しい読みをもって対応することが、演劇人の前衛的スタンスを語ることになる。

④俳優術についてのラディカルな実践的反省が、「肉体の演劇」の廃墟《はいきょ》からの脱出として企てられる。フランスの演出家アントワーヌ・ヴィテーズによる国立高等演劇学校の改革は、その芸術的な面とともに制度的な様相を語ってくれる。

これらのプロセスと密接な関係において、一九七〇年代後半から八〇年にかけて、①地方演劇センターは、文化官僚による行政優先の不活性の危機を脱して、若手の演劇人の拠点となる。単なる貸し小屋ではなく、舞台創造の核となる劇団と独自のプログラムを持ち、かつ多くの場合若手養成機関（俳優学校、舞台美術学校、バレエ学校など）をも備えるに至る。

②西洋一九世紀の舞台芸術の記念碑とも言うべきオペラの新演出は、従来のオペラの演出家によるのではなく、「言葉の演劇」の演出家がオペラに進出することで果たされた（バイロイト祝祭劇場一〇〇年祭は一九七六年）。それは前頁③の「古典の読み直し」と一連の現象であり、また空前のオペラ・ブームと重なる。

③オペラと並んでバレエあるいはダンスが、舞台芸術の最も前衛的なコアとして存在を主張する。

以上は主としてフランスの例だが、ヨーロッパ全体に通じる様相が多いので敢えて書いた。

一九七〇年後半からは、演出にもいわゆるポスト・モダンあるいは脱‐構築の美学が広まりだすが、それらはしばしば極端に知的な遊戯に終わることも多かった。

日本でも、一九六〇年末から一九七〇年前半にかけてのいわゆる「アンダー・グラウンド演劇」(略して「アングラ演劇」)は、同時代の西洋世界の変革に拮抗《きっこう》するものを持っていたが、一〇年足らずで変質した。

1　ブレヒトとアルトー

ブレヒト効果

過去半世紀近い演劇における前衛の様相を考えるとき、どうしても二人の人物がそこに大きな影を落としている。ドイツの劇作家であり演出家であったベルトルト・ブレヒト(一八九八—一九五六)とフランスの詩人・演劇人アントナン・アルトー(一八九六—一九四八)である。

このように生没年を書くと、二人が正確に同時代人であることが分かるが、その生涯も活動も対照的である。二人とも両大戦間に演劇人としての活動を始めており、アルトーが精神疾患の理由で精神病院に強制収監されるのは一九三七年だが、ブレヒトもすでにドイツから亡命しており、四年後にはナチの迫害を逃れてアメリカに渡る。アルトーが直腸癌《がん》で死ぬ直前、アルトー自身の声によるラジオ番組「神の裁きと訣別するために」が放送禁止になる一九四八年は、ブレヒトにとっては東ドイツへ帰国する記念すべき年となる。翌年には、ベルリナー・アンサンブルを結成している。

一九五〇年代前半のヨーロッパ巡業によって国際的な名声を博すことになるブレヒト——最初のパリ公演は一九五四年——が、政治的・思想的な前衛性と芸術上の前衛性をあわせ持つ例外的な演劇人として持て囃されたのは、「ジュダーノフ批判」に集約的に表現された芸術上のスターリニズムに対抗しようとする西側の左翼知識人・芸術家の反応として、自然でもあった。ブレヒトは、劇作家であるだけではなく理論家であったから、その実践とは切り離された形で、理論だけが持て囃されるという不運も味わわされる。名高い「異化効果」の論や「反アリストテレス的演劇」「叙事的演劇」といった概念だけが一人歩きをし、しかも悪いことには、イデオロギー的議論と絡んで「理論的テロリズム」の相を呈した。本来、演劇の因習を破り、演劇行為を活性化するはずの仕掛けが、教条主義の砦を生んだのである。その教条主義のテロルの下で、退屈極まりない「ブレヒト流演劇」が氾濫したことは、多くの批評家も認めるところである。かろうじてストレーレルのような職人的な才能の持ち主だけが、ブレヒトの亡霊を祓うことができた。

とはいえ、一九五〇年代から六〇年代初頭にかけて、ブレヒトの主張は広く流布されたから、その主要なものについては、触れないわけにはいかないだろう。ここでは、異化効果と演劇の批判的作用、そして叙事的演劇の手法について簡単にみておく。

ブレヒトといえば必ず引かれる「異化効果」。ドイツ語で“Verfremdungseffekt《フェルフレムドゥングスエフェクト》”略して“V-effekt《フェー・エフェクト》”は、元来ロシア・フォルマリズムのシクロフスキーが主張した「オストラネーニエ」に由来し、異常化の意である。つまり、日常的に見慣れたものを、見慣れぬ光景に仕立てる手法で、フランス語では普通“distanciation《ディスタンシアシオン》”〔距離化〕の訳語を当てるが、必ずしも適切ではないとする論者も多い。ただ、フランスにおけるブレヒト紹介者——しかも当時は非常に戦闘的な理論家——であったロラン・バルトが、ブレヒトの主張に「記号学」の素描を見たことは思い出しておくべきだろう。文芸批評家のモーリス・ブランショも、その優れたブレヒト論「ブレヒトと芝居嫌い」で、「距離」とは意味を成立させる記号の二つの面である“signifiant《シニフィアン》”〔「意味するもの」つまり記号の感覚的な表層〕と“signifié《シニフィエ》”〔「意味されるもの」つまり意味の内実〕の結びつきを切り離すことで、記号に対する読み手の批判的意識を常に目覚めさせておく技法だとしている。読み手は単に観客のみならず、まず演じる俳優自身であって、俳優が無批判に役に同化することで事足れりとする伝統的な俳優術の批判でもあった（たとえば、社会主義者にとって資本家は悪である以上、それに無批判に同化することは倫理的に許されないはずだから）。

異化はまさに同化の反対である。アリストテレス以来の「ミメーシス論」が、演技についても劇作についても、舞台効果についても観客の受容態度についても、大前提としていた「同化の原理」を根底から覆そうとする戦略的な思考であった。

この異化効果を生み出すためには、これもロシア・フォルマリズムの主張であった「仕掛けの露呈」の技法が動員される。例えば、俳優が登場人物（役）の下に完全に隠れてしまうのではなく、常に演技者と役の間に距離があることを舞台上で露呈しておくのだ。「第11章　東洋演劇の幻惑（二）」で取り上げたバルトの文楽論「エクリチュールの教え」は、まさにそのような「仕掛けの露呈」の典型、しかも芸術的に成功した見本として引かれているのである。西洋の人形芝居のように、人形遣いも語り手も舞台額縁の外にいて、観客には見えないという構造とは異なり、文楽では人形遣いも浄瑠璃・三味線も、人形と同じ資格で舞台に姿を見せているからだ。

あるいは仮面のような仕掛けも、ブレヒトにとっては、呪術的にその下に役者が消えるためにあるのではなく、演劇の虚構性というか「虚偽性」を、常に観客に示しておくために他ならない。

劇作術的にいえば、ブレヒトが「反アリストテレス的演劇」として主張する「叙事的演劇」は、劇の展開の線構造を、「ソング（歌）」や「字幕」で絶えず中断しつつ、観客の批判精神に訴えかける。ここでも劇的虚構と舞台表現がぴったり重なりあうのではなく、常に一種の余白によって、虚構自体を括弧に入れるのである。

それは、見慣れた光景が実は異常な光景なのだと自覚させることだと書いた。その意味では、社会が人間に押しつけ受け入れさせている文化という「第二の自然」を、その欺瞞《ぎまん》性において暴露しようとする企てでもある。それは演劇人ブレヒトの革命的な企図であったが、しかし、ブレヒト自身も言うように、「異化の演劇は同化の演劇の完成の上に」築かれるのであって、単に観客を白けさせるだけが異化効果ではない。それに、重要なことは、舞台上の現実がまやかしのものであることを承知の上で、それをあたかも自然であるかのように振る舞う演劇的欺瞞というものに敏感になることだ。「まやかし」は「まやかし」として提示すること。その上で、その「まやかし」が本物以上に本物に見えるならば、それは芝居の業《わざ》というものであるし、このスリリングなゲームさえもブレヒトが禁じているわけではない。バルトが「ブレヒト的批評家の役割」や「舞台衣装の病」で書いたベルリナー・アンサンブルの舞台作りの巧みさ——例えば、生地や質感を重視した衣装や小道具を、抽象的なグレーの地がすりの上に置くなど——それはブレヒトのレッスンの身体的な様相として、思い出しておくべき様相である。

アルトーの影

死の直前のアルトーの異形な音声的パフォーマンスは、幸いにも残された録音によって聞くことができる。晩年のアルトーの全身を挙げての叫び。それは「舌語」

“glossolalie《グロソラリー》”と呼ばれるが、アルトーは現代の役者は叫ぶことができなくなっているといって、大きな木の切り株に、呪文の如き音節を叫びつつナイフを突き刺すことを繰り返したという。それは同時に、誕生に先立ってすでに悪意ある神によって奪われている身体を作り直すことでもあった。

ブレヒトの知的な情熱とは正反対に、始原の生を求めて、メキシコのタラフーマラ族のもとにペヨトルの魔法を学びにいくとか、聖パトリックの秘蹟を求めてアイルランドへ旅をするとか——その帰路、船から降りる前に精神疾患と判断されて収監されるのだが——アルトーは『演劇とその分身』が刊行されるのとほぼ同時に、社会から抹殺される。その叫びは、ジャン＝ルイ・バローやロジェ・ブランといった限られた若い演劇人に届いただけであり、アルトーの書いたテクストが広く読まれるようになるのは、一九六〇年代に入ってからである。まさに人々が幻想の「ブレヒト革命」に倦《う》み始めた時期であった。

ただ、人々は、アルトーのあまりに過激な主張にたじろいで、分節言語によらない叫びと身体だけで作る演劇へと初めから向かったわけではなかった。そこには、ジュネも批判する通り、パリのスノッブな前衛的社交につきものの軽薄な東洋趣味が邪魔をしていたということもあっただろう。バリ島の演劇は、アルトーの幻覚と一つなのではないか。言い換えれば、アルトーの幻覚はバリ島と同じくエキゾチズムの表象に過ぎないのだろう。それに一九五〇年代のパリの劇壇は、バローやヴィラールの活動を除けば、商業劇場もコメディ＝フランセーズも、安穏な繁栄を享受していた。一九五〇年に初演されたルーマニア生まれのイヨネスコの『禿《はげ》の女歌手』の失敗と、一九五三年に初演されて大評判になったアイルランド人ベケットの『ゴドーを待ちながら』は、長いことフランスの演劇界に欠けていた「前衛劇」というものの出現であった。「五〇年代前衛劇」である。

2　不条理劇

不条理劇あるいは戯曲の前衛

ウージェーヌ・イヨネスコ（一九一二―一九九四）も、サミュエル・ベケット（一九〇六―一九八九）も、フランスにとっては外国人でありながら、フランス語で戯曲を書いて一時代を画したという点で、正統的な伝統に対して、前衛がいかに外部の発想を起点とするかのよい見本である。イヨネスコの処女戯曲『禿の女歌手』は、一九四八年に書かれ「反《アンチ》‐戯曲《ピエス》」と題されたが、『アシミル英語会話』に読まれるような、「イギリス風の家庭のイギリス風の夕食の後のイギリス人夫妻」のあいだで交わされる徹底的に日常的かつ即物的な言葉のやり取りが、言葉の意味作用を喪失して、まったくナンセンスな音の散乱となり、登場人物をも解体してしまう。アリストテレス以来、劇に不可欠なものとされてきた登場人物と劇的物語＝筋が解体され廃絶されてしまい、舞台上には文字通り意味を失った「ノン・サンスな」演技だけが存在する。人間の実存を不条理なもの、つまり神の摂理や古代の運命といった筋道の立つ理法はまったくなく、ただ意味を欠いた偶然に支配されるものとして捉え、そのような世界の内部で人間が自分自身をいかに選び取っていくかという観点の劇作なら、一時代前のサルトルやカミュの実存主義演劇が主題とした世界観である。しかしイヨネスコの劇では、そのような哲学的な主題が論じられるのではなく、実存主義演劇――サルトルにならっていうなら「状況の演劇」――が主題としたような人間存在の不条理＝ノン・サンスそのものが舞台上に君臨する。大雑把にいえば、それまでは劇作の内容であり主題でしかなかったものが、劇作の形式そのものになったのである。

アルトーが引かれるのも、この文脈においてであった。確かにイヨネスコの「反－戯曲」は、まだ戯曲という形を取ってはいるが、そこで発せられる言葉は、従来の台詞のように、人物を作り上げてはいかない。意味を失ってただの音声にまで還元されたこれらの言葉は、アルトーの主張する「分節言語の使い方を変える」とか、「舞台上の空間的に存在する言葉」を思わせるものであった。次作の『授業』（一九五一年初演）が、言語学の教授とその女子学生のあいだで演じられる言葉の殺戮《さつりく》ゲームであり、言葉の殺戮ゲームは女子学生の文字通りの殺戮によって終わるのも、作者の演劇における言語の捉え方をよく物語っている。言葉は意味作用を失ったために、舞台上で物理的な力となり、人物たちが虚構の存在を解体されたが故に、俳優たちは舞台上で演じることによってのみ存在する。いわば演劇の存在そのものが舞台の形式であり内実となったのである。実存の演劇が解体されて存在の演劇が露呈したともいえる。

遅れてきたシュールレアリスムもどきの悪い冗談を思わせなくもないイヨネスコの初期戯曲に比べると、ベケットの『ゴドーを待ちながら』は大きな反響を呼んだ。そこには、初めジョイスの秘書であり、ついでパリの高等師範学校英語教師としてパリに住み、『モロイ』『マーローンの死』（共に一九五一年）といった、次第に肉体的荒廃のなかに埋没していく奇妙な語り手たちの物語の作者としても知られていたという事情もあったであろう。その処女戯曲『ゴドーを待ちながら』は、一九五三年一月に、パリのバビロン座でロジェ・ブランの演出・主演により上演されて、賛否両論沸騰するなかで三〇〇回の上演記録を作った。当時すでに劇壇の重鎮となりだしていたジャン・アヌイは、「サーカスの道化の演じるパスカル」という意味の評を書いて絶賛した。

舞台は、来るか来ないか分からないゴドーという謎の人物を、荒野で待つ二人の浮浪者の「ゴドー待ち」である。ここでは主題は、「待つ」という行為だけである。しかし、その行為を舞台上で成立させるためには、待つ間を何かで埋めなくてはならない。そこで、二人はサーカスの道化よろしく、さまざまなごっこをする。まさにパスカルが『瞑想録《パンセ》』で説いた「人間の条件」ともいうべき弱点である「暇つぶし」が、舞台の上で行われることの実体となる。奇妙な「主人と奴隷」であるポッゾとラッキーの登場。ポッゾの命令で「考える」という演技をするラッキーの言葉は、一見科学的な用語の連鎖であるが、脈絡を全く欠くノンセンスの言説であって、ベケットの書いた戯曲のみならず、この時代の言語の解体の演戯として絶品である。主人と奴隷が退場した後、ゴドーさんから遣わされたという少年が現れ、ゴドーさんは今夜は来られないが、明日は必ず来る、と告げて消える。第二幕は、同じ人物たちが、一層肉体的にも精神的にも荒廃した姿で、同じごっこ芝居を続ける……。

小説家のロブ＝グリエが指摘した通り、この作品では、演劇の最も基本的な行為、すなわち「そこに居る」という行為だけで劇が成り立っている。死に瀕していても、道化たちはそこ、つまり舞台に居て、演じている限りは存在していられるのである。先に初期イヨネスコの作品について「存在の演劇」といったことは、ここでは哲学的な地平を伴って明瞭となる。それは演劇の存在の最低限のレヴェルで、まさに演劇の存在そのものを再発見した存在論的な演劇なのである。

当時、これらの前衛劇には、イヨネスコの戯曲の副題もあって、「反‐演劇《アンチ・テアートル》」という呼び名がなされた。ロブ＝グリエ、ナタリー・サロート、ミシェル・ビュトール、クロード・シモンなどの「新しい小説《ヌーヴォー・ロマン》」が「反-小説《アンチ・ロマン》」と称されたのと軌を一にしている。しかし、マーチン・エスリンの『不条理演劇』（一九六一年）が、これらの劇作を「不条理の」という言葉で括って以来、「不条理劇」という呼び名が定着した。このなかには、当初からその書き方においてイヨネスコ、ベケットと並び称されたアルチュール・アダモフ——彼もロシアからの移民であった——をはじめ、ロベール・パンジェ、あるいはピンター、オルビーなどのアングロ・サクソンの作家、更にはスペイン人でフランスに定住したアラバルなどの劇作も含める。また、ジャン・ジュネのように、劇作家としてのデビューは彼らより早いが、さまざまな理由で舞台の事件となるのが遅く、一九五〇年末から一九六〇年代にかけて熱狂的な評価を受けるようになる劇作家も、手法は異なるが、前代の「実存主義演劇」とは歴然と異なる発想と書き方であるから、これらの前衛劇と共に論じるのが普通である。その場合、いささか狭い「不条理劇」よりは、時代区分を借りて、「一九五〇年代前衛劇」と称するほうが適切である。

ジュネあるいは「演劇の上に立てた演劇」

ジャン・ジュネ（一九一〇—一九八六）は、娼婦の私生児としてパリに生まれ、思春期を過ぎる頃から、泥棒や男娼として社会の法の外部を生きる放浪生活を続けたが、三二歳の時に刑務所で書いた詩篇『死刑囚』がコクトーなどの認めるところとなり、次いで自伝的色彩の濃い小説『花のノートル・ダム』『薔薇の奇跡』などで、豪奢で猥雑な異形の言語世界を築く作家として一部の芸術家に高く評価された。終身禁固刑になる直前に、コクトー、サルトル等の陳情で、大統領の特赦により自由の身となり、以後は創作に専念するが、サルトルの膨大なジュネ論『聖ジュネ――役者にして殉教者』によって自分の深層まで分析されたと感じたジュネは、しばらく物が書けなくなる。ジュネが作家として復活するのは、『女中たち』の再版のために、「ジャン＝ジャック・ポーヴェール宛の手紙」（一九五四年）を書いて、劇作への転身を宣言してからである。

その処女戯曲『女中たち』は、一九四六年に、当時パリ劇壇の大御所的存在であったルイ・ジューヴェの依頼で書かれ、翌四七年にジューヴェのアテネ座で初演されるが、評判は芳しくなかった。劇作家ジュネの評価は、初めニューヨークやロンドン、あるいはベルリンで高かった。最初の長篇戯曲『バルコン』は、一九六〇年に、パリのマリー・ベルのジムナーズ座で、気鋭のイギリス人演出家ピーター・ブルックの演出で初演されたが、これも成功とはいえなかった。パリでは、前年の一九五九年に、ベケットの演出家でありアルトーの若い友人として知られたロジェ・ブランが、新作『黒人たち』を、黒人劇団で初演して大成功を博し、以後、ジュネの戯曲はさまざまな演出家が、さまざまな国で上演して、前衛劇の古典というに相応しい評価を得ている。

『女中たち』はすでに本書でも取り上げているから説明は省くが、奥様の留守中に二人の女中が「奥様と女中ごっこ」を演じているところから始まる。今夜は妹のクレールが「奥様」を演じる番で、姉のソランジュが「女中クレール」を演じている。この「ごっこ芝居」は、女中たちが奥様に対して抱く愛憎の情念を肥大して表現し、最後は奥様絞殺に至るという筋書きだが、いつも結末まではいかないように仕組まれている。女中が奥様から感じる眩惑《げんわく》も、またその眩惑の光源である奥様の美しい身体への憎悪も、ごっこのゲームによって極端なまでに肥大し、かつ誇張された表現を取る。

この点について、ジュネは、一九五四年の名高い「ジャン＝ジャック・ポーヴェール宛の手紙」で、西洋演劇の伝統、特に西洋近代劇が「目に見える世界」の再現に汲々《きゅうきゅう》として、真に魂を揺さぶるような舞台を作っていない現状への嫌悪を述べ、「日本や中国やバリの壮麗な祭儀的演劇」への憧憬を語る。「能動的に働きかけてくる象徴が深く錯綜しているような芸術」「その象徴が、何もあからさまに表現はされていないがすべてが予感されるような言語を、観客に語り得る芸術」などは夢想するしかない。「西洋の俳優はさまざまな記号を担う大きな象徴的記号となろうとはせずに、単に深刻な劇や喜劇の登場人物に同化しようとする」だけだからだ。現在の俳優術を始め演劇作業全体を根底から考え直し、作り直す努力をしない限りは、東洋演劇をモデルにするのは単なる型真似であり、要するに「ヨガに励む一六区の有閑マダム」の域を出ないことも自覚している。したがって、「心理的な約束事で成り立っているだけの登場人物などというものは廃止して、その代りに、幾つかの象徴的記号を獲得しよう」、そのためには「それらの象徴的記号は意味しなければならないものから可能な限り遠ざかっているが、それにもかかわらず意味しなくてはならないものに繫ぎ止められていて、この絆によってのみ、作者を観客に結び付ける」ように仕組むのだ。「舞台上の人物が、彼らの表さねばならないものの隠喩＝メタファーであるようにすること」。このような、記号の操作によって、「朗誦的な調子」を可能にするような「ズレ」を作りだし、「演劇の上に演劇を立てて」みようとしたのだという。

ごっこ芝居によって、いわば鏡の反射の遊戯のように、登場人物の自己同一性――つまり役者の演じている人物が何者であり、何をしているのか――が、常に疑われ脅かされて、役者の演じるイメージだけが舞台に何重にも書き込まれ、また消されていく。最後に残るのは、自分の死によっても演戯を全うしようとする演戯への意志である。卑しまれている女中が、みずからを奥様と見立て、奥様に同化することで、奥様である女中を生贄《いけにえ》に捧げる。悲劇はもはや王侯や英雄によっては演じられない。この世に呪われた者、卑しむべきものとして排除され、人間としての存在すらも奪われている者たちによって、彼らの演ずる〈反‐世界〉のすべてを投入して破壊する〈生贄の儀式〉、そのような〈倒錯した贖罪《しょくざい》〉としてのみ可能になる。『女中たち』の終局、毒入りのお茶を仰ぐクレールに、カタルシスを引き起こす悲劇的アウラが発するのは不思議ではない。

ジュネの反‐世界は、イヨネスコやベケットの抽象的空間に比べると、社会的な意味付けが鮮明であるが、それだけに、ごっこ芝居はスリリングな仕掛けとなる。演劇に復帰して書いた最初の作品である『バルコン』は、高級娼家と革命を組み合わせた野心的な長編戯曲で、舞台となる「幻想館《げんそうやかた》」は、お客が自分の成りたい表象＝イメージに仮装し、そのようなイメージを演じつつ娼婦と性的欲望を遂げるという、性の表象劇場である。しかもこの幻想館の女将《おかみ》イルマは警視総監の情婦であり、ここで警察という権力の中枢と淫売屋という周縁の劇場とが結託して、革命を挫折させるのだが、その目的は、この店の「座敷」のイメージとして未《いま》だ登録されていない「警視総監」のイメージを、英雄的な表象＝イメージとして登録させることなのだ。「御陵《みささぎ》の間」と呼ばれる座敷に、革命派の指導者のロジェが客として初めて訪れ、「英雄＝警視総監」の役を演じつつ、自らを去勢して、勝利したイメージへの復讐とするのだ。『バルコン』冒頭の四場は、「司祭」「裁判官」「将軍」「浮浪者」という社会の幻惑的イメージに同化して性的欲望を遂げるお客と、かれらの相手をして「告解する女」

「泥棒女」「将軍の馬」「サディスティックな女」を演じる娼婦とのあいだで演じられる「演劇の上に立てられた演劇」の典型であり、ジュネの方法叙説である。

日本でも『女中たち』は色々な形で演じられているが、今も触れた「朗誦的な調子」をはじめ、台詞のレベルの変奏が見事かつ複雑であるから、それを身体的に捉えることは容易ではない。それぞれの役は、ジューヴェの初演では、当時の慣習に従って女優が演じているが、ジュネ自身、女優にこだわったわけではない。男三人で演じるケースも多いが、日本における風俗的な色合いを考えて、私の演出では女中二人が男優、奥様が女優であった。

3　「六八年型」演劇

肉体の演劇

世界的に、ほとんど同時多発ではないかと思われるように起きた一九六八年前後の「文化大革命」――その口火は言うまでもなく中国の文化大革命であったが――程度の差はあれ、西欧型の社会で、従来説かれていた「下部構造」における革命では不充分であるとして、文化のレベルでの変革が求められた。それは大学における異議申し立てをきっかけにするという共通点も持っていたが、しかし学生の叛乱《はんらん》が社会全体を揺るがす規模に発展したか、単なる大学の問題で終わったかは、国や社会によって異なった。

フランスの「五月革命」はさまざまな意味でモデルとして記憶されることになるが、恐らく芸術文化への波及の度合いでも、それは深刻であった。日本では、確かに全共闘の運動のクライマックスであった東大安田砦の攻防戦がメディアを通じて日本中の客間に流れたが、しかし、フランスのように一か月に及ぶゼネストなどという社会不安とは無縁であった。

ともあれヨーロッパでは、一九六八年の危機に先立って、演劇の領域で目立った変革の主張があった。ポーランドのヴロツワフの「実験室劇場」を率いていたグロトフスキの「肉体の演劇」は、ポーランド土着のカトリック的想像力を精神分析的な視座へと繋いで、俳優の身体だけを舞台とする独自の表現を作りつつあった。そこには、チェスラクという、グロトフスキの方法とヴィジョンを文字通りに肉体化した俳優がいたことは大きく与かって力があった。そもそもグロトフスキの上演は、殊更に「覗き見」の構造を逆手に取った場の設定をし、一回にたとえば四〇人の観客しか入れないというやり方であるから、実際に彼の舞台を見た人間は限られているはずで、それが逆にグロトフスキのカリスマ性と神話を肥大させることにもなった。

グロトフスキは、アルトーの「残酷演劇」の主張との類似性を指摘される度に、自分の仕事はアルトーを知る前に始めていたことを強調したし、それは確かなことのようであるが、しかしグロトフスキの仕事が、いかにもアルトーという不可能性の演劇の期待に応えるようにして、アルトーのしるしのもとで受け入れられたことは疑いを入れない。

オフ・オフ・ブロードウェイからやってきたジュリアン・ベックの率いる「リヴィング・シアター」のほうは、逆にアルトーをモデルとして掲げたし、特にアルトーの命題である「残酷」を身体的レベルで文字通りに捉え、例えば『営倉』と題する作品などでは、殴るときは本気で殴るというような残酷を実践した。全裸シーンをはじめとする観客に対する挑発も同じであって、六〇年代のパリの劇場でも許容限界すれすれの危険な行動を取っていた。

アメリカやイギリスなどとは違って、学生演劇というものが文化的に公認されていなかったフランスで、世界学生演劇祭をナンシーで開いたのは、後に社会党政権の文化大臣となるジャック・ラングである。このナンシー演劇祭は、ロバート・ウィルソンも寺山修司も鈴木忠志も紹介したという意味で歴史に残るだろうが、当時、つまり一九六七年頃にナンシーで演じられる学生劇団の舞台には、ほとんど全裸で出てきて絶叫し身を捩《よじ》るという態《てい》の、グロトフスキやリヴィング・シアターに倣った残酷演劇が多かった。

書かれた戯曲の廃止、分節言語の廃絶、いかなるコードにも属さない異形な身体行動——「六八年型演劇」と呼ばれる舞台の主流は、こうした形での身体性の特権視によって成り立っていた。すでにロイヤル・シェイクスピア・カンパニーで巨匠の地位を得ていたピーター・ブルックが、イギリスを捨ててパリで、欧米演劇の主流からは離れた中近東やアジア、アフリカの、しかも素人に近い俳優を集めて、「国際演劇研究所」を設立し、合宿生活をしながら、新しい演劇言語を創造しようという、大きな冒険を始めるのもこの時期である。古代ギリシア語、ラテン語、紀元前のペルシア語に加えて、イギリス人の詩人が書いた人工語による詩篇によって、ワークショップを続けながら一つの舞台を作り上げていく。『オルガスト』と題するこの一種の集団制作は、ブルックの新しい顔を欧米の演劇界に知らしめる効果を持った。

既成のコードを超えた身体や言語のコードを求めるとするブルックの言説にも、いささか短絡したルソー主義的始原の幻想が窺えたが、コード化されていない身体といっても、それを東洋の伝統演技などに求めれば、これはこれで厳然たるコードであり制度である。この手のユートピア思考に人々が気づくには、それほど時間はかからなかった。むしろ、すべてをゼロに戻せばよいという安易な革命思想ではなく、より現場の作業に密着した形でのグローバルな変革が求められた。アリアーヌ・ムヌーシュキンの率いる「太陽劇団」が脚光を浴びるのは、まさにこの文脈においてであった。

日本のアングラ演劇——土着的身体の表象

一九六〇年代後半は、日本の演劇にとっても、歴史上稀に見る変革の体験をした時期である。新劇と呼ばれた西洋近代型演劇の不活性に対する批判は、政治的なレベルでいえばすでに六〇年安保の時から始まっていたし、神の如くに崇められていたモスクワ芸術座の日本公演は、ある人々にとっては裸の王様を見せられる思いであった。福田善之は、これらの新しい演劇人の先頭を切って、コンプレックスなしのブレヒト流を実行していたが（『真田風雲録』など）、変革の波は予想されるより早く訪れた。

一方では寺山修司が「天井桟敷」を率いて、オフ・ブロードウェイ的な前衛の手つきで、青森での幼児体験に基づく土着的身体とその想像力の暗部に照明を当てていた。恐らく欧米人の目には、前衛といういイメージに最も適合した表象でもあったから、欧米にいち早く紹介されたのも寺山修司の芝居であった。寺山はまた自身映画制作も行ったから、その意味では、メディアの上での進出も早く、かなり初期からの映像も残されている。代表作『奴婢訓《ぬひくん》』（一九七八年）は、パリの国立シャイヨー宮劇場でも上演された。また、近年も再演されている『毛皮のマリー』（一九六七年）は男娼が美少年を養っているという設定であり、『身毒丸《しんとくまる》』（一九七八年）は義理の母との異常な愛憎と母子相姦の劇である。

他方では、ちょうど学園紛争の直後の時期に、唐十郎の「状況劇場」（通称「赤テント」）と鈴木忠志の「早稲田小劇場」、佐藤信らの「演劇センター68」（以後「68／71」のように年代を入れるが、通称は、唐の「赤テント」に対して「黒テント」）、蜷川幸雄と清水邦夫の「現代人劇場」などが、一斉にアンチ新劇を旗印に活動を始める。後のマスコミが書き立てるような大規模な宣伝もなく、ほとんど口コミを頼りに場所をさがして見に行き、寒空に並んで整理券を貰《もら》い、狭いテントの地面に拡げた蓙《ござ》の上に座って、役者の汗や血潮を浴びながら見るといった、単に芝居作りの面だけではなく、観劇の環境そのものの変更は、当時はやはり衝撃的であった。一時期は、通常の劇場で特に座り心地がよいわけでもない椅子でも、椅子に座って舞台を見るというだけで白けるといった、そんな条件づけまでできてしまったほどである。しかも、この時期には、見物は若者だけではなく、むしろ滝口修造のような「前衛的な芸術家」が好んで悪条件の芝居に出掛けたし、当時二度目の長期滞仏から戻ってきた私自身にしてからが、彼らよりは年上であったが、約二年半にわたって自分の目で見た、フランスとヨーロッパの劇場で起きていたことに見合うような事件に立ち会っているという思いはあった。一九七二年に、当時レカミエ座に拠っていたバローの「世界演劇祭」に、観世寿夫・栄夫《ひでお》、野村万作と共に白石加代子、鈴木忠志を連れて行き、ワークショップをしたり、翌年にはラングのナンシー世界学生演劇祭に早稲田小劇場の代表作『劇的なるものをめぐってII』を持って行ったのも、一連の連帯行動であった。一九七三年初頭にパリの総合雑誌『エスプリ』が企画した日本特集「日本人の語る日本」に、“Le jeu, le corps, le langage——Mythe de l'origine dans le jeune théâtre japonais”〔演戯・肉体・言語——日本の前衛劇における〈始原の神話〉〕と題して総括を書いたのも、私なりの言説による行動のつもりであった。

当時の唐十郎は、一九三〇年代東京の下町のサブカルチャーの表象に、「特権的肉体」と唐が呼ぶ、日本の芸能の記憶に深く結びついている「社会から排除された者たち」の異形な身体性の業《わざ》を重ねて、麿赤兒《まろあかじ》、四谷シモン、李麗仙《りれいせん》に唐十郎自身といった、あくの強い俳優たちの演技が、唐の赤テントという、都会の直中に突如ゲリラ的に出現する母体回帰の空間において、何かしら生まれ出《い》ずる演劇の幻想を与えた（『ジョン・シルバー』連作、『腰巻お仙』など）。

鈴木忠志は、初めは別役実の小品などを演じていたが、やがて名作の断片をコラージュして、演技論の演劇を構成した。白石加代子という異才にめぐまれたこともあって、ここでも近代化が抑圧したか無視した土着的身体を、例えば異端の浮世絵師絵金《えきん》などに見受けられるような、公式の伝統が拒否した猥雑で挑発的なエロチシズムとともに掘り起こすという、身体演技を中心に据えた舞台を作った。

佐藤信とそのグループは、六本木の自由劇場という地下の狭い空間から出発し、『鼠小僧』の刺激的な連作を作り、途中から、唐の赤テントに比べて遙に整備された大型の黒テントによって、都市の内部での演劇ゲリラたろうとした。佐藤信の劇作は、この時期の創作戯曲としては、最も知的な洗練とイデオロギー的なメッセージ性に貫かれていて、その意味でもこの集団は、新劇の最も先駆的な形だと言ってもよいかも知れない。

劇作家が同時に演出家であり、集団の指導者であるという形態が実践されたのも、この時期の前衛劇の特徴であった。演出家ではなかった別役実は早く集団と訣別《けつべつ》するし、「現代人劇場」は、清水邦夫という座付き作者と、蜷川幸雄というリーダー演出家の華麗な共同作業（『ぼくらが非情の大河をくだる時』など）を実践した。

このような演出家主導型の集団は、実は新劇が標榜しながらも、結局は劇団内部から若手演出家が育たなかったことや、マスコミの仕事の増大に応じて俳優の我が儘も増大するといった事情から、実際には空文化していた構造である。かれらより少し遅れて出発した太田省吾とその「転形劇場」の場合も、太田省吾の演劇的な世界の表現を目標として、寡黙な言語行為、緩慢な身体行動といった、一般に行為が起きる原点にこだわった、密度の濃い舞台を造形した（『小町風伝』など）。

このように、一九七〇年代初頭の日本の前衛劇は、多かれ少なかれ身体の問題を特権視したし、それとの関係で、従来の新劇が無批判に信奉した近代劇の書き方や、特に言語のあり方について、鋭い問いを投げかけたといえる。

これらのアングラ演劇より以前から前衛的な活動として注目されていた日本式のモダン・ダンスは、土方巽《ひじかたたつみ》や大野一雄という例外的な才能によって、身体性が脚光を浴びる劇場の事件となった。「暗黒舞踏」と呼ばれる流派の始まりであり、それに対する評価はおくとして、現代日本の舞台芸術のなかでは、欧米に最も知られているジャンルとなっていることは、事実である。

集団制作と新しい民衆的演劇運動

「六八年型演劇」という呼称は、しばしば批判的なニュアンスを以て用いられるが、それは一般に「五月危機」に対する評価の是非とも関係がある。演劇の領域でも、さまざまな「異議申し立て」や「根底的な批判」が、単なるパリのスノッブの遊戯にすぎなかったのではないかという疑い。もっとも、アルトーの呪文の下で、全裸で身をくねらせ、絶叫する態の前衛は、少なくとも西欧のプロの舞台からはすぐに消えた。すでに触れたエウジェニオ・バルバのように、グロトフスキという特殊な才能との出会いに終わらせるのではなく、そこから現場に使える知を再検証しようという態度もその一つである。

アリアーヌ・ムヌーシュキンの率いる「太陽劇団」が、まさに「五月革命」の後で、フランス大革命を題材にした民衆的演劇を、しかも「集団制作」という方法で作って成功したのは、やはり「六八年型演劇」の記念碑として、書いておかねばならないだろう。「集団制作」の方法自身は、文化大革命の影を未だ色濃く受けている、一種のルソー的直接民主主義の理想に燃えているが、その後、いくつかの集団がそれに倣ったとはいえ、本家のムヌーシュキン自身が、フランス大革命シリーズの後ではこの方法を捨ててしまうから、演劇作業のモデルとして定着したわけではない。太陽劇団の『1789年』が、ヴァンセンヌの森の旧弾薬庫を改造した劇場で作られたことはすでに触れた。しかし、いかに国民的叙事詩が素材だとはいえ、単なる「絵入り物語」にせず、舞台・劇場芸術としても画期的であり、同時多発的な演技を可能にする「多形的な」空間の使い方や、劇と観客の関係の変革は新鮮な驚きであったし、しかもその政治的メッセージは鮮明であった。一言でいえば、一九六八年のアヴィニョン演劇祭におけるリヴィング・シアターの抗議行動などによって、ヴィラールの栄光と共に地に落ちた「民衆演劇」の夢を、しかも一つの演劇運動として蘇らせたからである。『1789年』の最も感動的な情景は、「ネッケル罷免」についての道化芝居が終わるや、突然暗闇になった客席——階段座席と平土間である——のそこかしこに散らばった俳優が、自分の周りに観客を呼び集め、初めはひそひそ声で、一七八九年七月のバスチーユ奪取に至る経緯を語る場面だろう。役者がそれぞれ考えた仕方で、思い思いにこの出来事を語るのだが、やがてそれらの囁きは、演説となり、最後はバスチーユ奪取を果たした群衆の歓呼の大合唱にまで高まるのだ。

その直後に設定されている祭りの大道芸の展開も、文字通りの祝祭空間の進入であり、「革命＝祭り」という五月危機の思想に応えているかのようであった。

4　古典の読み直し

古典の読みなおし

「六八年型演劇」が積極的に進めた様相に、古典の読み直しと俳優術についての反省がある。古典が古典であるのは、いつの時代にも新しい読みが可能だからだが、しかしそれらはしばしば、ブレヒトが揶揄したように、「シェイクスピアの着せ替えごっこ」に終わる。ここで問題にするのは、そのようなレヴェルではなく、古典を、それが書かれた時代の文脈と、それを受け取る現代人の想像力の地平との相関的な分析によって、読み直そうとする態度である。フランスでは、ブレヒトの信奉者として出発したロジェ・プランションが、モリエールやマリヴォー、ラシーヌなどで企てて成果を挙げたもので、彼より若いパトリス・シェローも、また彼と同世代だが演出家として認められるのが遅かったアントワーヌ・ヴィテーズにしても、その重要な仕事は、この領域であり、古典のテクストを相手にどのような読みを示し得るかによって、現代の演劇創造の場面で、演出家の姿勢やスタンスの取り方が分かると考えられている。

プランション演出の『タルチュフ』は、二つあるが、日本に紹介されたのは二番目のヴァージョンで、プランション自身がタルチュフを演じている。

プロローグとして引用されるサン・フランソワ・ド・サルの『信仰生活への導き』と、この作品のための定式幕として再現されている同時代のバロック絵画のキリスト像、この二つは、ともに宗教的感情と恋愛の感情の、精神性と肉欲の危うい重なりあいを示すためにある。そして、そのような独特の宗教的感性が可能であった時代にテクストを置き直し、その上でオルゴン氏というブルジョワジー上層部の家庭に起きたドラマを精密に再現してみようという。その時代とは、ルイ一四世の絶対王政がまさに成立しようとする時代であり、フランスという国が「建築中」であることを示すために、古い貴族の城館が町民階級上層部の邸に改造される建築現場とする。その上で、タルチュフの「口説き」に書き込まれている「神への愛と人間の性愛」との二重映しの修辞を、単なる伝統的修辞とは取らずに、タルチュフの恋の実体であり、またそれ故、オルゴン氏のタルチュフへの愛着にも潜在的同性愛を読むべきだという根拠ともするのである。

『タルチュフ』に関しては、アリアーヌ・ムヌーシュキンが「太陽劇団」で行った新演出（一九九五年）のことに触れないわけにはいかないだろう。そこでは、タルチュフの宗教は、「イスラム原理主義」として舞台に表象されているから、この宗教の支配下にある国々とフランスとの緊張関係を考えれば、文字通り「危険な」選択である。しかし、その成果は、ムヌーシュキンに極めてオーソドックスな芝居作りの才能のあることを広く知らしめ、大評判であった。ここにも、現代世界と向き合おうとする一演出家の強い意志を読むことができる。

演技術の変革

「五〇年代前衛劇」を引き継いで「六八年型演劇」が提出した問題の第二は、単なる身体性の特権視ではなく、言葉と身体行動の関係をどのように問うかという点にあった。これは説明するのが容易でないから、例えばフランスでは、国立高等演劇学校の教授として、俳優教育の方法も制度も変えてしまったアントワーヌ・ヴィテーズなどの例を引くに留める。「ヴィテーズ型俳優」などという呼び方が生まれてしまうほど、それは顕著であったが、そこでは、言葉と仕草を、自然に結びついたものとして演じるという従来の発想を逆転し、言葉と仕草は元来別々の意味作用を担っていると仮定して、両者をいったん断ち切って、演技にしていくとでもいったらよいだろうか。これはヴィテーズ自身の指摘にもあるように、ブレヒトの「異化効果」を、文字通りに「異常化」として受け止めた発想であり、言葉という記号と身体行動という記号の存在を、それぞれ別々に浮上させることで、人物の隠された劇に照明を当てようとするものである。

ポスト・モダンあるいは脱‐構築

フランスの哲学者ジャック・デリダの「脱‐構築」の命題を受けて、一九七〇年代以降の建築の領域では、「ポスト・モダン・アーキテクチャー」という技法が持て囃された。一言でいえば、ある表現様式を特権視するのではなく、過去の記憶に存在するさまざまな様式を引用することで、意味空間を宙づりにしようとする企てである。演劇の領域でも、例えばフランスのメスギッシュやドイツのグリューバーなどの手法はそれである。前者の『シェイクスピアのハムレット』と題する「ハムレット読み直し」は、ハムレットをはじめ劇の登場人物たちが、必ず複数人登場して、一種の鏡のゲームを果てしなく繰り返す（当時は劇団の名も「鏡座」といった）。後者の『エンペドクレス』では、ヘルダーリンのテクストは忠実に語られるが、それを語るのは、ドイツ・ロマン派の画家カスパー・ダーヴィド・フリードリッヒの名高い「氷海」をかたどる発泡スチロールの山を登る登山家であり、舞台額縁にはキャバレーめいた電飾が点滅し、しかも下手の別舞台は、廃墟となった駅で、そこで編み物をしている老婆が、最後にその編み物を拡げると、フランスの三色旗になるという趣向である。

先に述べた演技術の変更も、このような脱‐構築の美学に貢献している局面もあった。

第13章　理論と実践――世阿弥の思考

「芝居は理屈じゃない」といった反・知性主義は、インテリの演劇だと思われていた新劇のなかにも根強くて、一九六〇年代末から七〇年代初頭にかけての「アングラ演劇」がアピールしたのは、こうした新劇の動脈硬化に対する批判としてでもあった。もちろん、体で覚える技芸が一般にそうであるように、理屈では説明できない部分や領域があることはいうまでもない。しかし、創成期の人々は、自分たちの生活がかかっている芸能を、磨き、いかに評価してもらうかについて、程度の差はあれ、真剣に考えたに違いない。ただ、それらの反省や思考、あるいはより単純に工夫といったものが、後世に伝わることは少ないし、特に、単なる口伝《くでん》ではなく書かれた形で伝えられることは一層稀である。あったとしても、それらの多くは現場の当事者の言説ではなく、周囲にいる物書きかあるいは後代の学者が記したものである。

西洋世界におけるアリストテレスは、舞台の最盛期から一世紀を経てそれを論じたのであるし、古代世界への情熱を古文書の研究に繫げて演劇理論を打ち出したルネッサンスの人文学者は言うまでもなく、一七世紀フランス古典主義の証人であったボワローにしてからが、まさしく証人ではあるが彼自身が劇場の現場にかかわっていたわけではない。ボワローの公準によってラシーヌ悲劇が書かれたのではない。実作者のコルネイユは、幾つもの重要な論考を残したが、それはほとんど劇作術にかかわる問題に限られていたし、役者・座長・作者であったモリエールは理論闘争よりは実作での勝負を望んだ。論争を好んだラシーヌは、主演女優のラ・シャンメレーによって、自ら新しい朗誦術を編み出したと伝えられるが、しかしその悲劇の「序文」に展開された主張を鵜呑《うの》みにして作品を読めば、作品そのものに裏切られるだろう。一八世紀のディドロは、一九世紀以後のヨーロッパ演劇には重要な影響を持つし、自身劇作にも手を染めたが、劇作家として名声を博したわけではない……。ブレヒトの名が、劇作家・演出家・理論家という役割を兼ね備え、しかもそのいずれにおいても優れていた演劇人として記憶されるのは故なしとはしない。しかし、日本の一四世紀後半から一五世紀前半にかけて活躍した世阿弥の場合は、役者・座長・作者であるばかりか、作曲家・振付家であり、しかも類稀な水準の理論的テクストを残している。恐らく世界の演劇史のなかで世阿弥に匹敵する例はないのではあるまいかと思われるが、それほどグローバルな演劇人なのであった。

1　演劇論としての世阿弥の伝書

演劇を考えるとは

その伝書は、秘伝というような言葉から想像されるような晦渋《かいじゅう》なものではない。あくまでも現場の緊急な問題に対処する答えを求めつつ、しかもその問いを、単にその場限りのものとはせずに、より広く深いレヴェルに適応しうるように、問いそのものを立て直すことを知っている。いかにも問いのたて方にこそ、解の有効性はかかっている。同時に、理論的整合性を求めるあまり、現実から遊離した観念論に陥る愚は、ほとんどの場合に回避されている。現場的な体験と言説化という知的作業が、試行錯誤を繰り返しつつも、常に見事に生産的な緊張関係にあって、演劇を考えるとはどういうことか、そのために必要な操作概念は何か、どのようにしてそれらを作りだしていくのかといった、現在でもそのまま有効な理論的言説操作のモデルを見せてくれる。

世阿弥の伝書

世阿弥の伝書は二〇にも及ぶから、ここでそのすべてに言及することはできないが、それらのカバーする領域は、演技論・俳優論（俳優訓練も）・観客（批評）論・上演論・演出論・能作論・音楽論・舞踊論・劇団論と、舞台芸術のあらゆる局面に及んでいることは言っておく必要があるだろう。

最初の伝書である『風姿花伝《ふうしかでん》』（略して『花伝』）の第三までが成立するのが、奥書から一四〇〇年（応永七年）と考えられるから、世阿弥三七歳。その第七の完成が一四一八年（応永二五年）だから、約二〇年にわたって書かれたことになる。すでに世阿弥は五五歳である。

『風姿花伝』の最後の層と重なるようにして、『花鏡《かきょう》』（一四二四年（応永三一年）奥書）、『至花道《しかどう》』（一四二〇年（応永二七年）奥書）、『三道《さんどう》』（一四二三年（応永三〇年）奥書）という三つの重要な能楽論と、『二曲三体人形図《にきょくさんたいにんぎょうず》』（一四二一年（応永二八年））が続く。

一四二三年、世阿弥六〇歳の前後に、『曲付次第《ふしづけしだい》』、『風曲集《ふうきょくしゅう》』、『遊楽習道風見《ゆうがくしゅうどうふうけん》』といった音曲論、習道論が、次いで能の芸風や位を分類定義した『五位』、『九位』、『六義《りくぎ》』（一四二八年（応永三五年））が書かれ、同じ年、年号が改まって正長《しょうちょう》元年の『拾玉得花《しゅうぎょくとっか》』は、金春太夫禅竹に相伝する。

晩年には、二つの重要な音曲論である『五音《ごおん》』、『五音曲条々《ごおんぎょくじょうじょう》』と、一四三〇年（永享《えいきょう》二年）の奥書を持つ『習道書』ならびに次男元能《もとよし》が書き留めた『世子六十以後《ぜしろくじゅういご》申楽談儀《さるがくだんぎ》』があり、伝書としては、一四三三年（永享五年）の奥書のある『却来花《きゃくらいか》』が最後の筆になる。世阿弥七〇歳であった。『花伝』第三が完成してからすでに三三年。六〇代はまだ現役であった世阿弥が、その半生を伝書によって能を考え抜いた軌跡は、これらの年代からも窺えよう。

すでに能作については「第6章　劇作の仕組み」で『三道』を中心に見たから、ここでは主として世阿弥の「稽古論」つまり演技論・俳優論を中心に、世阿弥の問いの立て方、その解き方のプロセスをみ、その演劇についての思考を追ってみる。

2　世阿弥の稽古論

大和猿楽の「風体」

そもそも世阿弥が担っていた大和猿楽、つまり現在の奈良盆地を拠点とした猿楽はどのような美的原理に従っていたのか。『風姿花伝』第五「奥義に云はく」で、近江猿楽（比叡山延暦寺・日吉《ひえ》神社をパトロンとする）の「風体《ふうてい》」つまり様式《スタイル》との対比において、こう定義している。近江猿楽は「幽玄の境を取り立てて、物まねを次にして、かかりを本と」するのに対して、大和猿楽は、「まづ物まねを取り立てて、物数を尽くして、しかも幽玄の風体ならん」とするのだと。あるいは、「物まね・儀理を本」としていたが、父観阿弥は、みずから曲舞を取り入れた「女物狂い《おんなものぐるい》」の能によって「幽玄無上の風体」と絶賛されたとする。

すでに述べたように、「物まね」は自分ではない人物を演じることであるし、「儀理」は「筋道の立つ言葉」から「言葉の整合性」と「劇的筋道〔展開〕の整合性」を意味すると考えられ、これが大和猿楽の伝統的な演じ方＝スタイルであった。そこに観阿弥が曲舞を取り入れることで、演技全体を「幽玄」なものにした。つまり同時代の美の基準にかなう優美艶麗な様式を成立させたのである。

この大和猿楽の新しい風体、新しい様式に対比されるのが、都ではいち早く喝采を浴びていた近江猿楽の演じ方＝風体であり、そこでは「物まね」に対して「幽玄」であることを第一とし、舞台の演技や効果を美的に洗練することを主眼とした。いわば「幽玄至上主義」であり、劇的内容や劇構造と関係なく、舞も歌もただ優美艶麗であればよいとする。

同じような対比的な意識は、同時代の芸能のうちでは真先に都の評判をかち得ていた田楽についても述べられている。『申楽談儀』によれば、田楽の風体は「はたらきははたらき、音曲は音曲とする」というので、ここでも劇的一貫性や、言葉や歌と身体行動の整合性などは重視されていなかった。

したがって世阿弥にとって演能の根底をなすのは「役を演ずること」であり、しかも「幽玄な効果」を生むように演じることが必須条件なのであった。

『風姿花伝』の第一は、「年来稽古条々《ねんらいけいこでうでう》」と題され、幼少より老齢にいたるまでの役者としての稽古の方法や心構えを論じている。もっともここで稽古というのは、現代において練習とかリハーサルのような意味での稽古だけではなく、舞台で演じることも含まれている。

「七歳」「十二、三より」「十七、八より」「二十四、五」「三十四、五」「四十四、五」「五十有余」と、人生の節目に照応する形で稽古の仕方を分析する。幼少時の稽古は、子供がふと自然にするような長所をうまくつかまえるべきであるとか、「物まね」つまり役を演じさせることは避けて、「音曲・はたらき・舞」だけを教えるようにという忠告は、この時期にすでに世阿弥として、役者の体の基本をどうして作るかをはっきり意識していた証言である。現代からみて説明を要するのは、「十二、三」の項目である。

　童形なれば、何としたるも幽玄なり。声も立つ頃なり。二つの便りあれば、悪きことは隠れ、よき事はいよいよ花めけり。

これは松岡心平が詳しく論じたように、単なる「少年の可憐な美しさ」というようなものではなく、当時の寺社から公家・武士階級まで共有されていた「稚児の官能的な美しさ」を前提としている。入れ元結いに化粧して、眉も剃《そ》ってぼうぼう眉を描き、鉄漿《かね》（お歯黒）をつけるといった女性的な風貌を、少年の体の上に載せるのであり、一二歳で一七歳の青年将軍義満の寵愛を受け、王朝文化の体現者であった関白二條良基の称賛の的となり、藤若の名を賜った少年期の世阿弥自身が、自身生きたところの美の姿であった。『二曲三体人形図』も「児《こ》姿《し》は幽玄の本風」と強調しているように、変声期直前の少年の容姿に特権的な官能美を見いだしていた時代の感性を思い出しておかねばならない。

世阿弥の伝書の言葉遣いの点からいえば、「年来稽古条々」の「十二、三」の「童形の幽玄」が、幽玄という単語が使われる最初であり、そこでは「幽玄」が「姿」についていわれ、「声も立つ」と対にされていることだ。後に書かれた「序」の「うけたる達人」の定義においても、「言葉卑しからずして、姿幽玄」が条件とされているが、ここでも「言葉」と「姿」の対比において「幽玄」は「姿」の修飾に用いられている。やがて世阿弥は、この「幽玄」という言葉を、「姿」ばかりではなく「声」や「言葉」をはじめ演能のすべての様相に拡大するが、少なくともその理論的反省の初期にあっては、「幽玄」といってまず思い起こすのが「姿」つまり「容姿」の美しさであり「身体」の魅力であり、観客の側からすれば役者の体の視覚的な局面であった。ただ、世阿弥は、この頃の花＝魅力は、成長の一時期の特権的な事態なのだから、

「時分《じぶん》の花」であって「まことの花」ではないとする。しかもこの時分の花は長続きはしないのであり、「十七、八」という危機が控えている。「十七、八」が変声期であり、身体のすべてに変化が起こる時期であってみれば、体が財産である芸能にとっては一大危機である。殊に思春期前の少年の体の美しさが切り札であったことを考えれば尚更《なおさら》である。「指を指して人に笑われる」ことがあっても、それを精神的にも稽古の上でも乗り越えなければ終わりである。そして「二十四、五」からの「声と身形《みなり》」という能役者にとっての「二つの果報（成功の手段）」が定まる頃には、再び名声を博することができるし、時には「年の盛りと見る人の一旦の心のめづらしき花」によって、名人上手を負かすことさえありうるが、しかしこの「花」も「まことの花」ではない。「初心」であり、「時分の花」に過ぎず、それを「まことの花」と錯覚すれば、それまで持っていた花も失ってしまう（現代では、能楽堂の舞台に「童形の幽玄」をみることはまずないが、「二十四、五」の若いシテの魅力ならば、可能であろう。狂言の野村武司（現・萬斎）や、若くして宗家を継いだ観世清和などに、このような時分の花を見ることができるからだ）。

「三十四、五」が盛りであり、この頃までに「天下の許され」（評判の確立）を得ていなければ能役者として大成はしないという考えや、「四十四、五」からは身体的な花が失われるのは止むをえぬことだから、自分は控えめな演技をして、若い後継者を育てていくべきだ。しかし、この頃まで失われない花は、まことの花と呼んでいいだろう。「五十有余」となれば、「せぬならでは手立てあるまじ」という認識、それは父観阿弥に五二歳で死なれた世阿弥としては、父のような例外的な役者だけが、見所《みどころ》は少なくなっても「花は残る」と考えるところで止めなければならなかった証言である。この先のモデルはなかったのである（現在では平均寿命も延びているし、また人間の生理的な成長も、またその制度との関係も世阿弥の頃とは異なっているが、たまたま観阿弥と同じ年頃で亡くなった観世寿夫の面影を再びここで偲んでおこう。もちろん、寿夫の場合は、夭折《ようせつ》というに相応しかったのであるが）。

世阿弥自身は、八〇歳まで生きてしまうのだし、五十有余で引退するわけではなかったが、『風姿花伝』を書きはじめた時点での認識はこうであった。

この「年来稽古条々」の考えを貫くテーマは、「時分の花」と「まことの花」の対比であり、また「幽玄」の内実としては「童形の幽玄」を提示することで、容姿の美しさとしての「幽玄」の内実を示し、あわせて、「声と身形」という「二つの便り」が「幽玄」の実現にとって決定的であることを確認する。それは、幼少時の稽古を「舞・はたらき・歌」に限るという視座とも通じるものであった。

「物まね」による範列

「年来稽古条々」が時間軸における稽古論であるとすれば、続く「物学条々《ものまねのでうでう》」は、演じるべき役を基本的モデルである「九体の人体」に還元して論じた稽古論である。能が、筋と人物のある物語を演じる芸能、つまり広い意味での「劇」である以上、いかに舞や謡に優れていても、役が演じられなくては舞台が成立しない。世阿弥にとっては自明のこの原理、つまり能における「物まね」は、通常劇の演技においても根幹をなしているし、世阿弥も「およそ、何事をも残さず、よく似せんが本意なり」と、模倣=同化による「役作り」の原則を立てる。これだけならば、リアリズム演劇にもそのまま通用する主張である。

しかし世阿弥は、同じ「よく似せる」にも対象によって「濃き・薄き」の差があることに注意を喚起する。その選別の基準は、「俗《しょく》であるか・ないか」であり、それを決定するのは模倣の対象、つまりモデルの側である。「国王・大臣」から始まって「公家」「武家」といった「上職」の「品々」や「花鳥風月《くわてうふげつ》の事わざ」は、「細かに似すべし」であるが、「田夫・野人の事」は「細かに卑しげなる態《わざ》」を似せるべきではない。ただ、例外は、「木樵《きこり》・草刈・炭焼・汐汲など」で、これらの「風情にもなりつべき態」つまり伝統詩歌に歌われて詩的な主題となっているような態は、細かに似せるべきだろうという。

「上方のお目」に「面白くない」からやめるべきだという主張。問題は単なる社会的上下関係ではなく、文化的価値のそれであり、よりはっきり言えば、二條良基の説く「俗《しよく》」に対立するものとして「幽玄」が、やがて「第六花修云」以降、『花鏡』『三道』と世阿弥の言説を支える美的基準として強調されていく。

このような「幽玄」を基準とする発想は、模倣の対象あるいはモデルとされる「九体」についても、世阿弥独自のスタンスの取り方の根拠である。

その九体とは、「女」「老人」「直面《ひためん》」「物狂《ものぐるひ》」「法師」「修羅」「神」「鬼」「唐事《からごと》」の九体である。これらはいずれも世阿弥が父観阿弥から受け継いだ分類であろうと思われるが、すでに世阿弥の時点で、九体がそれぞれ同じ重要性を持っていたわけではなさそうである。少なくとも、九体を論じる文章の長さや内容的な質を比べると、世阿弥が重視している人体が何で、さして問題として取り上げていないものは何か、そして世阿弥が自身に立てた問題としてはまだ未解決のものの三通りの系列があることが分かる。重視されているのは「女」「老人」「物狂」の三体であり、重視されていないのは「直面」「法師」「唐事」の三体、問題を孕んでいるのは、「修羅」「神」「鬼」の三体である。

あまり問題にされない「直面」については、「年寄りては見られぬもの」であるとか、「顔けしきを繕う」のも見られないという指摘や、「物狂」の項で「直面」の物狂いが難しいことを述べている点に注目すればよいだろう。「直面」の能は、現行曲では、現在物でシテが男の場合や、夢幻能でもシテが若者であったりする場合に多い(前者の例は『安宅《あたか》』、後者の例は世阿弥作の『敦盛』)。「法師」は世阿弥自身が、「稀なればさのみの稽古いらず」と書いているのだから、実例も乏しいのだが、荘厳《しょうごん》な高位の僧については「威儀」や「けたかきところ」を再現すべきことを述べているのは、法体となった義満の、仏教的荘厳趣味を配慮したものではないかと、松岡心平は推測する(『大原御幸《おはらごこう》』の法王などかと思うが、世阿弥系のものではないので、便宜的に、「童形」の表象であることとあわせて僧の形をしているという意味で、『自然居士《じねんこじ》』も挙げておく)。「唐事」に至っては「型木」つまりモデルもないことだから、変わった衣装をつけ、一風変わった演技をすればよいとするに留めている(『邯鄲《かんたん》』)。

重視されている三体のうち、「女」は、男が演じるだけに、まず性差を乗り越えねばならない。「若きシテのたしなみに似合う」といわれるのも当然であろう。童形の幽玄の、あの両性具有的な美しさを、はっきり女の優美・艶麗に転換するのである。そのためには、「仕立て」つまり扮装が大事であることを世阿弥は強調する。「女御・更衣」などの高貴な女性は言うまでもなく、曲舞《くせまい》・白拍子・物狂いなどの芸能者の女についても同様である。世阿弥が引き継いだ能においても、また世阿弥の能においても、「女かかり」(女姿の役)は決定的に重要になるのだが、ここでは演技の最も視覚的・身体的な様相を論じるに止めている。

「老人」は、「この道の奥義」とするが、その謂れは「能〔役者〕の位」に関わる「物まね」だからである。相当に上達しても「老いたる姿」は見られない役者が多い。そこには、三つの課題がある。第一は、「樵夫・汐汲の、わざ物の翁かたち」つまり特殊な作業を伴う演技をする老人が演じられたからといって、それで「上手」とはいえないこと（樵夫は『阿古屋松《あこやのまつ》』、汐汲《しおくみ》は『融《とおる》』の前シテ）、第二に「冠《かぶり》・直衣《なほし》・烏《ゑ》帽《ぼ》子《し》・狩衣《かりぎぬ》の老人の姿」は「得たらん人」（奥義に通じた役者）でないと似合わない（烏帽子・狩衣の例は『西行桜』）ということ、これは主として神が老体で出現することにも関わってくるが（『高砂』の前シテなど）、この点がはっきり言説化されるのは、「二曲三体」の論においてである。第三には、一般論として、老体の姿をいかにも老人という風に演じては、「花失せて古様に〔古臭く〕見える」に決まっているので、「面白きところ稀」である。特に「老人の舞かかり」は「無上の大事」で、「花はありて年寄りと見ゆる公案」を詳しく習う必要がある。「老木《おいき》に花の咲かんがごとし」でなければならないのだと。

「物狂」については、九体のなかで最も長く、かつ詳しい。というのも、「この道の第一の面白尽くの芸能」であるからだ。これができれば他のどのような作品でもできるはずだとまで、世阿弥は断言する。

ところで「物狂」は、西洋近代が定義したような「精神異常」や「精神疾患」と同じではない。「精神疾患」という病理学的把握自体が、フーコーが主張したように、一九世紀ヨーロッパの発明であることを前提にした上の話である。世阿弥は「思ひゆゑの物には二通りあって、一つは「憑き物」による物狂いで、もう一つは「思ひゆゑの物狂」である。「憑き物」による物狂いのほうは、「神・仏、生霊・死霊のとがめ」なのだから、その「憑き物」の体《たい》を「学べば（模倣すれば）」、演じやすい。それに対して、「思ひゆゑの物狂」つまり「親に別れ、子を尋ね、夫に捨てられ、妻《め》におくるる」といった「思ひに狂乱する物狂」は、「ただ一遍に狂ひはたらく」だけでは見るほうとしては感動しようがないから、「いかにももの思ふけしきを本意に当てて、狂ふところを花に当てて、心を入れて狂へば」観客の感動もよび、また面白い見どころもあるとして、喝采を受けるはずだ。

「神」が憑く例として思い出されるのは元雅作とされる『歌占《うたうら》』だが、田中裕《ゆたか》氏は『江口』を仏が憑く（普賢菩薩）とするか、としておられる。「死霊」が憑くものとしては、観阿弥作の『卒塔婆小町《そとばこまち》』が典型的であろう。この能では、九九歳の小町に深草少将の霊が憑く。典型的な「死霊の祟り」によって主人公は狂わされるのであり、しかもそれを一つの芸能としていたことが推定される。表章《おもてあきら》氏がつとに指摘しておられるように、現行曲の物狂いは、「思ひゆゑの物狂」が多く、「憑き物」によるものは比較的少ないが、それは世阿弥型の「複式夢幻能」が定型として受け入れられ、書き直された結果、世阿弥の頃には多くあった「憑き物の物狂い」が減ったのだろうと考えられる。『通小町《かよいこまち》』のように、小町の前に深草少将の霊が現れて恨みを述べるという形が、古作の能には多かったのだろうし、『松風』のように、初め田楽のレパートリーにあって、観阿弥が改作し、更に世阿弥が完成させた作品の場合も、松風（正しくは松風の亡霊）に在原行平の霊が憑いて「狂乱」するのである。『通小町』型については、『三道』で、「玉のなかの玉を得たるがごとくなる」例として、「六条御息所の葵の上に憑き祟り」と書いていることを思い合わせると、『葵上』のような「怨霊物」も「憑き物」と同じ構造を共有すると考えられていたようである。「憑かれる体」と「憑く霊」とは、ちょうど「地獄の責」の演技で、「地獄で責める鬼」と「責められる亡者」を使い分ける事ができたように、「憑き物」の「人体」としては一つのことの両面だと考えられるからである。例えば、「生霊」が憑く『鉄輪《かなわ》』などでも、嫉妬に狂う生霊と、それを降伏させようとする「三十番神」とは、同じシテの演技によって表されている。

「思ひゆゑの物狂」は、観阿弥の得意とした『嵯峨の大念仏の女物狂』つまり現行の『百萬』をはじめ元雅の『角田川』まで、例に事欠かない。この二つを対比すれば、「物狂」が芸能の一つとして成立していた時代から、狂う主体の内面の劇への深化は、明らかだろう。

さてこの物まねの範列のうちで、最も問題のある「修羅」「神」「鬼」については、一方で「神」も「鬼」も「何となく怒れるよそほひ」において共通するが、「神」は舞えるのに対して「鬼」は舞えないから、面白いところがないとする。事実、「脇能」(一番目)にせよ「切り能」(五番目)にせよ、神が出現するのは舞を見せるためだといってもよい。『高砂』の後シテなどを見れば、それはよく分かるだろう。

ところで「鬼」については、世阿弥自身「殊更大和のものなり。一大事なり」としながらも、そのレパートリーから「鬼」を排除しようとする態度はすでに明らかである。そして、世阿弥の選別のなかで、この「舞える・舞えない」という対比が決定的であったことは、記憶しておくべきである。「修羅」についても、これは「地獄で鬼に責められる亡者」のいわば代表格であり、『太平記』における楠木正成とその一党の怨霊出現などに窺えるように、時代の想像力の先端をいった表象であってみれば、「鬼の能」と発想の地平を共有する。ただ、ここでも、単なる修羅道の苦患《くげん》を見せるのでは「幽玄」の効果は期待できないから、世阿弥は「花鳥風月」のたよりとなるような仕掛けを考えよという。『忠度《ただのり》』の和歌や『敦盛』の笛はその典型である。

さて最後に「鬼」であるが、大和猿楽の伝統的レパートリーの一つの中心をなしていたはずのこの舞台表象を、世阿弥は何とか囲い込もうとする。ここでも、「怨霊・憑き物などの鬼」と「まことの冥土の鬼」とを区分して、前者には「はたらき」などの演じ方によって面白く見せる可能性があるが、後者つまり本物の「冥土の鬼」は、ひたすら「強く、恐ろしい」ものであるべきだから、面白い道理がない。その鬼を面白く見せることのできるシテはよほどの名人かもしれない。「巌に花の咲いた」ようなものか。

すでに「物狂」の項でみたように、「怨霊・憑き物などの鬼」は、現行曲にも多く、『綾の鼓』の後シテや『葵上』の後シテなど、例は多いが、「冥土の鬼」は、世阿弥の選別の結果もあってか、現行曲では少ない。『野守《のもり》』の後シテの鬼神などがそれである。

この鬼に関わる対比構造を、後に『二曲三体人形図』の頃には、「砕動風鬼《さいどうふうき》」と「力動《りきどう》風鬼」の区分として、前者を「人心形鬼」と説く。いかにも「鬼の能」についての選別は、猿楽の能が未だ売り物にしていた呪術的な舞台表象を、「地獄落ち」といった呪術的な発想は保有したまま、物語の捉え方としては「人間の内心の劇」に収《しゅう》斂《れん》しつつ、舞台表現としては、前代とは比べ物にならない美的な洗練を果たしていく、その宣言でもあった。

3　花と幽玄――演能の本質

花の戦略

世阿弥の伝書を貫く最も重要なキー・ワードは「花」である。その用法は、後世が「花」と呼ぶ現象と正確には重ならないが、日本の芸能についての思考の内部において、「花」が特権的な語彙となったのは、世阿弥からだといって間違いはない。

「花」は、比喩的な意味でのみ用いられる「花やか」という語で想像できる現象を指すが、民俗学者が説くように、「花」は「端《はな》」に通じ、出現する瞬間の生命の表象であるという。その意味では当然に呪術的な力を担わされた象徴であるが、しかし同時代の想像力は、そこに美的な快楽原理を重ねていた。世阿弥が拠って立つ地平はそれであり、「童形の幽玄」は「花」の原義的な意味と美的な作用とをあわせ持っていた。

世阿弥の伝書から窺えることは、「花」とは、その役者が舞台に現れた瞬間に、ぱっと観客の心を捉えてしまう力であり、フランス語なら「プレザンス」と呼ぶものに近い。しかし、ここで重要なのは、世阿弥にとって「花」は、観客の視線との関係で成立する現象であることが、常に自覚され強調されている点である。『花伝』「第七、別紙口伝」が、「花を知る」とはどういうことか、という問いを立て、「花の咲くのを見て、よろづに花と譬へはじめ」たその理由を知らなければならないとして、花は四季折々に咲くものであり、「その時を得てめづらしき故にもてあそぶ」のだと説く。「めづらし」とは「新鮮な驚き」である。「面白き」とは、対象から発信された表象を美的な快感において受け止めることである。そこから、「人の心にめづらしきと知る所、すなはち面白き心なり。花と、面白きと、めづらしきと、これ三つは同じ心なり」という、ほとんど近代的といってもよい定義を下す。

この『花伝』「第七」で世阿弥は、「花とて別にはなきもの」であり、「人々心々の花」であり、「いづれをまことにせんや。ただ、時に用ゆるを以て花と知るべし」といった「花・相対論」をその論理的帰結にまで持っていく。演能つまり舞台芸術というすぐれて「演じる者と見る者」の関係においてのみ成立する表現、いささか哲学的な表現を借りれば「間《かん》・主観性《しゅかんせい》」の芸術において、「見る側」の主観性に焦点を当てたのは、世阿弥の現実主義であり、現場主義をよく語るものだが、ともすれば表現者の主観性ばかりを特権視する西洋近代の偏見を正すには刺激的な視座である。

花と幽玄

花が「見る側」の視線との関係で成立するものだといっても、単に観客の視線に隷属するだけでは、芸能は自立しないだろう。見る側の視線に「花」と映るような戦略こそが必要である。世阿弥の伝書を通して読んでいくと、花・相対論が徹底する度合いに応じて、「幽玄」への言及が増大することに人は気づくはずだ。「花」として現象すべき美的内実をはっきりさせる必要があったのであり、それを世阿弥は「幽玄」と呼ぶ。

『花伝』「第二、物学条々」の命題が、幽玄との関係で新しい展開をみせるのが、「第六、花修云」である。そこでは、「能に強き・幽玄、弱き・荒きを知ること」という節があり、幽玄と強さが同じ場で論じられる発端をなす。「幽玄と強さ」は「その物の体」にあるとして、「たとへば、人においては、女御・更衣、または遊女・好色・美男、草木においては花の類、かやうの数々は、その形幽玄の物なり。又あるいは物のふ・荒夷《あらえびす》、あるいは鬼・神、草木にも松・杉、かやうの数々の類は、強き物と申すべきか」と問う。つまり、「幽玄」と「強さ」を基準にした分節は、まずは模倣の対象・モデルの側においてなされている。その上で、「よく似せる」「物まねの直ぐなる所」が、表現における「幽玄」と「強さ」を保証するのだと。

幽玄なモデルを忠実に模倣・再現すれば、それはそのまま幽玄な能になる。そこで引かれる幽玄のモデルの範列は、「女御・更衣・遊女・好色・美男」である。このモデルの範列は『花鏡』と特に『三道』において厳密化されるが、ここで注目しておくべきは、『花伝』においては一貫して意味の標準を身体的・視覚的なものに定めていたのに対して、『花鏡』の名高い「幽玄之入境事《ゆうげんのきかいにいること》」は、幽玄を身体・行動・言語・音楽のすべてに適用さるべき基準として拡大している。

『花鏡』によれば、「人体《にんてい》のどかなるよそほひ」を「人《にん》ないの幽玄」、「言葉優しくして、貴人《きにん》・上人《うへびと》の御慣らはしの言葉づかひ」をよく模して、「かりそめなりとも口より出ださんずる詞《ことば》の優しからん」を「詞の幽玄」とした後で、「音曲」と「舞」の幽玄を論じて、こう書く――

節かかり美しく下りて、なびなびと聞こえたらんは、是、音曲の幽玄なるべし。舞は、よくよく習ひて、人ないのかかり美しくて、静かなるよそほひにて、見所面白くば、これ、舞の幽玄にてあるべし

と。つまり、幽玄を保証するのは、相変わらずモデルに内在する幽玄には違いないが、それだけではあまりに対象も主題も限定されてしまうだろう。第一、現実の演能の体験がこのような考え方に反論する。モデルとしては幽玄であるはずのない「鬼」ですらも、演じ方によっては幽玄にもなることを世阿弥は指摘するのを忘れない。

ここにおいて、世阿弥の幽玄論に、微妙だが決定的な変化が生じる。舞台上に幽玄を現出させるためには、幽玄の物まねだけでは不充分である。それは幽玄な物まねでなければならないと。

新しいモデル化――「二曲三体」

幽玄の物まねが成功するのも、結局は見物の心にある幻想の花を種にしているのだ

とすれば、その花を先取りすることこそが、演技者にとっての「花の公案」であり戦略であるはずだ。それは、幽玄の範列を、単にモデル・レベルにおいてではなく、作業のレベルで取り返すことでもあった。

『至花道』が提案する「二曲三体の事」は、幼少時には「物まね」はさせずに、ただ「舞歌」の二曲、つまり舞と音曲だけを教えて、「後々までの芸態に幽玄を残すべき風根」を身につけさせるべきだと説く。すでに『花伝』「第一、年来稽古条々」で語られていた手順が、ここではっきりとした方法意識のもとで語られている。後に幽玄の・幽玄な表現が可能になるような体を、いわば「虚構の身体」をまず作っておいて、その上で「物まね」つまり役に同化し・演じるという技能を教えるべきだと。

そのような「幽玄の風根」を体得した上で、「まことの上果の芸風に至るべき入門」として、「老・女・軍」の「三体」が説かれる——

神さび閑全《かんぜん》なるよそほひは、老体の用風より出で、幽玄みやびたるよしかかりは、女体の用風より出で、身動足踏《しんどうそくたふ》の生曲《せいきよく》は、軍体の用風より出でて、意中の景（表現しようと思うイメージ）、おのれと見風《けんぷう》にあらはるべし。

この舞歌二曲と老・女・軍の三体を図解したのが『二曲三体人形図』である。舞事のある「老体」は、世阿弥の作品でいえば、たとえば『西行桜』――観世寿夫の最後の『西行桜』は古木の桜に少年の匂いを重ねて見事であった――「女体」は世阿弥系の能の主流だが、この領分での後継者禅竹作とされる鬘物なら『野宮《ののみや》』や『定家《ていか》』、「軍体」としては「修羅」に花鳥風月を添えた『頼政』や『通盛《みちもり》』を挙げておこう。そこで「児姿は幽玄の本風」として語られていることはすでに述べたが、「女体」が「幽玄之根本」として強調され、「女体之舞」が「幽玄妙体之遠見」として特権視されるのも、男のシテによる女体の虚構的造型とは、まさしく「幽玄の物まね」がそのまま「幽玄な物まね」と重なり合う特権的な場に他ならないからだ。

世阿弥以降の地平で考えれば、この主張は極めて必然的なものに思われる。能は、日本の芸能のなかでも、歌舞劇としての特性を顕著に備えた特権的な例であり、役を演じる「物まね」以上に舞歌の二曲が肥大していることは、一見自明の理だからである。しかし、世阿弥の段階では必ずしもそうではなかったことは、専門家のつとに説くところである。例えば音曲についていえば、観阿弥による「曲舞」の導入が、それまで「只謡《ただうたい》」を主とした大和猿楽の音楽面を豊かにしたばかりではなく、長大な語りを音曲として成立させることを可能にした。観阿弥が音曲についてしたことを、世阿弥が舞についてしたと考えることは過ちではなさそうである。というのも、『二曲三体人形図』で示される「天女の舞」は、観阿弥の時代には存在しなかったと世阿弥も認める芸態であり、近江猿楽の名人、犬王道阿《いぬおうどうあ》が得意とした舞事を導入したものであるらしい。この点については、竹本幹夫氏の「天女舞の研究」が目下の定説であるが、現在の天人の舞とは異なるものの、「序の舞」や「中の舞」といった、詞を伴わない長い舞事は、元来大和猿楽には存在しなかった。恐らく世阿弥の改革の後でも、舞事が現在のように一気に肥大した訳ではなさそうだが、ともあれ、世阿弥が舞歌の二曲を演技の基本としたのは、新劇がミュージカルをやる以上に大きな変革であったろう。

ところで「幽玄のモデル」の範列が厳密化されるのは、能作書である『三道』においてであった。そこでは、「舞歌のため大用《たいよう》」である「其態《わざ》をなす人体」についての思考が展開される。「其態をなす人体」とは、虚構の行為者であり、そのような行為者の身体の選択は、能作の内部に舞歌の二曲を導入するのに、有効かつ必然的なものでなければならない。この視座に立って「物まねの人体」として選ばれるのは、①「神楽の舞歌」に他ならぬ「天女・神女・乙女」であり、②男の場合は「業平・黒主・源氏」のような「遊士《ゆうし》」であり――六条河原院を作った源融を主人公とする『融』の後シテなどはその典型である――③女ならば「伊勢・小町・祇王・祇女・静・百萬」のような「遊女」であり、「其人体いづれも舞歌遊風の名望の人」だからである。同じ理由で、「放下《ほうか》〔僧形の芸能者〕」には、自然居士・花月・東岸居士・西岸居士などの遊狂」が選ばれるし、また「其外、無名の男女・老若の人体」でも、「ことごとく舞歌によろしき風体に作入て、是を作書」すればよいとする。

「大切の本風体」の追究は、すでに「第6章　劇作の仕組み」で述べたように、ヨーロッパ古典主義の「本当らしさ」と「必然性」の要請に見合ったものであり、いくら「幽玄無上の風体」が持て囃されるからといって、田楽や近江猿楽のように、「物まね」や「儀理」を二の次にして、ただ官能的に美しく刺激的である舞歌だけを売り物にすることは許されないと世阿弥は考えた。無償の幽玄至上主義（耽美《たんび》主義）は排するのである。舞歌二曲は演技者の体を作り、かつその美的感性を磨くための基本的な技術であるが、能作はあくまでそれを表現の内部に整合性ある形で組み込んでいなければならない。こうしてみると、「幽玄の物まね」を「幽玄な物まね」に転換する契機は、能作術の場にあったように思われる。

4　幽玄の達成

言葉の幽玄

すでに『花伝』「第六、花修云」で、名高い「よき能」の定義の読まれる第一の項目の次に、「作者の思ひ分くべきこと」として、いくつかの注意を書いているが、その中で、「風情」（身体演技）と「音曲」について、次のような指摘をしている。すなわち、「風情を博士（基準）にて音曲をする為手は、初心」であり、「音曲よりはたらきの生ずるは、功入りたるゆゑ」である。「音曲は聞く所、風体は見る所」だが、「一切の事《じ》は、謂れを道にしてこそ、よろづの風情にはなるべき理《ことわり》」であろう。ところで、「謂れをあらはすは言葉」である。であるから、「音曲は体〔本体〕」であり、「風情は用《ゆう》〔作用、効果〕」である。したがって「音曲よりはたらきの生ずるは、順」で、「はたらきにて音曲をするは、逆」なのであると。

ここで言う「音曲」とは、言葉と音楽の合体した「歌」である。同じく「第六、花修云」で、よき能を書く「手立て」として「優しくて、理《ことわり》のすなはちに聞ゆるやうならんずる、詩歌の言葉を取る」べきだとしていることからも、言葉とは、世阿弥にとっては何よりもまず伝統詩歌の言葉であった。しかし、この段階では、「優しき言葉を振りに合はすれば、ふしぎに、おのづから、人体も幽玄の風情になるもの」であるという、現実的な結果論に止まっていた。

『花鏡』で、「詩の幽玄」が強調されるとともに、「言葉の幽玄ならんためには歌道を習」うことが必須であると説く。それは、単に能作の上での文章的飾りというようなレベルに止まるものではなく、「種」である「本説」が、まさしくそのような「詩歌」の空間から選ばれていることから生じる必然的要請であった。「書」つまり能のテクストを書くに際しては、「詩歌の言葉」がその実体をなす。『花伝』「第六、花修云」では、単に「ふしぎに、おのづから、人体も幽玄になる」とされていた「詩歌」の作用を、『曲付次第』では、音声的実践としての詩歌に内在するものとして、そこに幽玄の根拠を認める。音曲をうまく作るには「和歌の言葉を取り合はせて」書くべきであるが、その理由は、「先、五七五の句体の本体」だからであり、また、「詞の吟を本風にして詠み続くる詠音」であるから、「五音にも通じ〔音律の規則にもかない〕、文《もん》声《しやう》にも正しき道なる程に〔語句のアクセントも正しいから〕、歌の詠吟、音曲に合はずといふことなし」なのである。和歌を歌ってみれば音曲の基本形が分かるし、音曲はまた和歌によって示されている言語的な正しい形をモデルとしなければならない。

「舞声為根《まひはこゑをねとなす》」――舞の範列

このような「音曲における詩歌規範論」は、単なる知的な操作ではなく、いわんや文化的上昇志向の一芸能者の衒学《げんがく》趣味ではない。すでに『花鏡』の「舞声為根《まひはこゑをねとなす》」の項目で、「舞は音声《おんじやう》より出でずば、感あるべからず」とし、「音声の力」が足りないと感動を呼ばないのだと説いている。曲舞のように「音曲にて舞へば、便りありて舞よき」ことや、「笛・鼓の拍子なくては舞はるまじき」であることからも、「音力《おんりき》にて舞う」ことの証拠ではないかと。

これは、単に能を見ている場合に抱く通念とは違って、稽古の過程では、謡の訓練が身体的な型の訓練より遙に重要であることからも納得される。それに、能の場合―

―多くの日本の伝統芸能の場合と等しく――器楽部分も「唱歌《しょうが》」という譜面を口で唱えるやり方で稽古するから、音声は身体を律する働きをしており、声を伴わずとも「息」は、身体行動の基底をなすものであることを思い出しておくべきだろう。

観阿弥による曲舞導入以前には、大和猿楽の器楽演奏による舞事は、「数エ舞」と「シラバヤシ」といった非定型的な所作によったものとされ、観阿弥の曲舞によって音曲的に大きく豊かになったとはいえ、それも「語り舞」であって、「言葉を伴う舞事」であった。『花鏡』の「舞声為根」が「舞に五智あり」として分析する舞の範列は、世阿弥が新しい技法を導入した場合に、単に技芸の発展といった結果で満足するのではなく、やはり理屈でそれを納得しないではいられない人物であったことをよく分からせる。

それは①「手智《しゅち》」②「舞智《ぶち》」③「相曲智《さうきよくち》」④「手体風智」⑤「舞体風智」の五つであるが、それは「手」と「舞」の基本的対比に始まる。第一の「手智」は、手の働き（と当然に足の働き）を中心とする所作であるのに対して、第二の「舞智」は、「手足を扱はずして、ただ姿かかりを体に」する所作で、「縦《たとへ》ば、飛鳥の風にしたがふよそほひ」で、「これを舞といふ」とする。「飛鳥の云々」の比喩は、『二曲三体人形図』の「天女の舞」に付せられる注釈と同じであり、またその比喩は、『申楽談儀』の犬王道阿に関する評にも繰り返される。

この「手智」と「舞智」を統合したものが「相曲智」で、「手」という「有文風《うもんふう》」の序・破・急のあいだに、「舞」という「無文風《むもんふう》」の舞を添えたものだ。「有文風」とは、仕草に意味がある、いわば当て振りであり、物まねの延長線上にあるのに対して、「無文風」とは、運動や形の美しさだけが眼目の舞だという。世阿弥は更にこの統合を二つに分かって、第四の「手体風智」と第五の「舞体風智」を立てるが、前者は「手《しゅ》を体〔基本〕にして、舞《ぶ》を用〔効果〕」とする技法で、「男体の能」に相応しく、後者つまり「舞を体」「手を用」とするのは、「女体の能」に相応しい。男の人物が出てくる能の舞事には、なお物まね的な所作が勝っているが、女物の能で舞う場合には、物まね的な身体行動を超えたレベルで、より抽象的で、姿・形、動きの美しさが主眼の舞を見せることが必要なのである。

「寿夫・バローの立ち合い」で寿夫が舞った『鵺《ぬえ》』を見るとき、このような舞・謡・演技の統合が、世阿弥の猿楽の目指した能の構造原理であり、それは現在でも、能という舞台芸術の魅力を支えていることを改めて納得させられるのだ。

「離見の見」

世阿弥の残した箴言《しんげん》的な表現、例えば「初心不可忘《しょしんわするべからず》」などのなかで、演劇の現場からみて極めて切実なものに「離見《りけん》の見《けん》」がある。人間は、自分の前は見えるし、左右もなんとか見ることができるものだが、後ろは見ることができない。ところが、舞台に立つ者は、必ず観客に背を見られるのであり——額縁式舞台で演じていたわけではないから、尚更である——その時にも、幽玄な姿を保てねばならない。「見所《けんじょ》より見るところの風姿は、我が離見」であり、「離見の見」によって見れば「見所同心の見」になる。こうして、背後に離れて自分を見ることができる視覚が「離見の見」と呼ばれるのだ。

ところで、この発想が引き出されるのは、他ならぬ舞についての分析であった。すなわち、「舞に、目前心後といふこと」があって、「目を前に見て、心を後に置け」という忠告なのである。それは、『花鏡』の後半で問題にされる「せぬ暇」の面白さと、それを可能にする「万能綰一心《まんのうをいつしんにつなぐ》」という用心にも関わるものであった。「万能を一心にて綰《つな》ぐ感力」であり、それが欠ければ操り人形の糸が切れたに等しいと説く。集中と持続、それが現在でも、能という舞台演技を想い描くときに真先に頭に浮かぶ技法的局面だが、その基礎も、すでに世阿弥の思考の地平にはっきりと現れていたのである。

恐らく、凡百の演技論、演劇論より、世阿弥の伝書は演劇に関わる者にとって、演劇を考える指針となるだろう。そのことを強調したのは観世寿夫であったし、能・狂言の現場も、寿夫に刺激されて世阿弥の伝書を読むようになった。そこには、稽古論に限らず、理論的な言説を作りだす作業が、舞台の創造的行為と互いに刺激し合って、新しい道を切り開いていくという、類稀な実践があった。役者の資質として問われる意識と技術と美的感覚の問題にせよ、あるいは舞台で演じる体を作るための基本であり、かつ身体の美意識を根づかせる作業でもある「舞」と「歌」にせよ、実際に応用のきく命題は幾つもある。

しかし、最も驚くべきことは、世阿弥の言説が常に「成就」ということを、つまり能が「出で来る」か「出で来ないか」という、ほとんど人知を超えた舞台芸術の不条理と常に向かい合っていたことである。それは、何度も述べたように、生き身の人間が他者の視線に身を晒して行う行為という、舞台芸術の宿命ともいうべき「他者性」あるいは「間‐主観性」とも不可分であるが、同時にそれをしも超えた謎である。その意味では、世阿弥の言説とは、まさに危機《クリーズ》の深淵に張りかかげられた言葉の実践の典型であり、ヨーロッパ語ならば、最も鋭い意味で「批評《クリティック》」と呼ぶであろう思考の言語であった。

第14章　オペラとバレエ――新しいキマイラ

二〇世紀末のこの一〇年間、西洋型社会の劇場芸術として最も持て囃されていたものに、オペラとバレエがある。舞台芸術は「生き物」であるから、例えば「劇場論」も、それを一九七〇年代に書いていたなら、「イタリア式額縁舞台」の評価も非常に違ったものになっていたであろう。オペラとバレエについても同じことが言える。

ほぼ一九七〇年代中葉までは、オペラはいわゆる「オペラ好き」のためのものであったし、欧米のオペラ劇場は、十年一日の如くレパートリーの作品を繰り返していた。すでにLPレコードの発明はオーディオ・ファンを増やすのに貢献していたが、カセット・テープの普及と、特にCDの発明は、音楽市場を根底から変えてしまった。再現芸術に対する聴き手の要求は一層高くなったから、国際的に評価の高い歌手を揃えたプロダクションが求められると同時に、創造的な劇場支配人は、オペラを単なる大がかりな装置と豪華な衣装を着けたリサイタルではないもの、つまり真の舞台芸術たらしめようとした。そのためには、オペラ専業のルーチン的演出家ではなく、言葉の演劇の、しかも最も先鋭な仕事をしてきた演出家にオペラの演出を依頼するようになる。一九七〇年代のパリ・オペラ座におけるリーベルマンの改革はその典型であり、リーベルマンのプロダクションの開幕を飾ったモーツァルトの『フィガロの結婚』は、指揮のゲオルグ・ショルティと並んで、いやそれ以上に、ミラノ・ピッコロ・テアトロのジョルジョ・ストレーレルの演出で評判になったのだ。それでも、たとえばパリの劇評家たちは、「オペラ好き」でないかぎり、ガルニエ宮に足を運ぼうとしなかったが、すべてを変えてしまったのは、やはりピエール・ブーレーズ指揮、パトリス・シェロー演出によるバイロイト祝祭劇場一〇〇年祭（一九七六年）の『ニーベルングの指環』であった。

一方バレエは、舞台芸術の前衛として、アメリカ系の「モダン・ダンス」が、マーサ・グラハムやマース・カニングハムによって、一部の観客の熱狂を呼ぶのと対照的に、多くの因習的観客にとっては、相変わらず『白鳥の湖』であり『くるみ割り人形』であった。それでも、一九世紀のバレエ、つまりアカデミック・ダンスの技法を新しい観点から使おうとした振付家はいたのであり、ジョルジュ・バランシンやモーリス・ベジャールがそれだ。バランシンの率いる「ニューヨーク・シティー・バレエ」やベジャールの「二〇世紀バレエ団」が、世界的に広い観客層にアピールしたのは、オペラ・ブームより一〇年は早かった。ただ、現代の舞台表現としてのダンスに対する社会の意識が変わっていくのは、やはり一九七〇年以降であり、日本では八〇年代に入ってからであった。

この章は、そうしたオペラとバレエの新しい創造と受容の地平について考えてみようとするもので、ヨーロッパのオペラ史やバレエの歴史の概説ではない。本章の初めに書いたように、時代の傾向が顕著なコアであり、一九六〇年代には、予測としてしか書けなかった現象である。

1　オペラ

グランド・オペラ、あるいは声の快楽

現在、オペラと言ったときに普通思い出す作品はなんだろうか。特別にオペラに情熱を燃やさない人でも、たとえばモーツァルトの『フィガロの結婚』や、ヴェルディの『椿姫』、あるいはプッチーニの『トスカ』位のタイトルは思い出すのではなかろうか。モーツァルトの『フィガロの結婚』*Le Nozze di Figaro* は一七八六年の初演、ヴェルディ『椿姫』*La Traviata* は一八五三年初演、プッチーニの『トスカ』*Tosca* は一九〇〇年だから、ほぼ一世紀の間に作られた作品である。音楽史的にはグルックの『オルフェオとエウリディーチェ』*Orfeo ed Euridice*（一七六二年）の重要性を認めるにやぶさかでないが、これまで遡ると、劇場で実際に聞くのは大変である。逆に二

○世紀にも、ドビュッシーの『ペレアスとメリザンド』*Pelléas et Mélisande*（一九〇二年初演）から、リヒャルト・シュトラウスの『薔薇の騎士』*Der Rosenkavalier*（一九一一年）を経て、アルバン・ベルクの『ヴォツェック』*Wozzeck*（一九二五年初演）や未完の『ルル』*Lulu*（一九三七年初演）まで、更には第二次大戦後のオペラの傑作であるベンジャミン・ブリテンの『ピーター・グライムズ』*Peter Grimes*（一九四五年初演）のような新作オペラはあるが、ポピュラーなレパートリーに入るものと言えば、やはり『薔薇の騎士』あたりまでではなかろうか。

上限をモーツァルト、下限をシュトラウスとしても、啓蒙《けいもう》思想末期・フランス革命前後から第一次世界大戦であるから、ほぼ一世紀余の黄金時代である。その意味で一九世紀の舞台芸術と呼んで差し支えはないだろうし、事実オペラは、一九世紀ヨーロッパの劇場で最も豪奢な祝祭の場を構成していた。「ナンバー・オペラ」とも呼ばれるように、ソロ、二重唱、三重唱、四重唱といった歌のナンバーと、オーケストラによる器楽のナンバーとが、劇の展開を担うわけだから、しばしば台本の筋は口実に過ぎず、歌手の声と歌唱力という特殊な才能を、その技術の限界まで、表現に至らしめようとする。一八世紀に絶頂に達して消滅する「去勢歌手」の魅力も、単に両性具有的な妖しい身体性にあったのではなく、少年期のソプラノをほぼ保有しつつ、それを鍛えて作り上げたアルトに近い声による超絶技法が売り物だったのである。このような声の技法の洗練というか過激化は、ドニゼッティの『ランメルモールのルチア』*Lucia di Lammermoor*（一八三五年、ナポリ・サン・カルロ劇場初演）などにも歴然と窺える。

その意味で、一七世紀後半から一八世紀にかけてのフランス・オペラの隆盛にもかかわらず、オペラがやはりイタリアの芸術だという通念が成立するのは、このような「声の快楽原理」に最も忠実だったのがイタリア・オペラだったからである。

オペラの系譜学

ただ、オペラは、単に衣装を着けたリサイタルではない。ルネッサンス時代に、古代劇を模した音楽劇として発明されたときから、オペラは、音楽であると同じくらいに、いやときには音楽性を凌駕してまで、豪華絢爛たる舞台のショーであろうとした。レオナルド・ダヴィンチの設計した装置などからも推測できるように、オペラという舞台芸術における芸術上の主人が建築家であった時代は長い。オペラが主題とした「古代もどき」の世界の表現には、舞台的幻想を生み出すために大がかりな機械仕掛けが必要であったことが深く関わっている。絶対王政直前のパリが、イタリア人であった宰相・枢機卿マザランの主導で、イタリアからオペラを輸入したときにも、ジャコモ・トレッリとかカルロ・ヴィガラーニといった劇場建築家にして装置家が、舞台芸術としてのオペラを作ったのである。

これらのバロック・オペラについては、図像的資料は少なくないから、ある程度の想像はつくし、モンテヴェルディの『オルフェオ』(一六〇七年初演)や『ウリッセの帰還』(一六四〇年初演)、あるいは『ポッペアの戴冠』(一六四二年初演)ならば、上演に出会うことも可能である(例えば、『ウリッセの帰還』は、〈東京の夏〉音楽祭がエックス・アン・プロヴァンスのプロダクションを紹介した)。

複雑な舞台機構を駆使した大がかりなショーという傾向は、一九世紀に入って別の形で強化される。バロック・オペラのように幻想や空想の部分が肥大したからではなく、現実錯視《イリュージョニズム》への要求が高まるからである。先に挙げたオペラの主要なものは、ほぼロマン派の時代に重なるわけだが、ロマン派が舞台で実現したことの一つに、時代の特徴や地方色をできるかぎり忠実に再現しようという命題があった。やがてそれは、一九世紀後半になると、文芸の上でも美術の領域でも、写実主義《リアリズム》に取って代わられるが、しかし現実再現志向がそこで更に強められたために、舞台の美学としては、「ロマン派的リアリズム」などとも呼ばれるごてごてと飾り込んだ装置が持て囃されることとなった。後で詳しく書く都合上、あえてこれまで名を出さなかったリヒャルト・ワーグナーの舞台美術は、まさにそういう美学に従っていた。

一九世紀の産業革命がもたらした都市型の消費文明は、自分たちの豪奢を映す鏡として、いよいよ豪奢で絢爛《けんらん》たる舞台表象を求めたから、声の快楽原理と視覚の放蕩とが野合して、一九世紀のオペラは、世にも奇怪な怪物の相を呈した。すでに触れたように、一九世紀の八〇年代に、マラルメは舞台芸術と劇場についてキマイラ＝不可能性の幻想獣の比喩を使うが、しかし、この比喩が最もよく当てはまるのは、オペラであり、その意味でも、オペラは西洋一九世紀の舞台芸術を代表する舞台表象なのである。

リヒャルト・ワーグナーの革命

ところで、このような一九世紀のグランド・オペラに徹底して反抗した芸術家がいる。作曲家リヒャルト・ワーグナー（一八一三—一八八三）である。ワーグナーは、同時代のオペラが、粗雑な台本によって、ただスター歌手の名人芸を聞かせるのでよいとする態度に反抗して、一人の芸術家＝創造家によって整合性ある形で発想され・書かれた戯曲と音楽を、総合的に舞台を監督する芸術家自身の指導のもとに、舞台芸術として実現すべきだと考えた。

そのためには、まず第一に、従来のような「オペラ用台本作者」などというものは廃止し、作曲家自身が、みずからの思想・感情の表現として戯曲を書く。そうすることで、従来のように、制作プロセスにおける「劇」と「音楽」の乖離を避け、同じ天才の霊感の内部で〈劇〉と〈音楽〉の〈婚姻〉を果たす。

第二に、舞台の表現については、先に触れた「イリュージョニズム」を徹底する。イリュージョニズムは「幻想醸成」の意であるが、幻想を現実だと錯視する点が重要だとして、「現実錯視」の訳語を提案する学者もおり、それはそれで正論だが、音声でいうと分からないから、むしろ「イリュージョニズム」のほうが耳近であろう。ともかく、舞台で生起していることが、観客に現実だと信じられるようにする仕組みを洗練しようとするのである。

ワーグナーが、念願かなってバイロイト郊外の丘に祝祭劇場を建てたとき、真先にやったことは、通常のオペラ劇場では舞台と客席を隔てているオーケストラ・ピットを、舞台の下に沈めて、客席からは見えないようにしてしまうことだった。「第2章劇場の系譜」で述べたように、祝祭劇場の客席は、限りなく均等に近い「直達性」を旨としていたが、そのやや扇形に開いた階段座席は、客席の側からすれば、舞台の二重の額縁の効果もあって、遠近法のヴェクトルの意識化された空間である。それは観客でもある聴衆が、舞台上の出来事＝物語だけに集中できるように計算された「受容装置」なのであった。

第三には、舞台の上で歌い、演技をする歌手も、一九世紀グランド・オペラの制度化されたといってもよい約束事、つまり元来向かい合って歌うべき「恋の二重唱」も、リサイタルと同じく客席に向かい、正面を切って歌うなどという虚偽は論外であり、自然に演技しなければならないから、指揮者を見ることもよくないとされた。ワーグナーははっきりと、「芝居のできない歌手ならば、多少歌において劣っても、芝居のできる俳優のほうがいい」とまで公言している。

それは単に舞台の幻想の整合性ある形成ではなく、作曲家にして詩人である芸術家のみが実現しうる全体芸術の主張である。この全体芸術の理念に基づいてワーグナーは、祝祭劇場で『ニーベルングの指環』四部作の通し上演を行い、『パルジファル』の初演（一八八二年）を果たす。しかし、ワーグナーの全体芸術の主張には、その作品の孕む矛盾に由来する困難も、また演劇人として同時代の「ロマン派的リアリズム」の美学を超えていないという現実も加わって、この「全体芸術の理念」はオペラを新しいキマイラに仕立てる効果を持った。後世は再び新しい難題を引き受けなければならなくなったのである。

二〇世紀に入っても、ワーグナー楽劇は、通常のオペラとは異なる芸術的意図と構造をもつ作品として、前衛的と呼びうる演出家の新しい演出も出る。しかし、なんといっても、第二次世界大戦後の「バイロイト様式」を確立したのは、占領軍からワーグナー家に返還された祝祭劇場の総支配人となった、リヒャルト・ワーグナーの孫ヴィーラント・ワーグナーであった。そこには戦後の物質的窮乏も与かって力があったと考えられるが、ヴィーラントは、従来のワーグナー楽劇上演につきものであった、ごてごてとした中世風の建造物や、まことしやかな自然の風景の再現などを一切廃止して、円形の傾斜舞台とホリゾント幕だけに切り詰めた、抽象的な装置を、照明でさまざまな場所に変化させるという方法を取った。衣装も、粗い生地や皮革・毛皮といった、原始の表象に相応しい素材で、抽象的に様式化されたものに限った。そこには、一方で美術の領域で、抽象絵画が全盛となる一九五〇年代に共有された美意識があり、他方では、フロイト的な夢や深層心理の劇を書き込むには抽象性の空間が好都合であったという、意味論的な選択もあった。

この「ヴィーラント様式」は、アクセントの違いはあれ、原則的には弟のヴォルフガングにも引き継がれていくし、バイロイト様式が革命的に変化するのは、一九七六年の一〇〇年祭におけるピエール・ブーレーズ指揮、パトリス・シェロー演出の『指環』の新演出であった。

2 バレエ

ロマン派バレエ、あるいは幻想の身体

現在我々が知っているような舞台表象としてのバレエ。『ジゼル』から『白鳥の湖』に至るいわゆる「クラシック・バレエ」もまた、一九世紀が作り上げたものだ。これ

はオペラよりも、その出生の時期ははっきりしている。テオフィル・ゴーチエの台本にアダンが曲を付けた『ジゼル』は、一八四一年にパリで初演されているし、チャイコフスキーの音楽による『白鳥の湖』の初演は一八七七年だが、この作品の名声を確立したプティパ＝イワーノフ振付による版の初演は一八九五年、フランスに紹介されるのはディアギレフの「ロシア・バレエ団」によってであり、一九一一年のことである。

『ジゼル』に先立つ成功は、一八三二年にパリ・オペラ座で初演されたマリー・タリオーニ主演の『ラ・シルフィード』であるから、時代でいえば一九世紀の三〇年代、文芸の流派としてはロマン派が、その生みの親であった。その意味で「ロマン派バレエ」と呼ぶのが正しいが、これらのバレエに共通する点は、主題としては一八世紀までのバレエのように古代神話に題材を求めるのではなく、北方神話や地方的伝説を用い、妖精が活躍する物語に仕立てたことである。そこには、マリー・タリオーニの名を不朽にしたトウ・シューズで立つ基本姿勢や、シャルル・ディドロ（一七六七―一八三七）の発明になるワイヤー仕掛けに頼っていた従来の「妖精の空中飛行」を、バレリーナ自身の跳躍によって表現するようになったことに顕著に窺われる、踊りの技法の革新があった。

現在でも『ジゼル』第二幕に現れる妖精たちは、背中に小さな羽をつけているが、

「飛翔する存在」といえば誰でも想像する「鳥」が、いきなりバレエの特権的主題となったわけではなかった。世紀末にかけて文芸の領域では文字通り特権的な主題となる鳥といえば「白鳥」である。ボードレールの『悪の華』でアンドロマックと白鳥が並列される名高い詩篇から、マラルメの「白鳥のソネ」まで、あるいは音楽ならばワーグナーの『ローエングリーン』の神話的形象と、それに取り憑かれたバイエルンの狂王ルードヴィッヒ二世の執着まで、「白鳥」は世紀末の紋章的イメージであるが、それが『白鳥の湖』に結晶するのは、意外と遅い。少なくとも、ルードヴィッヒ二世もマラルメも、バレエ『白鳥の湖』を見ることはなかったはずだ。この点を殊更に逆手にとって、『白鳥の湖』を見るルードヴィッヒという設定で、この作品の読み直しをしたのはハンブルク・バレエ団のジョン・ノイマイヤーで、それは日本でも上演された。

ともあれ、ロマン派バレエあるいはロマンチック・バレエは、以後のヨーロッパのバレエの美学と技法を決定する。一方では、「アカデミック・ダンス」と呼ばれる身体の技術は、時代とともに洗練され、高度化する。と同時に、他方では、一九世紀末にかけて、バレリーナは公衆の面前で惜しみもなく、薄絹に包まれただけの体を曝《さら》す女性として、言わば制度化されたエロチシズムの対象であったから——その記念碑は、ガルニエ宮の「バレエのロビー」であり、そこでは定期会員は、お気に入りのバレリーナと歓談することができた——女性舞踏手つまりバレリーナだけが特権視され、男性舞踏手は益々価値を失っていく。世紀末には、王子様の役など、女性が演じる慣習もでき上がってしまうほどだ。ベジャールが、一九世紀バレエの女性優位は売春と同じ原理に立っていたから、自分としては男性の踊り手の復権を図ったのだというのも、事実認識としてはかなりの部分まで当たっている。歴然と性的でもありエロティックでもある視覚の快楽の対象としての、バレリーナという女体の成立である。

重要な点はまさにここにある。女性の踊り手の身体とその技法が、舞台の上で、文字通り特権的に脚光を浴びることで、一つの「幻想の身体」が完成されたことであり、また、芸術的にそれを可能にしている「アカデミック・ダンスの技法」が洗練された点である。一九世紀オペラとは違った意味で、ロマン派バレエが二〇世紀に生き残るのは、まさにこの身体の幻想とそれを支える身体の技法のお蔭であり、その物語や演出によるのではなかった。

バレエの演劇性

バレエという舞踊劇も、オペラと並んでルネッサンス・イタリア起源の舞台芸術ではあるが、それがまず隆盛をみるのは一七世紀フランスにおいてである。オペラについてはイタリアの至上権を認めていたフランスも、バレエはフランス固有の舞台表現であるとの誇りを持ち続ける。それはオペラ座に設置されているバレエ学校が、世界で最も伝統があり、かつ歴史的にみてもバレエ・ダンサー養成機関として長い実績をもつことにも窺えるのである。

ところで創成期以来、オペラとバレエは密接に関係し合っていた。オペラにはバレエ・シーンが不可欠であったし、バレエはバレエで、歌詞のある音楽によって踊られていた。少なくともジャン＝ジャック・ルソーがジュネーヴから出てきて、フランスのリュリー（一六三二―一六八七）やラモー（一六八三―一七六四）のオペラにバレエ・シーンが多すぎることを声高に批判するまでは、誰もこの共存を異常とは思わなかった。現在、リュリーやラモーの作品の復活上演を見ると、ルソーの批判も当然だとの思いを抱くが、しかし一九世紀になっても事情はさして変わらなかったので、ワーグナーも『タンホイザー』のパリ初演に際しては、パリの慣習に従ってヴェヌスベルクのバレエ・シーンを書き加えたほどである。

すでに「第2章」で、劇場構造を論じる際に触れたように、一六世紀末から一七世紀前半にかけてフランスで持て囃される「宮廷バレエ」は、古代風の神話を題材に、大がかりな機械仕掛けの見せ場のある一大祝典劇であり、貴族のみならず国王みずからが主役を踊った。ルイ一三世とルイ一四世のバレエへの情熱は名高いが、殊にルイ一三世の時代には、これらの宮廷バレエは公開であり、時には王宮を出て、パリ市庁舎で徹夜の上演を敢行した。絶対王政の成立には、これら太陽神話の舞台表象を介して、新しい共同幻想が広く町民階級のなかにも形成される必要があったのである。ルイ一四世も、少年期から青年期にかけては、頻繁にバレエに出演して太陽神アポロンの役を演じるのを好んだが、それは単なる個人的な趣味の問題ではなかった。観客の称賛の視線を収斂させ、劇場の舞台に成立する美しい幻想の身体こそ、共同幻想の核として機能する「王の身体」に他ならないことを、王自身が体で知っていたのである。美学と政治学の婚姻。

因みに一七世紀には、職業的踊り手は男性に限られていたし、王子や貴族も女性の役を踊っていたから、ロマン派バレエにおける「踊る女体の特権視」のような現象は存在しなかった。このような男性による女性の踊りは、その踊りの手法とともに、「リ・エ・ダンスリー」というグループにより、近年になって復元されている。その舞台は、一九八八年に「〈東京の夏〉音楽祭」によって「ルイ14世の宮廷舞踏会」として紹介された。

ところで、ルイ一四世が舞台で踊ることを止めてヴェルサイユ宮を造営し、そこで「太陽王の神話」を大がかりな祝典として上演させるに至って、オペラとバレエは、共に職業的な舞台芸術として独立した地位を保証される。フィレンツェ生まれの作曲家ジャン＝バティスト・リュリーが、一六七二年に、勅許による「王立音楽・舞踊アカデミー」つまりオペラ・バレエ劇場の独占権を手にするのだが、これを機に、通常の劇場において使用できる楽器の数も歌手の数も制限されることとなる。それは「言葉の演劇」と「音楽・舞踊劇」とが制度的に区分される決定的な事件であった。

こうして、オペラとバレエの歴史には、その歴史上の結節点も含めて、多くの共通点が見出《みい》だされる。しかし、一九世紀を表象するこの二つの舞台芸術に対する二〇世紀の対応は同じではない。オペラの新作は益々困難になるのに対して、バレエは「二〇世紀の芸術」と称されるに至るほど、新しい実験が次々と展開される。オペラは、「一九世紀型」と呼んでおいた表現形態が、新作のできなくなった二〇世紀後半に、新しい読みによって、現代の舞台芸術として存在を主張する。バレエはオペラと違って、一九世紀のレパートリーが新しい振付によって一新するというケースは稀であるが、しかしロマン派バレエの傑作は、技術の高度化と洗練の極化を目指す優れた踊り手によって、単に保守的な観客層にアピールしているだけではない。一九世紀との決着の付け方を、オペラとバレエによって見る必要がある。

3　新しいキマイラ——オペラとバレエ

一九世紀のアルケオロジー——オペラの読み直し

フランス象徴派の師であった詩人のステファーヌ・マラルメは、〈未来の群衆的祝祭演劇〉のモデルとなるべき形態を①韻文詩篇の朗読によるオラトリオ②バレエ③ワーグナーの神話的楽劇④カトリックのミサならびにそれとの関係でオルガンの演奏会、というパラダイムに構成した。二〇世紀の最後の二五年間に西洋型社会の劇場で起きたことを理解するには恰好の鍵であるが、特にオペラとバレエの流行を予言している点は重要である。

一九七〇年代からの一九世紀型オペラの読み直しは、「言葉の演劇」でも行われたように、しばしば舞台を、それらが書かれた時代に置き直す。たとえばグノーの『ファウスト』*Faust*は、一八五九年にパリで初演されたが、物語はゲーテの同題の戯曲によっているのだから、当然舞台の設定は一五〜六世紀のドイツであり、人物たちも、挿絵やその他の映像でお馴染みの中世末期風の出で立ちで上演されるのが普通である。ところがパリ・オペラ座で、アルゼンチン生まれの前衛的演出家ホルヘ・ラヴェルリが新たに演出した際には、舞台設定を、この作品が書かれ初演された一八五〇年代から一八六〇年代、つまり第二帝政期とした。具体的には、装置は当時の最新技術の粋を集めた鉄骨建築の大ホールをそのまま再現する。バルタールのパリ中央市場やイトルフの一八五五年万国博の工業館の丸天井であり、本物の鉄骨で作ったかと疑うような巨大な装置を吊るす（因みにラヴェルリの新演出は、バルタールの設計になる中央市場が、ポンピドゥー大統領のパリ中心地区再開発のために取り壊されるというので反対運動が起き、時の話題となっており、従来は機能主義の醜悪な記念碑のようにいわれたこれら第二帝政期の鉄骨建築が、見直され始めている時期であった)。もちろん、背景を変えただけではない。風俗はすべて厳密に第二帝政期に置き直されるから、第二幕のケルメス祭りは、パリのグラン・ブールヴァールの謝肉祭となる。最も挑発的な解釈の変更は、第二幕の兵士たちの出陣と、特に第三幕の「凱旋行進曲」で名高い「兵士たちの凱旋」を、正確に同時代の国際的紛争である「クリミア戦争(一八五三—一八五六)」の犠牲者として表象したことだろう。凱旋行進曲に乗って元来は勇壮と凱旋すべき兵士たちが、皆戦争の負傷者ばかりであり、ある者は松葉杖をつき、ある者は頭に包帯を巻いて、戦争の悲惨を如実に語る姿で登場する。音楽の勇壮と光景の陰惨は見事なコントラストを成して、ブレヒトの言う「同化の上に立つ異化効果」の典型のように思われた。

メフィストと若返ったファウストは、第二帝政期の好色であると同時に知的な好奇心も失ってはいない上流階級の紳士として描かれる。ただ、この演出で唯一批判される点があるとすれば、「ワルプルギュスの夜」のバレエをカットして、ファウストとメフィストが、鉄骨ガラス張りの丸天井から、娼家の内部の乱痴気騒ぎを覗き見することに変えた点だろう。原作自身が、ここに関してはパリのエロティックなショーを思わせるところから、演出家として同語反覆的な安易さを避けたのかも知れない。

音楽劇を、それが書かれた一九世紀の歴史的な現実と突き合わせて読み直す。そうすることで、類型的な、あるいは通念的な中世の「挿絵入り物語」でしかなかった舞台を、突如観客に切実な世界に変貌させる。と同時に、一九世紀という、今もって我々がそこから脱出してはいない西洋の近代性に、生々しい照明を当てるのである。

ここで、一つ注目しておくべきことがある。オペラが「キマイラ的な芸術」として、まともな演劇改革運動から軽蔑された時代の後で、オペラに残存しているような「大げさな演技」は、はたして軽蔑の目で笑い飛ばしてすむものなのだろうか、という疑問である。というのも、それは無声映画がほとんどそのまま引き継ぐ技法であるが、どういう訳かプランションからシェローといった、ヴィラール、バローの後に登場する演出家や演劇人には、「オペラ好き」が多く、またフリッツ・ラングの『メトロポリス』などに代表される無声映画の熱狂的ファンでもあった。それはどうやら、両大戦間から戦後のパリの演劇を支配した「心理主義的な」、「内面的」という名の思わせぶり演技に対する嫌悪にも通じている。映画にはクローズ・アップがあり、舞台にはそれがないのだから、お客の心を摑むにはもっと鮮明で過激な芝居をすべきではないのか。

ここで、パトリス・シェローの名が出るのは必然的である。シェローには、自分の個人的幻想の表象風景として、あれはやはりルビッチのハリウッドだろうか、世紀末から二〇世紀初頭にかけての服飾イメージへの思い入れが強固にあるようで、黒いフロックコートにシルクハットといった出で立ちの人物たちが、マーロウの悲劇をも演じてしまう。一八世紀の喜劇であるマリヴォーの『諍い』は、養育係の黒人夫婦の外には、社会からも人間からも隔絶されて育てられた少年・少女を出会わせて、人間の本性と社会性についての啓蒙思想的実験室演劇を演じさせる話だが、それを見つめる残酷な視線を体現する貴族たちも、両大戦間の社交界の男女に置き換えられていた。

したがって、シェローが『指環』の演出をすると聞いた時、誰もが、ああ、シカゴのギャングかマフィアの親分がヴォータンで、ワルハラの城は摩天楼に違いないといった想像をした。しかし、シェローが『指環』を読み直すのに動員した知的な作業は、そんな通俗小説の挿絵程度のレベルには、もちろん留まっていなかった。

私としてはこの演出を、一九七六年と一九七八年と二度見て、更にレーザー・ディスク版を見ているから、オペラの新演出としてはよく理解しているつもりである。確かに、市販されているレーザー・ディスク版は、録画のために客席を空にして、特別に照明を作っているから、実際にバイロイト祝祭劇場の客席にいて舞台を見ているのとは、細部において違うところも少なくない。しかしそれでも、シェローの基本的なコンセプトやイメージは鮮明に読み取れる。

一言で要約すれば、北方・ゲルマン神話を素材に〈神々の黄昏《たそがれ》〉とよばれてきた神話的な大叙事詩を舞台化するに際して、ワーグナーが用いたさまざまなテクスト――それは古代悲劇からシェイクスピア、フランス古典悲劇から一九世紀のブルジョワ風俗劇まで、更に制作途上で作られる『トリスタンとイゾルデ』との関係でショーペンハウワーの哲学や、それを通して東洋思想まで（『意志と表象としての世界』の哲学者は「西洋の仏教徒」と呼ばれていた）、楽劇を書きつつ神話を読み直していくワーグナーの作業を、作品の鍵として使うのである。その結果シェローは、産業革命以降の一九世紀文化を貫く問題のパラダイムがそこに書き込まれていることを発見するのだが、ワーグナーをマルクスと並んで、一九世紀の最も鋭い分析家としたのはバーナード・ショーであったし、クローデルも同じような観点を主張していたから、この命題そのものはシェローとそのチームの発見ではない。しかし、楽劇を書くワーグナーを舞台として立ち現れてくる「近代性のドラマ」を、ミシェル・フーコーの用語にならって「一九世紀のアルケオロジー＝考古学」と呼ぶことができるまでに、スリリングに徹底させたのは見事であった。ここでいう「アルケオロジー」とは、「読まれていないか、読み落とされていた資料体の読み起こし」であり、その「資料体」には、一九世紀の舞台表象や演技のイメージも含まれていたからである。

こうしてシェローは、ワーグナー楽劇が、その整合性への欲望にもかかわらず、かなり継ぎはぎ的な、つまり一九世紀のグランド・オペラのご都合主義とは異なるにせよ、それだけに捻《ね》じれた形で雑多な要素の混在するその書かれ方そのものを掬《すく》い取ろうとする。神々族の主神ヴォータンは、フロック・コートを身に纏ってはいても、片目には黒い眼帯をし、とねりこの木で作った槍《やり》を持っていなければならず、古代神話のゼウスよりは余程一九世紀西欧のブルジョワ的家父長である。嫉妬深い妻のフリッカには、古代のヘラよりは一九世紀の風俗喜劇の主婦が見え透き、「ブリュンヒルデとの別れ」はドイツ・ロマン派の絵画的表象の中で演じられる。しかし、ショーペンハワー的ニヒリズムは、終末への欲望となって、紛う方なく北欧神話の〈神々の黄昏〉を現代の劇場の事件とするのだ。

しかし解釈だけでは演出は成立しない。シェローの長年の協力者である装置家のリシャール・ペドゥッチが構想し実現した装置と、その装置のなかで演技し、かつ歌う歌手たちの驚くべきパフォーマンスは、明快で演劇的なブーレーズの指揮とともに、この『指環』を記憶の劇場に刻印したのである。

ここでは最も名高い例を一つ挙げるに留めるが、それは言うまでもなく第一部（正確には前夜祭）『ラインの黄金』の冒頭、幕開きの情景である。ライン河の始原の眠りを暗示する低音が次第に打ち寄せる波のようにうねりを増していくなかで幕が開くと、そこに出現するのは、本物のコンクリートを打ったかと思われる巨大なダムである。三つの排水口があり、その上にはシリンダーで回転している金属の円筒に水が流れ、水蒸気が上がっている。舞台前面へとかなり急な傾斜となって下るダムの排水溝が主要な演技エリアであり、そこを、日雇い労務者のようなアルベリッヒと、ハンブルクの娼婦然としたラインの乙女三人が、組んずほぐれつして、芝居をするのである。一〇〇年祭の年の上演では、ここで幕が開くや否や、反ブーレーズ＝シェロー派の伝統的観客は、猛烈なブーイングを挙げて、オーケストラがほとんど掻き消されてしまいかねない状態だった。

水力発電のダムを産業革命の象徴的〈装置〉とするという思いつきだけなら、他にも考えた人はいるかも知れない。しかしそれをワーグナーで、しかもバイロイトの『ラインの黄金』の幕開きでやってしまう。それは、腐った卵を投げたり、観客に松《たい》明《まつ》を押しつけたりするのとは比較にならない挑発行為である。しかし、この挑発が、ワーグナーの楽劇を、あたかもリヒャルト・ワーグナーの初演以来一〇〇年間、何も変わらず、すべては忠実に守られてきたかのように主張する愚劣なアカデミズムの楯を打ち破ったのである。それは、単にワーグナー楽劇に留まらず、オペラ全体に、更には一般に舞台芸術全般にも大きな反響を呼び起こす「『指環』の戦い」だった。

踊りの世紀――身体の異文化

すでに一九七〇年代にさる批評家は、ベジャール・バレエの写真アルバムの序文にこう書いている。一九世紀にワーグナーが楽劇によって企てたこと、すなわち全体芸術を現代において実現しているのはバレエであり、なかんずくモーリス・ベジャールの仕事であると。

『二〇世紀の芸術であるダンス』といったタイトルの出版物は、近年枚挙に暇《いとま》がないだろう。バレエというにせよダンスと呼ぶにせよ、身体運動を中心にすえたこの表現様態が、かくも流行するに至ったのは何によるのか。一体、何が起きたのか。

まず二〇世紀の舞踊の新しい波は、アカデミックの技法の全面的な否定で始まった。それは技術だけではなく、その身体表現の美学そのものの拒否である。アメリカ人であったイサドラ・ダンカン Isadora Duncan（一八七七―一九二七）は、アカデミック・ダンスによって教育を受けたが、いち早くその桎梏《しっこく》を逃れようとして、古代ギリシアの光に想を得ることを主張し、二〇世紀初頭の二〇年間の世界的なスターとなった。一九〇九年から一九一四年にかけてパリを熱狂させたディアギレフのロシア・バレエの花形ヴァスラフ・ニジンスキー Vaslav Nijinsky（一八九〇―一九五〇）の場合も、踊り手としてはアカデミック・ダンスの超絶技巧を身につけていたが、それには飽き足らず、みずからドビュッシーの音楽に振り付けた『牧神の午後』などによって、従来のバレエとは全く異なる身体の言語を追究した。しかもニジンスキーの場合は、一九世紀型のバレエが舞台から排除した男性舞踏手の存在を、たとえば『薔薇の精』

の、逞《たくま》しい若者の体であるだけに一層幻惑的な両性具有の美の出現によって復権したのであり、単に舞台上の節度の侵犯ではなく、近代西洋社会の文化そのものを保証していた大きな禁忌を破って見せた。観客の視線に曝される若い男性の肉体というものである。ニジンスキー以前には、下半身をタイツに包んでいるとはいえ、肩や脇の下を露出して男の体の線があからさまに露呈するような男性の肉体が、公式の舞台を支配することはあり得なかったからであり、その「牧神」の身体は、かつてパリの舞台が見たことのない野性の危険な力を発散していた。スキャンダルは避けられなかった。ニジンスキーという事件は、単にバレエの舞台の問題でも、ダンスの技法的革新のそれでもなかった。ニジンスキーが踊っていたのは、一〇年にも満たないが、二〇世紀の芸術家で、特に舞台の芸術家のなかで、彼ほど神話的なアウラに包まれている存在は少ない。ニジンスキーの類稀な才能とその悲劇的な生涯によって、踊る身体そのものが問い直されたからである。文学や絵画、あるいは音楽の領域で起きつつあった現象、すなわち芸術が芸術自身の根拠を問うことによってかろうじて芸術たり得るという、あの現象が、こうして踊りの世界にも出現したのだ。

一九二五年からディアギレフの死ぬ一九二九年まで、ロシア・バレエの中心的な振付家として活躍したのち、一九三四年からはアメリカを活動の根拠地とするジョージ・バランシン George Balanchine（一九〇四—一九八三）、彼がロシア・バレエを去る直前に振り付けた『放蕩息子』などを見ると、後にアカデミックな技法をその抽象性において極限まで追究した振付家とは思えないほど、西洋的身体とは異質の身体を模索している。それは単に技術的な差ではなく、何かしら身体の本質に関わる差異として認識されるものであるが、すでに「第11章　東洋演劇の幻惑（二）」で見たように、「東洋的な身体」も、西洋世界の「文化的外部」として幻想される限り、二〇世紀の舞台芸術に、形を変えては繰り返し呼び出される。それが単なる技術的な課題に終わる場合は、舞踊の語彙が少し増えた程度の事件でしかないが、アルトーが最も過激に体現したように、これらの「外部」は、西洋的価値を転覆させるための戦略的根拠として、芸術の存在にかかわる問いを可能にしているのだ。

マーサ・グラハム Martha Graham（一八九四―一九九一）からマース・カニングハム Merce Cunningham（一九一九―二〇〇九）へのアメリカの「モダン・ダンス」も、既成の身体的技術を廃絶するところから始めた。特にカニングハムの場合は、作曲家ジョン・ケージとの共同作業などにより、東洋的な精神性へと踊りそのものを高めようとする。ここでも踊りの存在そのものが問われているのだ。

現代の「舞踊演劇」

モーリス・ベジャール Maurice Béjart（一九二七―二〇〇七）の巻き起こした熱狂

は、同時代の政治的な情熱と深く結びついていた。ヴェトナム反戦運動のメッセージが鮮烈であった『ロメオとジュリエット』は、ベルリオーズのドラマチックな音楽と、轟音《ごうおん》を立てて飛び回るアメリカのヘリコプターの機銃掃射の録音がスピーカーから降り注ぐ舞台で、ダンサーたちは「戦争はやめよう、恋をしよう」というメッセージを踊っては倒れ、倒れてはまた踊る。ストラヴィンスキーの『火の鳥』は、やはり時局的な「第三世界の革命」を、中南米のゲリラによって訴える。「火の鳥」こそは、常に炎のなかから蘇る「永久革命」の象徴であり、ゲリラの服を脱ぐと、眩《まばゆ》いばかりの白い若者の裸身が真紅のレオタードに包まれて出現する。独自の全体芸術を目指した『現代のためのミサ』は、「五月危機」によって爆発するエネルギーの明らかな予兆であった。

踊りに、それが本来持っていた神聖な機能を回復するのだとは、ベジャールが好んで口にした命題だが、そこでは「聖なるもの」はその侵犯によってのみ明らかになる。ベジャール・バレエの過激なエロティシズムの根拠もそこにあって、踊りによって現代人の深層に潜む神話に語らせようとするのだとも言える。

ベジャールの振付は、アカデミックな技法の上に、それとは全く異質な身体行動、たとえば激しくスポーツする身体やセックスする身体の行動から、インドやアフリカの伝統舞踊の運動や形まで、多様な身体の言語を同等の資格で取り入れ、現代人の感覚に直接訴えかけるような踊る身体を作り上げた。出世作と呼ぶに相応しいストラヴィンスキーの『春の祭典』のダイナミックな構造体としてのバレエ。ウェーベルン『作品5』に振り付けた、「俳諧」などとも呼ばれる極めて禁欲的に切り詰めた動きからなる抽象的なバレエ。あるいは『ボードレール』や『ニジンスキー――神の道化』から『我々のファウスト』を経て『ディオニソス』や『ニーベルングの指環』に至る「劇的バレエ」。更には、マーラーの何回目かのブームに大いに貢献した『交響曲三番』による『愛が私に語ったこと』と、同じく『五番』の「アダージェット」、つまりヴィスコンティの映画『ベニスに死す』の導入曲によるソロといった一連の作品は、ジョルジュ・ドンを中心に発想された男性舞踏手の高度に官能的な身体の讃歌であった。そして、ベジャールとドンの踊る紋章ともなったラヴェルの『ボレロ』。ベジャール・バレエを語ることは、それに熱狂するとしないとにかかわらず、現代の舞台芸術の創造的な様相を語ることになる。それほどに、問いは単にバレエの世界に留まらず、遙に広い地平へと投げ掛けられている。

日本におけるベジャールへの熱狂は、ヨーロッパに比べて一〇年以上のずれがあった。しかしそれでも、バレエといえば『白鳥の湖』か『くるみ割り人形』といった受容態度が一変したことは喜ぶべきことであった。もっとも、ベジャールは、クラシックの技法を自分の振付の言語として自家薬籠中のものとしているから、ベジャールによって開かれた期待の地平は、実はクラシック・バレエの舞台にも大きな変化を引き起こしている。

現在、世界で活躍している振付家と、クラシックの踊り手との作業をみると、卓越したクラシックの踊り手は例外なくこれら新しい美学の担い手の振付で踊ろうとするし、また振付家のほうも、踊り手の卓越した技能を、自分の作品の発想源として歓迎している光景に至る所で出会う。一九六〇年代にパリ・オペラ座がベジャールを踊っていたのが、この劇場の例外的な革新のコアーであった時代とは大きく様変わりしている。ハンブルク・バレエのジョン・ノイマイヤーのような古典主義者は言うに及ばず、クラシックの身体技法を過激にブレイクすることで、生成する身体の運動の可能性そのものをバレエに仕組んだフランクフルト・バレエのウィリアム・フォーサイスさえも、パリ・オペラ座のレパートリーに入っている。一九九五年以来バレエ総監督を務めたブリジット・ルフェーブルは、私の指摘の中にあった「フォーサイスさえも」に対して、パリ・オペラ座はフォーサイスの仕事に馴染んでいるから、「さえも」は当たらないと語ったほどである。

たとえば、日本でもバレエ雑誌の年間人気投票で、女性ダンサーの第一位を占め続けたシルヴィー・ギエム。私個人としては、彼女がオペラ座のエトワールになる以前から注目していて、パリ通信のような記事にはしばしば触れていたし、一九八四年一二月には、ヌーレエフ版の『白鳥の湖』で、オデットとオディールを踊り、その舞台のカーテン・コールで、オペラ座のエトワールに昇進する辞令を受け取るという光景を、当時オペラ座運営会議議長のラルキエの桟敷で見るという幸運にもめぐり合わせた。そのシルヴィー・ギエムが、パリ・オペラ座を去ってイギリスのロイヤル・バレエに移籍した直後に作られたヴィデオ『美と神秘のプリマ　シルヴィー・ギエム』（パイオニアLDC）を見ると、この天分に恵まれたバレリーナが、ベジャールの振付で踊り、フォーサイスで踊り、更にはスウェーデンのマッツ・エックのバランス解体型振付で、必死に汗をかいて稽古をしている光景を見ることができる。真直《まっす》ぐ立ったまま脚をすうーっと頭の上まで挙げることができるその「体操選手的な超絶技法」は、事実体操選手であった母親譲りだとは言われるものの、容易ならざるものがあって、クラシックのファンともなれば、この光景だけで歓喜する。

シルヴィー・ギエムのケースは、現在のバレエ・ブームを理解するのに恰好な指標を与えてくれるように思われる。イサドラ・ダンカンからニジンスキーを経て、アメリカのモダン・ダンスは言うまでもなく、ある時期のベジャールにおいてさえ、最も正体のはっきりした敵であったアカデミック・ダンスとその美学。一九世紀ブルジョワジーの、社交の仮面に隠れた卑しい欲望の対象という非難から始まって、本質論としては、もはや語る内容をもたず、語ることすらできなくなった死語という批判に至るまで、二〇世紀の舞踊の前衛は、クラシック・バレエを批判することで成立していたかの感を与える。この舞台表現が、創造力を失った社会主義国の唯一の美的贅沢として、支配階級の式楽に化して生き延び、まさにそのようなものとして、自由主義圏の保守的な観客と劇場を勇気づけてきたという皮肉を思い起こせば当然の批判であった。

しかし、現在の状況から翻って考えると、ひたすらなる技術の洗練と高度化こそが、八〇年代以降の舞踊の隆盛の下地を作ったのではないか。そこでは観客の側に、美の条件として技術以外に信じられるものはないという、ある意味では甚だ露骨な経済学が働いている。より正しくは、バレエの場合に絶対不可欠である容姿という身体の条件が、ほとんど生得のものであると認識する宿命論と表裏一体をなす形で、より高度な身体技への執拗な要求が見て取れる。それは踊り手に、ほとんど虚無主義的修練を課することになるのだが、そのような貪婪な視線とあくなき身体の意志との鬩《せめ》ぎ合いの空間に立って、シルヴィー・ギエムは、現代の踊りの紋章のように輝いている。

いつぞやピナ・バウシュについての座談会に加わったときに、出席者の共通の了解として、このヴッパータールの「タンツテアター」の指導者の作業と作品を、フォーサイスからさえも――また「さえも」だが――隔てているものは、ひょっとしてシルヴィー・ギエムにはピナは踊れないのではないか、という疑問であった。断っておくが、それはギエムにとっていささかも不名誉なことではない。なぜなら、ピナ・バウシュという振付家は、まさに「踊り」を超えた何物かを求めているとされるのだから。

一九八四年にパリで見た『カフェ・ミュラー』の、確かに踊りなどというものとは全然違う、凝縮した暴力と身体の、それでいて不思議に無機的な空間の与える衝撃。あるいは、本物の土を舞台に盛って、その上でダンサーたちに過激な踊りをさせてしまうピナ版『春の祭典』の、途轍《とてつ》もないエネルギー。そして、以後のピナ・バウシュの仕事の系譜を開いた『ヴァルツァー』には、いささか白けた思いをしたのが、私としては最初の経験だったから、ある点までは、後に渡辺保《たもつ》が言うような「踊りでも舞踊でもないから私は嫌いだ」という立場に同意はする。しかし、あえて「タンツテアター」〔舞踊演劇〕と称しているピナ・バウシュの仕事には、二〇世紀の劇場に周期的に影を落としてきた、人間の営みとしての舞台芸術の存在可能性そのものへの執拗《しつよう》な問いが、ちょうど照明の加減でまざまざと見える夥しい微粒子のように浮遊している。かつての前衛のように声高にではないが、ヴァージニア・ウルフの微笑にも似たこの女性の口許《くちもと》には、舞台の踊りの臨界でもあり、また人間の存在の証《あかし》でもあるようなイメージを呟く声が、絶えることなく聞こえている。

第15章　舞台芸術論の現在

　最終章に至って、本来は「舞台芸術の現在」について総括をし、未来の展望を語るのが当然であったかも知れない。また緊急の課題である「アート・マネージメント」や「芸術経済学」についての論考を展開すべきであったとも思う。しかし、前者については、そのような展望は目下の私には欠けているし、また後者については、まだ客観的に見て問題の整理そのものもなされていないから、到底一章で論じることはできない。とはいえ、芸術経済学が、単に芸術分野の計理士を養成するだけの経営学ならば、私の出る幕はない。しかし、この新しい分野に関わる人々も口にするように、そこにはやはり何のための芸術経営なのかという問いが、不可分なものとして存在する。それはこの分野に関わる人々の情熱の源でもあるのだ。してみれば、舞台芸術を、ともかく広く見渡して考えを深めようという本書も、基本的な作業として、そこに何がしかの貢献は果たし得るだろう。

1　再びマラルメの予言について

マラルメの予言

すでに何度かその名前を引き、その思考をモデルとして参照もしてきたフランス象徴派の師、ステファーヌ・マラルメ。その〈未来の群衆的祝祭演劇〉の範列《パラダイム》は、前章でも触れたが、ここで、もう少し詳しく述べておいたほうがよいだろう。クローデルや、アルトーでさえも、その思考の地平にいたのであるから。

マラルメは、二〇代の初めに舞台用の詩篇を書いて受け入れられず、以後は劇作とは無縁な、孤高の詩人というイメージができ上がる。事実、一八八〇年代後半に、時の前衛雑誌に演劇時評を書くようになっても、「芝居嫌い」を標榜して憚《はばか》らなかった。「芝居にはいらっしゃいますか？——いいえ、滅多に。——ご同様で」という挨拶。その実、「第3章　劇場とその機構——システムとしての劇場」の「劇場の表の顔——祝祭装置」の節で触れたように、すでに一八七四年の『最新流行』の記事は、劇場芸術への関心を雄弁に語っていたが、しかしその視点は、通常の演劇批評のように、演劇の存在を自明の理としては認めてはいなかった。マラルメが演劇やそれが演じられる劇場を、「不可能性の怪獣＝キマイラ」の比喩で語るのは、観念としてしか存在するはずのない幻想獣が、現にそこに存在し、太陽が西の地平を焼いて沈む頃、大都市の人間たちを飲み込むために、都市の真ん中に、己《おの》が顎《おとがい》を開けているからである。その張りぼての装置は、すでに至るところで亀裂を生じ、崩壊しようとしながらも、歌と踊りで最後の狂騒を演じている。

一八八五年には、若い友人のエドワール・デュジャルダンに請われて雑誌『ワーグナー評論』に「リヒャルト・ワーグナー――フランス詩人の夢想」を書くし、翌年秋からは、一シーズンのあいだ、パリの劇場で上演される作品をめぐって「演劇についての覚書」と題する時評を、やはりデュジャルダンの『独立評論』誌に連載する。これらの演劇論は、一八九〇年代にマラルメの豪華本散文集『パージュ』や、普及版の『詩と散文』などで再編集されつつ、最終的には散文テクストの集大成『ディヴァガシオン』にまとめられるのだが、その真の意味が理解されるのは二〇世紀後半になってからである。

『詩と散文』の「ディヴァガシオン第二――祝祭」と題するテクストで、マラルメが立てた〈未来の群衆的祝祭演劇〉のモデルの範列。これらのテクストは、筑摩書房『マラルメ全集Ⅱ』に私の訳・注・解題があり、『詩と散文』の「祝祭」は、マラルメのバレエ関係のテクストを選んで、ゴーティエ、ヴァレリーの舞踊論と合わせて一冊の本にした『舞踊評論』（新書館、一九九四年）にも収録してあるから、厳密な議論はそれに譲るが、肝心なのは、次のような考えである。すなわち、同時代にほぼ確固たるものとなった共和制は、市民に対して、かつて宗教や王権が果たしてきた共同幻想形成の役割を果たしていない。舞台芸術こそがその代わりになるべきであるのに、現実に劇場で演じられている舞台はくだらぬ日常生活の再現に汲々としていて、例えば管弦楽の演奏会ならなんとか満たしている「代換宗教」あるいは信仰の代換物の働きとは無縁のままでいる。果たしてこういう状態がこのまま続いてよいのか。

　マラルメの思考の地平に姿を現し始めていた大きな文化的事件は、言うまでもなくワーグナー楽劇による舞台芸術の宗教的・神話的機能の復活であった。マラルメの考えでは、ワーグナー楽劇への熱狂が意味しているものは、〈演劇〉（言葉の演劇である）だけでは「余りに狭量で」あり、また〈音楽〉（オーケストラの演奏会）だけでは、「漠としていすぎて」いて、いずれもそれだけでは「未来の群衆的祝祭」の要請には応えられないものが、そこで合体を遂げていることである。但し「フランス詩人」は、それが単なる野合に過ぎず、真の婚姻ではないとして、ワーグナーの主張には疑義を唱えるのだ。詩人固有の偏見とみずから認める偏見によって——それは多かれ少なかれ「フランス人」の偏見でもあったが——すべては、「文芸の原理」に従って考え直さなければならなかったからである。

　そこでマラルメは、現存するジャンルから、〈未来の群衆的な祝祭演劇〉のモデルとなり得るような広義の舞台表象を選んで、それらを問題の範列に組む。四通りのジャンルであるが、それらはいずれも、従来の演劇とはほとんど重ならない形態であった。

その第一は、詩人として当然ではあるが、韻文によって、現代の神話に形を与えるような寓意的物語を朗読する、言わば韻文の朗読オラトリオである。ここで言う韻文つまり「詩句」は、従来の定型韻文に事を限定するものではないが、韻文こそがその国語の精髄を体現しており、言語にとって「美の鋳型」の働きをすると考えるからだ。

第二はバレエで、登場人物とは別のレベルで、バレリーナが自分の体で幻想の文字を舞台に書いていく舞台表現である。別の箇所では、「バレエは、本来的な意味での踊りではなく、バレリーナは象形文字である」とする名高い命題。マラルメの考えでは、舞台芸術の多くは、極端な見方をすれば、言葉であり、文字として書物のページに閉じ込めることができるが——音楽の譜面も同様だ——バレエだけは、舞台上の踊り手の身体運動やその形によって表現されるものだから、書物のページの中に閉じ込めておくことはできない。どうしても舞台の板を必要とするジャンルである。その意味では、パントマイムやサーカスの曲芸のような「演劇の直接的力」に通じる。そしてマラルメの目には、近年の舞台芸術を特長づける現象とは、まさしくこれら演劇の直接的な力の表現が大挙して進入して来る光景なのであった。

この範列の第三の項がワーグナー楽劇である。ワーグナー楽劇ではオーケストラ・

パートの重要性が極度に肥大した結果、従来の演劇の登場人物というものが、オーケストラの音楽によって解体されてしまう。オーケストラがライトモティーフなどの音楽言語によって、人物を演じてしまうからだ。そのために、人物たちは「オーケストラの靄のなか」を「彼方へと、始まり〔始原〕のほうへと後退して行く」ように感じられ、この始原回帰の運動が、北方・ゲルマンの神話を楽劇の物語上の内実として、舞台上に君臨させることになる。登場人物の解体と現実的物語の排除、そして特定の場所・時間からは自由な舞台的虚構の枠組みという、象徴派の演劇論の基本がここに示されている（『かもめ』の前衛詩人トレープレフの「新しい演劇」のヴィジョンとは、まさにこういうものだった）。

第四はカトリック教会のミサであり、そこで演じられる「神秘劇」には三つの仕掛けがあるという。その一は、会衆の一人一人が、自分では理解できないラテン語の祈りの歌を、「喉という慎ましい楽器」によって天上へと投げ上げ、そうすることで、見えざる神と集団的に合体する。つまり今風に言えば「観客参加」の祖型である。その二は、司祭が――演劇とは違って――役を演ずるのでなく、目に見えない神を指し示すだけであり、そうして指し示された不可視の対象に群衆が合体するという仕組みである。その三は、教会堂の入口にあって、「外部」を表すとともに、この祭式の場を取り囲む宇宙的な闇を、鎮められた形で流し込むオルガンである。こうして詩人は、教区の聖堂の柱の傍らに佇《たたず》んで、「未来の国家的宗教の演出」の祖型を見る想いだとし、最後に「愛すべき入場無料」という点を付け加えることも忘れない。

この第四のモデルとの関係で、トロカデロ宮に作られた四六〇〇人を収容する大ホールと、そのオルガン演奏会が引かれるが、それは、聖堂の合唱祭壇に似た単なる張出舞台の奥に、巨大な呪物のように君臨するオルガンという機械が、群衆を歓呼させている光景こそ、未来の展望《ヴィジョン》を予告するものであり、群衆的祝祭の先取りと思えるからであった。

予言の射程――舞台芸術の現在

マラルメによる〈未来の群衆的祝祭演劇〉のパラダイムは、同時代の劇場で見られた演劇とのあいだの余りに大きい距《へだた》りのために、マラルメを師と仰ぐ象徴派の若い詩人たちの外には注目する者はいなかったし、そのなかでも「マラルメのレッスン」を創造的なレベルへと転換できたのはクローデルくらいであった。しかし、二〇世紀後半の、特に一九六八年の危機以降、西洋世界の劇場が見せた光景を予告するものとして注目され始めた。すでにみたように、一九七〇年代以降の西洋型社会におけるオペラとバレエの流行を解くためには、それは恰好の読解格子であった。

詩人として、「言葉の演劇」の頽廃《たいはい》は許しがたいものがあったに違いないが、マラルメはその嫌悪を極限にまでもっていく。日常的な生活の再現に費やされる日常散文とは異質の言語態。それは、マラルメにおいては一応定型韻文の形を取るが、しかし晩年の未完の詩篇『エロディアード の婚姻』に書き込まれた異形な詩句は、むしろアルトーの「舌語《グロッソラリー》」"glossolalie"を思わせるものだ。確かにそれは、まだ分節言語ではあるが、分節言語の通常の用途からは故意に狂わされて、叫びのようなものに変容している。その意味では、イヨネスコの解体する言語を予告するし、日常性に徹した外見を持ちながら、日常言語とは全く異質の手触りを持つベケットの台詞(たとえば『わたしじゃない』の「口」が語る言葉)にも接近する。

しかし、より通俗的なレベルで言えばマラルメが見ているものは、「音楽入り」でないとお客が呼べないという現象であって、同時代ならば、オッフェンバックのオペレッタの爆発的な人気にその証左を読む。現代ならば、言うまでもなく「ミュージカル」であるが、「歌」という形での舞台の音楽は、シェーンベルクやベルク、ミヨーやオネッゲルといった二〇世紀前半の音楽的前衛にとっても誘惑の源泉であった。マラルメが管弦楽の演奏会の流行に、宗教の代換物を見たのは正しかったし、現代でも、クラシックの演奏会は宗教的な敬虔《けいけん》さを売り物にしている。しかしマラルメのヴィジョンにより近いのは、むしろロックのようなマス・コンサートであろう。そこではパフォーマーの身体行動が極めて重要であり、音楽の憑依的機能が聴衆の身体のレベルで実現されているからである。

マラルメの指摘のなかで、カトリック教会のミサに「未来の国家的宗教の演出」を見るという発想は、信仰を取り戻したクローデルには不謹慎なものに映ったに違いないが、しかし、一八歳のクローデルがクリスマスの晩課を見物にノートル＝ダム寺院へ出掛けたのは、まさにマラルメの指摘に通底する期待があったからである。回心した後もクローデルは、カトリックの典礼に演劇の祖型を見ようとするし、マラルメの演劇のヴィジョンが、クローデルの能理解と、一般に東洋演劇の理解の地平を画していることはほぼ確かである。

現代の視点からすれば、巨大化するショー・ビジネスは、スーパー・スターのショーを、巨大な典礼に変えてしまうし、そこにはハイ・テクを駆使した装置が動員される。トロカデロ宮の巨大なオルガンに未来の祝祭を見たマラルメは、「かつては神が、現在では民衆の声が君臨している所に、未来にはオルガンが君臨するだろう」という意味の言葉を友人に書き送っているが、まさにそれは無－人称的なテクノ・パフォーマンスの予告である。

ミサに典型を見る「参加型」の演劇は、六八年型演劇に多く試みられたし、日本のカラオケが世界に広まりつつある現状も、その極めて「私的」な帰結であろう。ただ、マラルメと我々の間に立ちはだかる記憶のスクリーンには、ニュルンベルグのナチ党大会に要約されるような、「革命の世紀」のあれら集団的祝祭のイメージが繰り広げられているのを、我々は知っている。それはマラルメが見据えている〈劇場装置〉にも、観念としては書き込まれていた。

最後に、マラルメが常に幻惑を感じていたパントマイムや寄席の芸、サーカスなどといった「演劇の直接的な力」が劇場に侵入する光景は、語の狭い意味での「パフォーマンス」を始め、現代における直接的＝身体技への熱狂に顕著に現れている現象であり、現代ではそれを映像が、一層快楽的な受容へとつないでいる。

こうして、マラルメの言説は、舞台芸術の現代を見通すためにも、問題形成のモデルとなりうるのだが、それはとりもなおさず、舞台芸術論の現在を映す鏡でもあるのだ。

2　伝統と現代——日本の場合

能の脱‐構築

ジャック・デリダの「脱‐構築」“déconstruction”の命題を受けて、一九七〇年代以降、「ポスト・モダン」と呼ばれる技法が、演出や演技の領域でも持て囃されたことは「第12章　前衛劇の地平」で触れた。一つの表現様式を特権視するのではなく、過去の記憶の空間に浮遊する互いに異質な様式を引用することで、意味生成の空間を宙づりにしようとする。

日本のように、なまじ伝統的な演劇が連綿と続いている場合には、現代の問題意識から伝統に向かうといっても、そこにはさまざまな落とし穴が待ち受けている。人間が体で伝えてきたものの脆さと同時に執拗さである。伝統と呼ばれるものを呪物崇拝するのでなければ、この制度に立ち向かうには何らかの仕掛けが必要であり、そのための戦略には脱‐構築的な手法はある程度まで有効である。かつて観世栄夫・野村武司(現・萬斎)と、「パルコ能ジャンクション」で作った『葵上』は、私なりの能の脱‐構築の作業であったが、そこでは、湯浅譲二が一九六〇年代初頭に、観世寿夫・栄夫・静夫の三兄弟による能の『葵上』の謡部分の録音から作ったミュジーク・コンクレートのテープを土台にして、『葵上』言説群とでもいうべきさまざまな言語態のコラージュをした。能の『葵上』の詞章と演技に——ただし、シテ以外の役は一人の若者(野村武司)が受け持つ——能の典拠である『源氏物語』「葵の巻」の原文と、その円地文子訳を並置し、更に六条御息所の怨念の出発点となった「賀茂の祭の車争い」を能の『野宮』から引いてくる。全体を、レーサーの少年が事故死する直前に見る「宿命の女《ファム・ファタル》」の映像として読み直してみたのである。

シテは本行通りに観世栄夫が舞い、ワキやツレは野村武司がレーサー服を着て演じる。シテの中入りの後で、レーサー服を舞台上で脱いでレオタード姿となった少年が、能の「懺法《せんぽう》」の囃子で、円地訳『源氏』の御息所と源氏の後朝《きぬぎぬ》の別れや、物怪《もののけ》による夕顔の死の瞬間を語る。言い忘れたが、能で葵の上を表す小袖は、ここでは緋の長襦袢《ながじゅばん》である。夕顔の死を語った後でそれを羽織る少年は、今度は御息所そのものに同化して、生霊となって葵の上の枕辺へ行き、そこで呪法の芥子《けし》の匂いが身に移って、髪を洗ってもそれが抜けないという妖しい体の悩みを語るのである。

本行の能の断章と、その現代的な反映を並置した空間で、能の『葵上』と本説の『源氏物語』との距離を計りつつ、この二つの言説の姿を改めて重ね合わせ、本来この「物語《ミュートス》」に備わる官能性の身体的位相を明らかにする実験であった。視覚的な発見としても、たとえば、『フェードル』に使ったのと同じ客席貫通型の舞台で、赤い別珍の上に透明なプラスチックを敷いた舞台に真上から照明を落とすと、激しい照り返しが起きるが、その照り返しで見えるシテの泥眼《でいがん》の面は、それまでに見たことのない激しい変化を見せて面白かった。考えてみれば野外の能舞台には、それを取りまく白い小石を敷きつめた空間が照り返しの効果をもっていたはずだから、これは泥眼の面の本来の働きを引き出したことになる。演出は能の神聖視されたコードに対しては瀆神的であったが、それによって本来の姿が見えたのである。

モノ・オペラ『源氏物語』の例

日本の現代音楽の草分けである松平頼則《よりつね》氏が、雅楽の旋法を用いて、雅楽の古楽器を中心とした器楽とソプラノ独唱による「モノ・オペラ」として作曲した『源氏物語』。これは紫式部に縁《ゆかり》の越前武生《たけふ》市の文化会館の委嘱で一九九五年に演出したものだが、従来の多くの新作オペラが、相変わらず登場人物と物語の筋によって手足を縛られているのとは違って、歌い手の「登場人物性」は殊更に曖昧である。そのために、一種の脱‐構築的な技法によって構成することが可能な作品であり、今井俊満の『花鳥風月』のパネルを吊るしただけの抽象的空間に、歌と管弦楽に踊りを加えた「モノ・オペラ」（一人オペラ）に仕立ててみたのである。

「登場人物」も「物語の筋」もなく、歌うのはただソプラノだけであり、しかもその歌は「アカペラ」（伴奏無し）である。したがって、笙《しよう》・竽《う》・琴・フルートの間奏部分が肥大しているし、それに加えて器楽演奏の「舞楽」が付く。

演奏会形式ならば、器楽演奏だけを聞かせることは容易であるが、舞台に虚構の時空を作るとなれば、それでは無理である。原作に「舞楽」の指定もあることだし、舞楽は男の舞うものであり、原作では「紅葉賀《もみじのが》」や「青海波《せいがいは》」で源氏と頭中将《とうの》との舞が喚起されるのであるから、男性二人の舞事とし、厚木凡人《ぼんじん》の振付でバレエのダンサーが踊ることにした。言うまでもなく、歌の邪魔になっては困るのだが、単なる背景でもないのだから、言わば歌と器楽と舞の三角形が、拮抗するように仕組んだ舞台である。

「語り」の復権

日本には、近代劇が拒否したか忘れたさまざまな演劇の技法がある。「語り」という、アリストテレス型劇作術が排除した言語態もその一つである。「語り」そのものをパフォーマンスにする企ても近年の日本では少なくないが、私としては、舞台の演技の構造に「語り」を組み込むほうに興味があった。一つには、西洋の劇作術においても、実は「語り」の言語態は重要であって、それはラシーヌの『フェードル』のような作品で限界的な形を取っているが、こうした作品を演じるときには、例えば古靭太夫時代の山城少掾《やましろのしょうじょう》の『合邦《がっぽう》』などに想を借りたほうがよほど有効であることに気づいていたからである。

近年の劇作術で言えば、マルグリット・デュラスの作品が、語りの技法を巧みに取り入れている。『エデン・シネマ』では、舞台両端に男女の語り手が席を占め、劇の内部に参加するとともに、「語り手」のステータスは捨てない。デュラスと会ったのは一度だけで、一九七六年にバローのオルセ劇場で、観世寿夫の「世阿弥座」が公演した時だった。その時の様子から、能には大変興味をそそられた様子が窺えたから、私としては、ひょっとして、晩年の「語り物」構造には、能がヒントになっているかも知れないと考えていたのである。

一九九四年に私が范文雀《はんぶんじゃく》と渕野一生で演出した『アガタ』も、不思議な「語り物構造」を取っている。近親相姦の愛に苦しむ妹アガタとその兄とが、二人の愛の記憶が刻まれたアガタという名の別荘で、別れる前に会って、二人の愛の物語を語りで織りなしていく。デュラス独特の詩的な散文で、現実に起きたはずの事件と言語で表される事件との、危うい相互干渉のゲームである。この時には、天井に白い幕を張っただけの、四方正面の何もない空間で、二人の言葉の生成と葛藤を見せるようにした。

三島由紀夫『サド侯爵夫人』は、日本の近代劇である新劇がモデルとした一九世紀末のリアリズムあるいは自然主義の原理を拒否して、フランス古典主義悲劇の筆法をモデルに選んで成功した例外的な劇作である。かつて三島が、上演台本の「修辞」をしたラシーヌ悲劇『ブリタニキュス』の応用も窺えるこの三幕物の戯曲において、幾何学的なまでに厳密な劇の力関係を担うのは、ひたすら言葉であり、理性を覆す情念を、理性に従った言葉で表現するという、ラシーヌ悲劇の逆説を実現している。そこでも、三島由紀夫の持っていた伝統的な日本演劇——この場合は歌舞伎と新派だが——の感性と技法が、あの『エロティスム』の作家バタイユの思想をラシーヌの言葉で劇に仕組むという賭に成功しており、演劇言語としての日本語を再評価させるきっかけとなった。

3　国際交流

寿夫・バローの立ち合い

近年は、国際交流と言っても、ただ輸入するだけではいけない、日本からも発信すべきであるとして、「発信型国際交流」が叫ばれているが、誰に向かって何を発信するのかについては、まだ「離見の見」が欠けているようである。諸外国から招かれるのが、伝統演劇と舞踏的パフォーマンスであるという偏りを修正するには、まだ手間隙《ひま》も才能も必要だろう。

ここでは、発信型国際交流が声高に言われるよりかなり以前のことだが、一九七七年にジャン＝ルイ・バローとその劇団が二度目に来日した折、青山の銕仙会舞台で催した「寿夫・バローの立ち合い――演劇作業の根拠について」という、あまり例のない実験のことを述べておきたい。

たとえば日本の芸能の場合、純粋にパントマイムであるような演技が主流であるとか、言葉が加わるのは例外であるというようなことはない。特に都市型芸能として成立した舞台芸術の場合には、踊りに言葉が付いていないことのほうが例外である。能の「序の舞」や「中の舞」のように器楽で舞う舞事があれほど肥大した例は他にはないのであり、ロマン派以降のヨーロッパのバレエのように、「踊り手は全く言葉を発さず、音楽は器楽による」という原則とは正反対である。

その能ですら、稽古における謡と舞の比重は、まず謡が圧倒的に重要である。したがって、謡を教えずに舞の型だけをワークショップでやるのはほとんど意味がない。文字通りの型真似に終わるのが関の山だからである。この点で、「寿夫・バローの立ち合い」は、興味深い証言となるだろう。同じテーマで、寿夫とバローが、それをどのように表現するかを対比する試みで、主題は二人と相談して私が選び、会の進行も受け持ったのだが、記録映像は残念ながら失敗して、すべての場面が残されたわけではない。しかし、黒のタートル・ネックに黒のズボンの寿夫、白シャツにジーンズのバローのパフォーマンスの一部は幸いにも残っている。

そのなかで、寿夫は、能の動きの基本型である「サシコミ・ヒラキ」をやって見せた。まず「サシコミ」で無限大の彼方に焦点を定めてそこへ体の力を集中させ、それを「開く」つまり「ヒラキ」によって、空間その力を舞台一杯に拡げるのだと説明する。しかし、それは単に抽象的な動きではなく、たとえば『采女《うねめ》』の采女と葛城の王の出会いを語るところで、「采女」という言葉にサシコミの動きの頂点を当てることで、采女のイメージが鮮やかに虚空に現前する例を演じて見せる。これは、寿夫と行ったワークショップなどでも、しばしば強調されてきたことであるが、身体の動きと言葉の関係に舞台表現のすべてが掛かっていると言ってもよい。つまり、言葉を捨象したところで仕草だけ見ることとは、少なくとも作業の現実とはかけ離れている。もちろん、それを受け取る側には、受け取る側の作業があって、能のような表現では、その意味生成は受け手の作業に負うところが多いわけだから、このレベルでの言葉と身体の関係も押えておかなければならない。

アルトーの弟子バローは、一九三〇年代にデビューした当時から、身体性に強い関心を払っていた。当時すでに廃れかけていたパントマイムをドクルーに習い、その成果は映画『天井桟敷の人々』のパチストとして結晶する。先に触れた銕仙会における「寿夫・バローの立ち合い」で最後に演じたのは、バローのデビュー作の一つで、フォークナーの小説を脚色した『死の床に横たわりて』であった。瀕死の母親と、傍らで見守る身内と、棺桶《かんおけ》を作る息子とからなる、台詞抜きの身体的な演劇であるが、銕仙会では、バローは三人の役を一人で演じ分けた。叫びと擬声音を主とした音声と、様式化した身体行動からなるこの演技は、初演当時に見た限られた人々の他には、名のみ高くて実際に見た者はいなかったから――ルノー夫人もバローと出会う前で見ていないと語っていた――極めて貴重な証言となった。アルトーの幻視者的な予言から発想された一九三〇年代末の前衛劇の一つの実例だからである。

このようなワークショップは、当事者の人間的な信頼関係がないと成立しにくい。演技の単なる「引出し」の陳列に終わるケースが多いからだ。バローと寿夫とは、一九六〇年、日本公演の際に出会ってから、バローが寿夫のフランス留学の引受人となる時期を介して、相互に敬愛の念は絶えなかった。一九七二年には、これも私が仕掛けたものだが、当時バローが拠っていたレカミエで、グロトフスキやピーター・ブルックを前に、「日本の伝統演劇における身体所作」についてのデモンストレーションを演じたことがある。栄夫が「張り板」を打つ拍子だけで、『道成寺』の「乱拍子」から「急ノ舞」までを舞って、聴衆を感動させたのである。

ところで、身体性も文化であり、また文化から言葉を排除したものがより始原的で、より純粋であるというのは、ジャン＝ジャック・ルソー以来の西洋近代の偏見に過ぎない。この偏見の名を「始原神話」と呼ぶ。確かにフランスのように、フランス語という国語が文化のなかで占める圧倒的な重要さに比べれば、日本の文化は複数の記号のシステム――たとえば文字や図像――が絡み合って言語を構成しているという意味でも、「雑種的」と呼べるであろうが、しかしその文化の内部で分節言語がマイナーな位置にいるとはいえない。たとえば「日本人の自然観」という時、そこに占める伝統詩歌の「風景の詩法」の決定的重要さは言うまでもない。しばしばあげつらわれる日本語の曖昧さにしても、近代化以前には、日本人ももっと筋道の通った言葉遣いをしていたはずである。

文化とは、それ自体、作られつつ動くものである。文化についての言説もまた、その文化の構造と記憶を反映している。身体性についても同じくであって、幻想の投影をするだけでは真の相互理解には至らないだろう。

フェスティヴァルの問題

本書でも、バイロイト祝祭劇場という一芸術家の芸術に捧げられたフェスティヴァルや、アヴィニョン演劇祭のことには触れた。二〇世紀後半の三〇年間は、地球上の交通が自由に、容易になるとともに、芸術の「国際交流」も飛躍的に進んだ時期である。特に日本の八〇年代のいわゆる「バブル」は、世界の音楽市場の値段をつり上げるのに貢献したとし、事実、外来の演奏家や公演が日本ほど高い国はない。むしろ自分で出掛けて行くほうが安いとして、フェスティヴァル・ツアーのようなものも企画されるし、いわゆる「追っかけ」も地球規模に拡大されつつある。

日本でも、利賀《とが》村の国際演劇祭以来、地方の振興政策と組んだフェスティヴァルは枚挙に暇がない。東京ですらも、「〈東京の夏〉音楽祭」や「東京国際演劇祭」など、幾つものフェスティヴァルが開催されている。ただ、一九九四年のアヴィニョン演劇祭に際して、フランスの「ル・モンド」紙の特集インタビューに答えて述べたことだが、日本から外国、特にヨーロッパへ招かれていくプロダクションは、伝統演劇とブトー系のパフォーマンスが圧倒的に多い。伝統演劇あるいは芸能（例えば神楽）は、確かに欧米人には相変わらずエキゾティックな幻惑力を持っているし、日本語を解さない観客には、「言葉抜き」のパフォーマンスは知的労度が少なくてすむような印象を与える。しかし、フランスにせよイギリスにせよドイツにせよ、首都や演劇創造の中心の町であれば、さまざまな国の言語の舞台が来ているのだから、日本語だけが排除される謂れはない。それにはそれなりの工夫が必要であることは言うまでもないが「日本語抜きのパフォーマンス」だけが日本の舞台芸術の精髄であるかのように喧伝するのは誤りである。

サイードの名著『オリエンタリズム』が精密に分析した「東洋という表象」の歴史的な由来とそれを生んだ装置。エキゾチズムの鏡は、その対象である当事者にも、相変わらず最も効率のいい自惚《うぬぼ》れ鏡である。

見本市的フェスティヴァルの機能を否定しようとするものでもないし、観光開発と結びつくのも、止むをえない所はあるだろう。一九七〇年代以降のルソー的「祝祭イデオロギー」の流行のお蔭で、「祭り」だの「祝祭」だのと言えば人が集まるという「楽しいムード」は、バブルのお蔭で肥大した時期があった。しかしアヴィニョン演劇祭にしても、「太陽劇団」の『タルチュフ』のような危険な上演をあえて企て、世界の現実と向かい合う緊張感は、やはり演劇フェスティヴァルの質と無関係ではない。

4　再びシステムとしての劇場について

アート・マネージメントあるいは芸術経済学

「アート・マネージメント」(arts management)は、過去一〇年間に日本でも脚光を浴びた術語である。「芸術経済学」と訳すべきだとの主張もあるが、差し当たりは耳近なほうを取っておく。

「国際化」の世界で、国全体としての文化政策の立ち遅れが指摘されてきた行政も、中央といわず地方といわず——特に地方においてだが——芸術文化の振興と、そのための助成に力を注ぐようになった。また企業が芸術文化の振興に寄与することで、社会的な還元をするという発想から、「企業メセナ協議会」も発足した。バブルの副産物という様相が濃かったことは、認めざるを得ないにしてもである。

しかし相変わらず国の文化行政は文化政策にまでは立ち致《いた》っていない。また地方自治体も、「地方振興」の名のもとに、まずは所蔵品もないのに美術館ばかりを建て、それが一段落つくと、今度はむやみと豪華な演劇専門ホールを建てた。一九九三年現在で「全国公立文化施設協会」に参加している施設は一〇六一に達しているという。しかし、芸団協(日本芸能実演家団体協議会)の一九九〇年の調査が語る「①いい企画を立てる人材がいない②いい観客、聴衆が育たない③実演家の層が薄い」という三大欠陥は、相変わらず改善されていないようだ（佐々木晁彦「『芸術経営学』体系化への試み」『文化経済学会〈日本〉・論文集1』）。

ここに引いた「文化経済学会〈日本〉」も一九九二年に設立され、私もその創立メンバーに名を連ねているが、しかしこの領域での研究は始まったばかりである。上記佐々木晁彦《あきひこ》氏の監修になる『芸術経営学講座』四巻（一九九四年）も、その事情をよく理解させてくれる。

「芸術経済学」というにせよ「アート・マネージメント」と称するにせよ、それは何のための経済学であり、マネージメント・経営学なのかという議論は不可欠である。確かに製作者としての経営学的知見は不可欠だが、単に劇場で働く計理士を増やすだけが目的なのではないと思う。先に引いた『講座』の「演劇」の巻の複数の著者が語っているように、そこには、演劇制作に対する情熱と意志と理念がなければ問題は始まらないからだ。

行政の側も、予算は確かに増やしているが、本当の意味での情報公開はしていない。『文化経済学会〈日本〉・論文集1』で、守屋秀夫、清水裕之、小野田泰明《やすあき》の三氏が、その報告「舞台芸術施設の運営経理の処理方法に関する調査」の結論部で嘆いているように、特に地方自治体などでは、文化事業の赤字を芸術文化への助成という形では明示せず、県庁職員の人件費その他の費目で処理してしまうケースが多く、実態が摑めないという難点がある。先進国並みであると誇示してみても、その内実が問われないのでは、真の情報公開とは言えないだろう。日本のシステムを欧米の劇場システムと比べようとすること自体がナンセンスだと主張する声も聞こえそうであるが、しかし彼らのやっていることをそのままモデルにしろなどとは誰も言っていない。そうではなくて、彼らがどのような努力を積み上げ、どれほどの知恵を結集して、現在のような助成の仕組みを作り上げ、またそれを生かしてきたのか、これは学ぶに値する。鈴木忠志がかねがね主張してきたように、単なるお飾りではない実行力のあるクリエーターを芸術総監督として任命すべきなのだし、その際彼が行政の迷路のなかで孤立しないような、核となるチームを作らせるべきなのである。

劇場総監督の主張

ヨーロッパとのシステムの違いを認識し、日本に有効なシステムを発明するためにも、ヨーロッパの劇場総監督という存在が、どのくらい責任と力と、それに見合った才能と見識を持っているのかを見るために、一九九五年夏までパリ・オペラ座の総支配人であったジャン＝ポール・クリューゼル氏と、バイエルン国立歌劇場の総監督ピーター・ジョーナス氏のインタビューを取り上げる。彼らは自信に満ちており、責任の所在がはっきりしている。劇場の長は、すべてに責任と権利とを持つのであり、擬制的民主主義などは通用しないこともよく分かる。

ジャン＝ポール・クリューゼル氏のインタビューは、すでに「第3章　劇場とその機構」で「組織に関わる部分」を参照したが、ここでは主として、国庫の助成金や人事の決定権について語っている部分に注目する。パリ・オペラ座が国庫から受ける年間助成金は、五億五〇〇〇万フラン（日本円に換算して約一一〇億円）であり、それが収入の約三分の二を占め、その他の収入の重要な部分が定期会員を対象とした切符の売上だという（本書初刊当時、以下同）。実際の観客数は約七〇万人で、それが重要な財源になっているし、劇場を貸すことで生じる収入も馬鹿にはならない。参考までに、日本の芸術文化振興基金の平成七年度助成金の総額は、美術・音楽・演劇・地方文化施設の振興などすべて含めて一九億八九〇〇万円であるから、オペラ座の受けている助成の五分の一にも満たない。

人事に関しては、政府から任命されるのは総監督だけであり、後は総監督が自由に選ぶ。ただし、管理部門には審議官がいて、総監督は彼に報告する義務がある。オペラ座は完全な自治組織であり、総監督は六年ごとに任命されるが、その任期内では、総監督に大きな自治の権限が与えられている。ただし、政府の助成金の使い道については、審議官と文化大臣の意見を参考にしなければならない。クリューゼル氏自身は取材時まだ四八歳であり、元来は大蔵省の官僚であったが、オペラ座の赤字が五〇〇〇万フランにも達していて、その経営再建が重要な課題になっていたために任命された例外的なケースで、芸術分野出身の専門家を総監督に任命するのがオペラ座の通例であると強調していた。

ミュンヘンのピーター・ジョーナス総監督は、ドイツ語読みでペーター・ヨーナスと言うとドイツ人かと思うが、イギリス人であり、初めは指揮者のショルティーの助手でデビューしたという。指揮者のサヴァリッシュの後をついで、一九九一年に「インテンダント」に任命され、二年後に着任した。任命は二年前というのがドイツのやり方だからである。つまり、着任する以前から充分に準備ができるので、一九九三年に着任して、九四年のシーズンから仕事を始め、一九九五年七月で二シーズン目になった。

ジョーナス氏の語ったことのうち、この劇場で働く人々の構成や組織についてはすでに第3章の「舞台の裏の顔――舞台機構と作業場」の節で触れたから、ここでは次の五つの点を要約しておく。

その第一は、「インテンダント」という制度である。通常、文化大臣に直属していて、劇場運営のすべてについて責任を負うものである。芸術監督として芸術面の責任を負うと同時に、総支配人として財政面と経営面についても責任を負っている。このり着く。

責任と権力の集中は、その起源を遡ると、一七世紀末から一八世紀の宮廷劇場にたどり着く。

ジョーナス氏がイギリス人的ユーモアを籠めて語るように、当時の中央ヨーロッパのババリヤや、その他の国では、王様たちが新しい宮廷劇場をどう組織したらよいか分からなかった。そこで将軍に目をつけて、「三度戦争に勝利を収めたら、軍隊から引き抜いて、宮廷劇場の運営を任せよう」ということになった。こうして「インテンダント」が生まれたが、この言葉はイタリア語の「ソヴレンインテンダント」に似ている。つまり重要なことは、最初は劇場内が軍隊組織として発想されていたことであり、それが何世紀もかけて、独自の構造を発展させてきたことである。今日、インテンダントは普通、ジョーナス氏のように芸術関係の仕事の出身者だが、同時に近代的マネージメントのテクニックと経営に明るくなければいけない。因みにバイエルンは、ドイツ連邦のなかの「自由国家」であるから、バイエルン議会は独立した議会であり、首相がいて、その内閣には文化大臣がいる。インテンダントは、この文化大臣に任命されるが、大臣による任命はインテンダントだけであり、インテンダントは文化大臣に対して全組織の責任を負う。

第二は管理部門で、八〇人いる。約一〇〇〇人の人々が常時働いて組織としては、それほど大きくはない。イギリスのロイヤル・オペラ、コヴェント・ガーデン、ニューヨークのメトロポリタンに比べて、劇場の構成員の数は大きいが、管理部門の規模は小さいといえる。

第三に年間の稼働率だが、ミュンヘンのオペラ・シーズンは、ベルリン、ウィーン、ニューヨーク・メトロポリタンなど、世界中のどのオペラ劇場よりも長い。九月一五日に始まり、七月末日まで、一日の休みもなく続く。シーズン・オフは六週間しかない。

したがって、約三〇〇人の素晴らしい技術スタッフがいても、一九九四／一九九五年のシーズンでは、年間にオペラを三七本とバレエを一五本つくったのだから、それはなかなか容易なことではなかった。年間三〇七公演のうち、約六五回がバレエ、コンサートが一八回、実験的な音楽劇が一五回、一九九回はオペラである。

第四に、補助金だが、一九九四／一九九五年のシーズンでは、年間予算が一億八〇〇〇万マルク（日本円に換算して約一二八億九〇〇〇万円）で、このうち約六八〇〇万から六九〇〇万マルクが国庫からの助成でまかなわれている。更に市からの助成が七〇〇万〜一〇〇〇万くらいあるが、微々たる額である。残りは座席の売上の他に、契約金など諸々の活動による収入がある。ミュンヘンでは助成金額の最も高い劇場だが、ドイツ全体で見ると、最も低い額だと言わなくてはならない。

客席数は二一〇一であるから、他国のオペラ劇場に比べて特に大きいほうではないが、ドイツの劇場としては非常に大きい部類に属する。レパートリー・システムで数多くの公演をしているため、劇場が満員であれば、自前の収入が増える訳で、政府に対して、政治的に有利な立場にたつことになる。これまでに、占席率は約九二パーセント。ジョーナス氏としては、ハンス・ヴェルナー・ヘンツェ、アリベルト・ライマン、ヤナーチェックといったポピュラーでないレパートリーも演じていることを使命としているのだから、それを考え合わせれば、なかなかの成績だということが分かる。営業成績がよいということは、国庫補助と自前の所得のバランスが健全だということで、政治的なバランスもきちっと保てるから、重要である。他に民間から五〇〇万マルクほどの補助を受けているが、これは実験的な創作など、特別なイベントに当てることにして、通常経費には組み込まない。

第五に、オペラ劇場には二つの機能があると考えている。一つは、どう見せるかということ。言わば社会的な機能で、芸術的に最良のものを最多数の人々に伝えなくてはならない。言い換えれば、オペラの聴衆をすべての階層の人々に拡げることである。オペラ・ハウスを「お上品なプードルだけの犬小屋にしない」と言ってもよい。これは、一七、一八、一九世紀を通して多くの人々に親しまれてきた芸術として、オペラの起源に忠実になることでもある。オペラは、神聖な儀式とは反対の、世俗的儀式なのだから。第一、一九九〇年代の社会で、神聖な儀式は大変難しい。

代わりに私たちは「聖なる儀式」に代わるものを、舞台の上のオペラや、あるいはスポーツとして用いている。これがオペラ劇場の機能の社会的な面である。

第二に、芸術的な面では、舞台に討論の場があることが必要だ。我々が現代の社会で直面する問題について、議論の場が開かれるようにしなければならない。自分としては、オペラが国家とか特定の集団を代表するものとは考えないし、伝統美術館であるべきだとも考えない。伝統は尊重されるべきだが、それはまた変化するものでなくてはならないからだ。

芸術は生命であり、芸術は今日の社会の証人である。これからの一〇〇年間に、我々は、今私たちが創造しているものによって記憶されるのであって、バランス・シートの上での稼ぎ高で判断されるものではあるまい……。

バイエルン国立歌劇場のロイヤル・ボックスで語る長身のイギリス紳士は、しなやかな感性と不屈の意志を身に包んで、それこそまことに恰好よかった。

おわりに

従来の演劇論は、細かい専門分野ごとに専門家が分担して書くのが通例であった。それは専門知に対する敬意の表明でもあったが、本書ではあえてそれを私一人でやってみた。当然に、私自身の専門との関係で、前提にすべき知見の広さや思考の深さに濃い・薄いが生じる。通常の制度的分類に従えば、私の専門分野はフランスの演劇であるが、そこですでに演劇は文学とも共通の場を持つし、思想とも交差する。時代区分で「一九世紀末から二〇世紀の」と限定しても、その枠内で、私より前にはなされていなかった研究も複数ある。

日本の舞台芸術や芸能については、いわゆる実証的研究の領域で新しいことをした訳ではないから、これを自分の専門分野だなどと大それたことを主張するつもりはない。しかし、若い頃から日本の伝統芸能に親しんできたからというだけではなく、二〇代のはじめに初めてフランスに留学したときに、能の最初のフランス巡業があり、それを手伝った。この体験は、以後の私の、日本の伝統演劇に対する関係を決するような大きな効果をもった。

もちろんそこには、クローデルという、私が研究の対象に選んでいた劇詩人が、能をはじめとする日本の伝統演劇に強い関心を抱いていたという事情もあった。つまり私にとって日本の伝統演劇は、それと意識されたときには外部の視座との拮抗において問題形成の場となったのである。これは、パリ第三大学演劇研究科の客員教授を勤めて、「フランス象徴派と演劇」を講じるとともに、日本の伝統演劇についての入門的講義を、しかも日本語を解さない外国人に語らねばならなかった経験や、ジュネーヴ大学に教えに行った経験によって、裏打ちされる。パリ第三大学では、学生が日本語を解さないことは前提であったが、しかし演劇の領域における問題意識は共有され得る。ジュネーヴ大学は、コレージュ・ド・フランスを模して、市民大学のように公開講座としているから、日本語を知らない聴衆も必然的にいて、このほうが、専門家でないだけに大変であった。

更にはさまざまな機会に自分で主催したり、あるいは参加したワークショップやパネル、講演会でも、フランス語で日本の伝統演劇を考えるという要請の下に常に自分を曝してきたように思う。比較的最近では、畏友ベルナール・フランクの招きで、パリのコレージュ・ド・フランスにおいて行った世阿弥についてのフランス語の講義がそれである。

こう振り返ってみれば、常に能については、何らかの形で大学の講義や演習の主題としてきたわけだし、そこには夭折した観世寿夫との個人的なつきあいも、また演出家と俳優としての関係も与かって力があったことは言うまでもない。

はじめに書いたように、本書は、研究者・教師としても演出家としても、私の舞台芸術との関わりを前提にしているから、うまくいけば私なりの「切り口」による照明の当て方に成功するだろうし、一つ間違えば独断に陥る。『風姿花伝』を書き始めた頃の世阿弥にならって言うならば、「せぬならでは」の歳になっての危ない綱渡りである。

いかにも後に世阿弥が説く「老後初心不可忘」であり、世阿弥が強く戒めて語るように、「終わりはない」のだ。

忍耐強く原稿の督促を続けて下さった放送出版プロダクションの浜本恵子氏には感謝の言葉もない。また、校正段階でのチェックを引き受けてくれた東京大学表象文化論講師瀧浪幸次郎氏にも、厚くお礼を申し述べたい。

渡邊守章

解説

平田オリザ（劇作家）

一九九九年の初夏であったと思う。恵比寿の日仏会館で、新世紀に向けて、今後の日仏間の文化交流、とりわけ舞台芸術の交流をどう進めていくかというカンファレンスが開かれた。これまで日仏の文化交流において実績のあるプロデューサーや芸術家、そして渡邊守章先生や佐伯隆幸先生といった学術界の泰斗も顔を揃えた。フランス側も日仏会館だけではなく、在日フランス大使館の文化担当者、いわゆるフランス外務省文化部のメンバーも全員が出席していた。

九五年に岸田國士戯曲賞を受賞した私の作品、『東京ノート』が、この会議の前年の九八年にパリ郊外でリーディング上演され、それが思いのほかに好評で、この年（九九年）の一二月からフランスに滞在して年明けにはパリでの上演が決まっていた。日本の若手劇作家の作品がフランスで、フランス語で上演されることは当時、きわめて珍しいことで、大使館の面々からは強い期待もいただいていた。私は事前に言われていたので、『東京ノート』の上演に至るまでの経緯を五、六分で報告した。

会議は多少、退屈だったけれど、何しろ私はおそらく最年少だったから、とにかく黙って他の方の話を聞いていた。

ところが会の最後に、あるベテランのプロデューサーが、何を思ったのか「平田オリザなどというぽっと出の作家がパリに行っても成功するはずがない。ましてフランス語での上演なんて恥をかくだけだ」といった発言をした。おそらく知らないところで、私は何か恨みを買っていたのだろう。その方が、「ねぇ、渡邊先生」と渡邊守章氏に話を振った。辛口の批評で知られる渡邊先生ならば、この生意気な若手劇作家に鉄槌を下してくれると期待したのだと思う。私も、皮肉の一つでも言われるのだろうと思って身構えた。

ところがプロデューサー氏の意に反して、渡邊先生は困ったなという顔をしながら、以下のようなことをおっしゃった。

「まぁ、うまく行くかどうか、パリの観客の反応は分からないけれど、清水邦夫を持っていってもイギリスにはピンターがいるし、別役実といってもベケットがいるしで、今まで演出家はともかく、日本の劇作家の作品の上演では三島作品以外あまり成功例がないのは確かです。ただ平田オリザというのは、私もまだよく分からないけれども、おそらく似たような作家が欧州にいないかもしれず、存外フランスでは受け入れられるかもしれない」

渡邊氏は、確かに時に辛辣な毒舌家であったが、しかし生の芸術を前にしたときは、きわめて公正な方であった。それは終生、変わることがなかった。

私はこの翌年から桜美林大学で教鞭を執ることになり、文字通り付け焼き刃で演出論やアートマネジメントについて教えなければならなくなった。そのときから、常に教科書として本書や、このあとに続けて刊行された放送大学のテキストを使わせていただいてきた。もちろんそのことは、渡邊先生ご本人にも何度もお礼と共に伝え、逆にそれを喜んでもいただけた。

本書は一読してお分かりのように、伝統芸能から現代演劇までの演劇の通史だけではなく、渡邊先生の演出家としての実体験を通した劇の成り立ち、また劇場という機構等にも触れられた他に類例を見ない、まさに「演劇の教科書」となっている。日本以外の多くの先進国は、少なくとも高校の選択必修などに演劇という科目があるのだが、もし日本で、そんな科目が出来たとしたら、本書を以てその教科書のモデルとすべきだろう。なぜなら本書は、創る側と観る側の双方の巧者であった渡邊先生が、その相互の視点でお書きになっているからだ。それ故に、本書を手に取った読者はたとえ創る側ではなくとも、あるいはあまり演劇をご覧にならない方でさえ楽しんでいただける内容になっているのではないか。

人生でもう一度だけ、先生に褒めていただいたことがある。これは記憶も鮮明なのだが二〇一〇年の五月、当時、準備を進めていた通称「劇場法」について、京都で簡単な経緯の説明を兼ねた講演会を行った。三〇人ほどの小さな会で、京都の主立った演劇人が集まる中、当時京都造形芸術大学（現・京都芸術大学）にいらっしゃった渡邊先生が何気ない顔で座っていらっしゃった。

私はたいへん困ったなと思った。何しろ、当時の私の構想はフランスの劇場システムを元に構築されており、この点において渡邊氏は私より数段、広範な知識を持っている。いや、私の知識の半分は本書を含めた先生の著作が元になっている。

冷や汗もので九〇分の講演を終え、質疑も済んだあと、先生は懇親会にもいらっしゃって私の隣の席に座られた。「素人が適当なことを言ってすみません」と先に謝ったら「いや、今日の話はよく出来ている。感心した。もしこれが実現すれば日本の演劇界は変わる」と手放しで褒めていただいた。まぁ、それは先生の理論や分析を、日本の実情に合わせて具現化しようとするプランだから、そうなってしかるべきではあるのだが、ここまで褒めていただけるとは思っていなかった。

その後、劇場法（劇場、音楽堂等の活性化に関する法律）は二〇一二年に成立したが、私が構想したような、創作活動を主とする拠点劇場への重点的な予算配分は実現しなかった。まして本書でも触れられている芸術監督や総支配人の設置は、法律でその方向性が促されているにもかかわらず遅々として進まない。個人に大きな権限を委ねることを嫌う日本の政治風土が、これを邪魔している。先生も天国で「だから日本は……」と嘆いていらっしゃるだろう。

一方、私は日本で初めての演劇やダンスの実技が学べる公立大学の学長となった。舞台装置の制作、衣装製作なども出来るバックヤードを兼ね備えた劇場も創った。二〇二一年の四月五日に最初の入学式が執り行われた。その六日後、私は渡邊先生の訃報を聞いた。先生にこの大学を見てもらいたかった。「まぁ、いろいろ足りないところもあるけど、とりあえずよくやったね」と皮肉交じりに褒めていただきたかった。それだけが心残りである。

参考文献

筆者が前提としている文献のうち、一般的に役に立ちそうなものと、典拠として特別に指示しておいたほうがよいと思われるものを挙げるに留める。欧文のものは、翻訳のあるものはできるだけ翻訳を挙げるが、解釈の違いなどのある場合には、原典も挙げておく。文献表の順序は日本語は著者の五十音順、欧文は著者のアルファベット順とした。スペースの関係もあり、その文献が最初に問題になった章に挙げるに留めた。なお、本文中の引用文は原則として原典によったが、文脈によって多少書き直した場合もある。

全体に関するもの

河竹繁俊『日本演劇全史』岩波書店、1959
毛利三彌『東西演劇の比較』(新訂版)放送大学教育振興会、1994
渡邊守章『演劇とは何か』「講談社学術文庫」講談社、1990
渡邊守章『虚構の身体——演劇における神話と反神話』中央公論社、1978
『平凡社大百科事典』平凡社、1984-91
Brown, John Russel: *The Oxford Illustrated History of Theatre,* Oxford, New York, Oxford University Press, 1995
Corvin, Michel: *Dictionnaire encyclopédique de Théâtre,* Paris, Bordas, 1991
Pavis, Patrice: *Dictionnaire du Théâtre,* Paris, Editions Sociales, 1980
Histoire des spectacles, sous la direction de Guy Dumur, 〈Encyclopédie de la Pléiade〉, Paris, Gallimard, 1965
Le Théâtre, sous la direction de Daniel Couty et Alain Rey, Paris, Bordas, 1980〔パリ第三大学演劇研究科の教授たちが中心になって執筆した画期的な舞台芸術論〕

第1章

押田良久『雅楽鑑賞』文憲堂七星社、1975
ジュネ（ジャン）、渡邊守章訳・解題『ベスト・オブ・ジュネ――女中たち・バルコン』白水社、1995
ブルック（ピーター）、高橋康也・喜志哲雄訳『なにもない空間』晶文社、1971
ボウモル（ウィリアム・J）、ボウエン（ウィリアム・G）、池上惇、渡邊守章監訳『舞台芸術――芸術と経済のジレンマ』芸団協出版部、1994
Eco, Umberto: "Paramètres de la sémiologie théâtrale", in André Helbo: *Sémiologie de la représentation — théâtre, télévision, bande dessinée,* pp.33-41, Bruxelles, Editions Complexe, 1975

歌舞伎、オペラ、バレエの手頃な入門書としては、新書館の『カブキ・ハンドブック』1993、『カブキ 101 物語』1993（共に渡辺保編）、『オペラ・ハンドブック』1993、『オペラ 101 物語』1992、『ダンス・ハンドブック』1991、『バレエ 101 物語』1992（ダンスマガジン編）が手頃である。また、藝能史研究會編『日本の古典芸能』全 10 巻、平凡社刊は、1970 年代に広く読まれたシリーズである。

第2章

小山弘志他『能・狂言』「図説　日本の古典 12」集英社、1980
清水裕之『劇場の構図』鹿島出版会、1985
橋本能「フランス 17 世紀演劇のセノグラフィに対するイタリアの影響」、『エイコス―十七世紀フランス演劇研究』第七号、pp.53-78、17 世紀フランス演劇研究会、1993
服部幸雄『江戸歌舞伎』「同時代ライブラリー」岩波書店、1993
服部幸雄他編『歌舞伎事典』平凡社、1983
渡邊守章『劇場の思考』岩波書店、1984
Baur-Heinhold, Margarete: *Baroque Theatre* (translated from the German: Theater des Barock, by Mary Whittall), London, Thames and Hudson,

1967
Christout, Marie-Françoise: *Le Ballet de cour de Louis XIV(1643-1672)*, Paris, Ed.A.et J.Picard, 1967〔McGowan 論文とともに基本文献〕
Garnier, Charles: *Le Théâtre,* Hachette, 1871
McGowan, Margaret: *L'Art du ballet de cour en France(1581-1643),* Paris, C.N.R.S., 1963
Nuitter, Charles: *Le Nouvel Opéra,* Paris, Hachette, 1875
Rey-Flaud, Henri: *Le cercle magique — Essai sur le Théâtre en rond à la fin du Moyen Age,* Paris, Gallimard, 1973〔古文書分析に基づく実証的な研究で、従来の中世演劇の通念を覆した論文〕
Rigon, Fernando: *Le Théâtre Olympique de Vicence,* Milano, Electa, 1991
Tapié, Victor-L.: *Baroque et classicisme*, Paris, Plon, 1957〔バロックと古典主義についての古典的名著〕
Salle Richelieu 1994 La rénovation, Paris, Comédie-Française, 1995
The Munich National Theatre, from Royal Court Theatre to the Bavarian State Opera, 1991
Bayreuther Festspiele 1995, Bayreuther Festspiele, 1995

第3章

マラルメ（ステファーヌ）、與謝野文子、渡邊守章他訳「最新流行」『マラルメ全集 3』筑摩書房、1998
マラルメ（ステファーヌ）、渡邊守章訳・注解「リヒャルト・ワグナー——一フランス詩人の夢想」「芝居鉛筆書き」「聖務・典礼」「ディヴァガシオンその二——祭式」『マラルメ全集 2』筑摩書房、1989
渡邊守章『パリ感覚——都市を読む』岩波書店、1985

第4章

表章、天野文雄『能楽の歴史』「岩波講座　能・狂言 I 」岩波書店、1987
ディドロ、小場瀬卓三訳『逆説・俳優について』未来社、1954

能勢朝次『能楽源流考』岩波書店、1972
山崎正和『演技する精神』中央公論社、1983
『踊る姿、舞う形―舞踊図の系譜―展』サントリー美術館、1992
『太平記』巻27、「新潮日本古典集成」版
Barthes, Roland: *Mythologies,* Seuil, 1957
Barthes, Roland: "Le Théâtre grec", *Histoire des spectacles,* 〈Encyclopédie de la Pléiade〉, 1965

第5章

スタニスラフスキー、山田肇訳『俳優修業』（第1部、第2部）、未来社、1955-56
ミュッセ（アルフレッド・ド）、渡邊守章訳・解題『ロレンザッチョ』朝日出版社、1993
渡邊守章編著『「フェードル」の軌跡』新書館、1988〔この作品のヨーロッパ公演の全記録〕
Les Voies de la création théâtrale, C.N.R.S.〔『演劇創造の道』の1巻にはグロトフスキの特集、2巻には太陽劇団の特集、3巻には「古典の読み直し」の特集がある〕

第6章

アリストテレス、松浦嘉一訳・注解『詩学』「岩波文庫」岩波書店、1954
Aristote: *Poétique,* texte établi et traduit par J.Hardy, Paris, 〈Les Belles Lettres〉, 1965〔本文中の引用は、主としてこのエディションによる〕
表章・加藤周一校注『世阿弥・禅竹』「日本思想大系24」岩波書店、1974〔同書店刊の「芸の思想・道の思想1」として、1995年に新装版が出た。本文中の引用は、原則としてこの版に従うが、表章氏の校閲版としては小学館「日本古典文学全集」の『連歌論集・能楽論集・俳論集』（1973）所収のテクストを、また田中裕氏の『世阿弥芸術論集』（「新潮日本古典集成」1976）を合わせて参照した〕
表章・竹本幹夫『能楽の伝書と芸論』「岩波講座　能・狂言II」岩波書

店、1988
ソポクレース、岡道男訳「オイディプース王」『ギリシア悲劇全集3』岩波書店、1990
ブルック（ピーター）、喜志哲雄・坂原眞理訳『秘密は何もない』早川書房、1993
横道萬里雄『能の構造と技法』「岩波講座　能・狂言Ⅳ」岩波書店、1987
横道萬里雄・西野春雄・羽田昶『能の作者と作品』「岩波講座　能・狂言Ⅲ」岩波書店、1987
ラシーヌ（ジャン）、渡邊守章訳・注解『フェードル　アンドロマック』「岩波文庫」岩波書店、1993
ラシーヌ（ジャン）、鈴木力衛他訳『ラシーヌ』「世界古典文学全集」筑摩書房、1965
ランガー（スザンヌ・K）、大久保・長田・塚本・柳内訳『感情と形式――続「シンボルの哲学」』太陽選書、1971
『フランス文学講座4―演劇』大修館書店、1977

第7章

アイスキュロス、久保正彰訳『アガメムノーン』「ギリシア悲劇全集1」岩波書店、1990〔この作品については、Paul Mazon 校注の〈Les Belles Lettres〉版を参照している〕
ヴェルナン（J. P.）、吉田敦彦『プロメテウスとオイディプス』みすず書房、1978
郡司正勝『郡司正勝刪定集』白水社、1990-92
セネカ、渡邊守章訳『メーデーア』「世界文学全集1」集英社、1974〔冥の会上演台本は雑誌『新劇』1975年8月号に載っている〕
バルト（ロラン）、渡邊守章訳『ラシーヌ論』みすず書房、2006
Dreyfus, Raphaël: “Introduction générale”, *Tragiques grecs — Eschyle, Sophocle,* 〈Bibliothèque de la Pléiade〉, Paris, Gallimard, 1967

第8章

折口信夫『折口信夫全集』第1巻「古代研究」、第17、18巻「芸能史篇」、ノート篇第五、中央公論社、1965, 67, 71
小山弘志編『狂言鑑賞案内』「岩波講座　能・狂言Ⅶ」岩波書店、1990
小山弘志・田口和夫・橋本朝生『狂言の世界』「岩波講座　能・狂言Ⅴ」岩波書店、1987
金剛巌『能と能面』創元社、1951
鈴木康司『下僕像の変遷に基づく17世紀フランス喜劇史』大修館書店、1979
高橋康也『ノンセンス大全』晶文社、1977
パニョル（マルセル）、鈴木力衛訳『笑いについて』「岩波新書」岩波書店、1953
バフチン（ミハイル）、川端香男里訳『フランソワ・ラブレーの作品と中世・ルネッサンスの民衆文化』せりか書房、1973
フロイト（ジクムント）、高橋義孝訳「ユーモア」『フロイト著作集3』人文書院、1969
フロイト（ジクムント）、生松敬三訳「機知―その無意識との関係」『フロイト著作集4』人文書院、1970
ベルグソン（アンリ）、林達夫訳『笑い』「岩波文庫」岩波書店、1976
モリエール、鈴木力衛訳『モリエール全集』全4巻、中央公論社、1972-3
モリエール、井村順一訳『タルチュフ』「世界文学全集Ⅲ-6」河出書房新社、1965
山口昌男『道化の民俗学』新潮社、1975
ラディン（ポール）、ケレーニイ（カール）、ユング（カール・グスタフ）、皆河宗一、高橋英夫、河合隼雄訳、山口昌男解説『トリックスター』晶文社、1974
渡邊守章『ポール・クローデル――劇的想像力の世界』中央公論社、1975〔第11章「日本の闇と光」で、クローデルによる「岩屋戸神話の読解」を巡って、ウズメとバウボーの共通点が論じられている。また、

対談集『仮面と身体』（朝日出版社、1978）には、観世寿夫との対談「仮面のドラマトゥルギー」と「能の地平」がある〕

第9章

池田健太郎『「かもめ」評釈』中央公論社、1981
エイベル（ライオネル）、高橋康也・大橋洋一訳『メタシアター』朝日出版社、1980
佐伯隆幸『「20世紀演劇」の精神史―収容所のチェーホフ』晶文社、1982
Tchékhov, Anton: *La Mouette,* traduction d'Antoine Vitez, préface d'Antoine Vitez, commentaires et notes de Patrice Pavis, Actes Sud, 1984〔ヴィテーズ版『かもめ』の台本であり、パトリス・パヴィの注解とともに、日本の通念を破って刺激的〕

この章に関しては、銀座セゾン劇場での演出の後で、岩波書店の雑誌「文学」に連載した「『かもめ』あるいは演劇性の構造」を参照。『かもめ／ハムレット』として、上演台本とともに、水声社から近刊予定（未刊）。また、20世紀演劇のパラダイムの問題は、「二十世紀における演劇的なものの危機と再生」（『虚構の身体』）と、『フランス文学講座4――演劇』で論じている。

第10章

ドビュッシーとジャワの宮廷舞踊については、ドビュッシー研究家の安田香氏に貴重なご教示を戴いた。また、ジャワ及びバリに関しては日本学術振興会特別研究員（当時）の高岡結貴氏に調査の協力をお願いした。ここでお二人に厚く感謝の意を表したい。

吉見俊哉『博覧会の政治学――まなざしの近代』中央公論社、1992
Monod, E.: *L'Exposition universelle de 1889,* Paris, Dentu, 1890〔全4巻にアルバムを付したパリ万国博の報告書。第2巻、第3巻に「ジャワの踊り」と「安南の芝居」の記述ならびに挿絵がある。スケッチは、写真などから再構成したエッチングより正確に対象を写している〕

Soulié de Morant, Geoge: *Théâtre et Musique modernes en Chine,* Paris, Librairie orientaliste Paul Geuthner, 1926〔クローデルが見たであろう中国演劇を偲ぶには、比較的時間が近く、かつ写真も豊富な書物。著者は領事として中国に滞在した期間も長い〕

Debussy e il Simbolismo, Fratelli Palombi Editori, Roma, 1984〔ローマで1984年に催された展覧会「ドビュッシーと象徴主義」のカタログ。このカタログに掲載されているジャワの宮廷舞踊の挿絵も安南の芝居の挿絵も、写真あるいはスケッチから再構成したもので、情報ソースとしては混乱している〕

なおこの章については、前記『ポール・クローデル――劇的想像力の世界』の第九章「東洋の認識」、『虚構の身体』の「クローデルと能」などを参照されたい。『朝日の中の黒い鳥』の「能」は、『今日のフランス演劇5』（1967）に私の訳があり、この書物全体は、内藤高訳が「講談社学術文庫」にある（1988）。

第11章

アルトー（アントナン）、安堂信也訳『演劇とその分身』白水社、1996

Artaud, Antonin: *Œuvres complètes,* tome 4, Gallimard, 1964

カヴァラビアス（ミーゲル）、首藤政雄、新明希豫訳『バリ島』産業経済社、1943

クローデル（ポール）、渡邊守章訳「劇と音楽」『今日のフランス演劇5』、白水社、1967

永渕康之「パリにきたバリ――1931年、パリ国際植民地博覧会オランダ館」季刊『民族学』1994年秋号

バルト（ロラン）、花輪光訳「エクリチュールの教え」『物語の構造分析』みすず書房、1979

International School of Theatre Anthropology: *Anatomia del teatro,* La Casa Usher, 1984

Pronko, Leonard Cabell: *Theater East and West, perspective toward a total theater,* University of California Press, 1967

Zoete(Beryl de), Spies(Walter): *Dance and Drama in Bali,* Oxford University Press(Kuala Lumpur, London, New York, Melbourne) Bharatara(Jakarta), 1973〔1938年の初版のリプリント版〕

この章については、『虚構の身体』所収のアルトー論を見ること。

第12章

イヨネスコ（ウージェーヌ）、木村光一他訳『ベスト・オブ・イヨネスコ』白水社、1993

エスリン（マーチン）、小田島雄志他訳『不条理の演劇』晶文社、1968

オクチュリエ（ミシェル）、桑野隆・赤塚若樹訳『ロシア・フォルマリズム』白水社、1996

グロトフスキ（イェジュイ）、大島勉訳『実験演劇論』テアトロ、1971

ストレーレル（ジョルジョ）、岩淵達治訳『人間の演劇』テアトロ、1978

扇田昭彦『劇的ルネッサンス』リブロポート、1983

ドルト（ベルナール）、塩瀬宏訳「演劇、この政治的なるもの」『今日のフランス演劇5』白水社、1967

バルト（ロラン）、加藤晴久訳「ブレヒトについて」『今日のフランス演劇5』白水社、1967〔バルトの「ブレヒト革命」他二篇の『民衆演劇』誌の論文の初訳〕

ブランショ（モーリス）、佐藤信夫訳「ブレヒトと芝居嫌い」『今日のフランス演劇5』白水社、1967〔ブランショのテクストとしては余り知られていないが、明快なブレヒト論〕

ブレヒト（ベルトルト）、千田是也他訳『ベルトルト・ブレヒト演劇論集』河出書房新社、1973-4

ブレヒト（ベルトルト）、千田是也訳『今日の世界は演劇によって再現できるか』白水社、1962

ブレヒト（ベルトルト）、千田是也・岩淵達治他訳『ブレヒト戯曲選集』全5巻、白水社、1995

ブローン（エドワード）、浦雅春訳『メイエルホリドの全体像』晶文社、

1982
ベケット（サミュエル）、高橋康也・安堂信也訳『ベスト・オブ・ベケット』全3巻、白水社、1990-91〔1巻に『ゴドーを待ちながら』、2巻に『勝負の終わり』、3巻に『しあわせな日々』を収める〕
ロブ＝グリエ（アラン）、平岡篤頼訳「劇作家としてのサミュエル・ベケット——『ゴドーを待ちながら』」『今日のフランス演劇5』白水社、1967
渡邊守章「演戯・肉体・言語——日本の前衛劇における〈始原の神話〉」『虚構の身体』所収〔下記仏文論文の日本語版〕
『劇的なるものをめぐって』工作舎、1977
Watanabe, Moriaki: “Le jeu, le corps, le langage — Mythe de l'origine dans le jeune théâtre japonais”, *Esprit*, février, 1973

第13章

世阿弥の伝書に関しては、第6章の文献を見ること。

観世寿夫『心より心に傳ふる花』白水社、1979
竹本幹夫「天女舞の研究」『能楽研究』第4号、pp.93-158、法政大学能楽研究所、1978
松岡心平『宴の身体』岩波書店、1991
渡邊守章「美しきものの系譜——花と幽玄」『演劇的欲望について——こえ・ことば・すがた』筑摩書房、1987
Watanabe, Moriaki: “Zeami ou le souci du langage”, *Représentation*, 001, 1991

第14章

ゴーチエ（テオフィール）、マラルメ（ステファーヌ）、ヴァレリー（ポール）、渡邊守章、井村実名子、松浦寿輝訳・注解『舞踊評論』新書館、1994
ルソー（ジャン＝ルイ）序、マソン（コレット）撮影、渡邊守章訳・解説『ベジャールによるベジャール』新書館、1984

レッシャーヴ（ジャックリーヌ）、石井洋二郎他訳『カニングハム――動き・リズム・空間』新書館、1987
L'Opéra, sous la direction de Pierre Brunel et Stéphane Wolff, Paris, Bordas, 1980
André et Vladimir Hofmann et autres: *Le Ballet,* Paris, Bordas, 1981
Beaumont, Cyril W.: *Complete Book of Ballets,* London, Putnam, 1937(reprinted with additions 1951)

近年、振付家や踊り手のモノグラフィーを始め、バレエやダンスに関する情報は急激に増えたから、バレエ雑誌の広告ページをそのまま引き写さなくてはなるまいかと思うほどである。ただ、本格的な「舞踊論」の出るのはこれからであろう。

第15章

佐々木晃彦『芸術経営学講座』全四巻、東海大学出版会、1994〔第3巻が山田翰弘編の「演劇編」〕
「文化経済学会〈日本〉・論文集1」文化経済学会〈日本〉、1995
「21世紀に向けた文化政策の推進について（報告）」文化政策推進会議、1994
「地域における芸術文化振興のための施策のあり方――美しく心豊かなふるさとづくりをめざして」同「付属資料」地域文化の振興に関する調査研究会、1994
『季刊　文化経済学』文化経済学会〈日本〉

図版作成　小林美和子

本書は、一九九六年に放送大学教育振興会から刊行された放送大学教材『舞台芸術論』を再編集し、改題のうえ文庫化したものです。

底本には、初版を使用しました。

文庫化にあたり、著作権継承者のご了解を得て、原本の誤記・誤植を正し、新規図版を追加しました。

舞台芸術入門《ぶたいげいじゆつにゆうもん》

ギリシア悲劇《ひげき》、伝統芸能《でんとうげいのう》から現代劇《げんだいげき》まで

渡邊《わたなべ》守章《もりあき》

令和7年 3月25日　初版発行

発行者●山下直久

発行●株式会社KADOKAWA
〒102-8177　東京都千代田区富士見2-13-3
電話　0570-002-301（ナビダイヤル）

角川文庫 24600

印刷所●株式会社暁印刷
製本所●本間製本株式会社

表紙画●和田三造

ISBN 978-4-04-400851-2　C0174

◇◇◇

角川文庫発刊に際して

角川源義

第二次世界大戦の敗北は、軍事力の敗北であった以上に、私たちの若い文化力の敗退であった。私たちの文化が戦争に対して如何に無力であり、単なるあだ花に過ぎなかったかを、私たちは身を以て体験し痛感した。西洋近代文化の摂取にとって、明治以後八十年の歳月は決して短かすぎたとは言えない。にもかかわらず、近代文化の伝統を確立し、自由な批判と柔軟な良識に富む文化層として自らを形成することに私たちは失敗して来た。そしてこれは、各層への文化の普及滲透を任務とする出版人の責任でもあった。

一九四五年以来、私たちは再び振出しに戻り、第一歩から踏み出すことを余儀なくされた。これは大きな不幸ではあるが、反面、これまでの混沌・未熟・歪曲の中にあった我が国の文化に秩序と確たる基礎を齎らすためには絶好の機会でもある。角川書店は、このような祖国の文化的危機にあたり、微力をも顧みず再建の礎石たるべき抱負と決意とをもって出発したが、ここに創立以来の念願を果すべく角川文庫を発刊する。これまで刊行されたあらゆる全集叢書文庫類の長所と短所とを検討し、古今東西の不朽の典籍を、良心的編集のもとに、廉価に、そして書架にふさわしい美本として、多くのひとびとに提供しようとする。しかし私たちは徒らに百科全書的な知識のジレッタントを作ることを目的とせず、あくまで祖国の文化に秩序と再建への道を示し、この文庫を角川書店の栄ある事業として、今後永久に継続発展せしめ、学芸と教養との殿堂として大成せんことを期したい。多くの読書子の愛情ある忠言と支持とによって、この希望と抱負とを完遂せしめられんことを願う。

一九四九年五月三日

角川ソフィア文庫ベストセラー

ビギナーズ・クラシックス 日本の古典
謡曲・狂言
編／網本尚子

変化に富む面白い代表作「高砂」「隅田川」「井筒」「敦盛」「鵺」「末広かり」「千切木」「蟹山伏」を取り上げ、現代語訳で紹介。中世が生んだ伝統芸能を文学として味わい、演劇としての特徴をわかりやすく解説。

ビギナーズ・クラシックス 日本の古典
近松門左衛門 『曾根崎心中』『けいせい反魂香』『国性爺合戦』ほか
編／井上勝志

近松が生涯に残した浄瑠璃・歌舞伎約一五〇作から、「出世景清」「曾根崎心中」「国性爺合戦」など五本の名場面を掲載。芝居としての成功を目指し、演じることを前提に作られた傑作をあらすじ付きで味わう！

風姿花伝・三道
現代語訳付き
世阿弥
訳注／竹本幹夫

能の大成者・世阿弥が子のために書いた能楽論を、原文と脚注、現代語訳と評釈で読み解く。実践的な内容のみならず、幽玄の本質に迫る芸術論としての価値が高く、人生論としても秀逸。能作の書『三道』を併載。

曾根崎心中　冥途の飛脚　心中天の網島
現代語訳付き
近松門左衛門
訳注／諏訪春雄

徳兵衛とお初（曾根崎心中）、忠兵衛と梅川（冥途の飛脚）、治兵衛と小春（心中天の網島）。恋に堕ちた極限の男女の姿を描き、江戸の人々を熱狂させた近松世話浄瑠璃の傑作三編。校注本文に上演時の曲節を付記。

能のドラマツルギー
友枝喜久夫仕舞百番日記
渡辺　保

盲目の名人・友枝喜久夫の繊細な動きの数々に目をとめ、そこに込められた意味や能の本質を丁寧に解説。舞台上の小さな所作に秘められたドラマと、ひとりの名人の姿をリアルに描き出す、刺激的な能楽案内。

角川ソフィア文庫ベストセラー

増補版 歌舞伎手帖　渡辺 保

上演頻度の高い310作品を演目ごとに紹介。歌舞伎評論の第一人者ならではの視点で、「物語」「みどころ」「芸談」など、項目別に解説していく。観劇前の予習用にも最適。一生使える、必携の歌舞伎作品事典。

女形とは 名女形 雀右衛門　渡辺 保

なぜ男性が女性を演じるのか。その美しさはどこから来るのか？ 名女形・中村雀右衛門の当たり芸を味わいながら、当代一流の劇評家が、歌舞伎における女形の役割と魅力を平易に読み解き、その真髄に迫る。

歌舞伎 型の魅力　渡辺 保

「型の芸術」といわれる歌舞伎。鬘（かつら）、衣裳、台本、せりふほか「型」は役を大きく変える。歌舞伎評論の泰斗が16の演目について、型の違いと魅力、役者ごとの演技を探求。歌舞伎鑑賞のコツをつかめる！

心より心に伝ふる花　観世寿夫

稀代の天才能役者・観世寿夫が、最期の病床で綴ったエッセイ。自身の経験を通して語られる能の奥深さと面白さが、能の真髄に迫る！ 世阿弥の志向した芸を継承し、実現しようとする情熱にあふれた入門書。

能の見方　松岡心平

「翁」「井筒」「葵上」「道成寺」など、代表的な能の名作25曲を通して、能の見方、鑑賞のポイント、舞台の魅力に迫る。世阿弥の時代から現代に届けられるメッセージを読み解く、能がもっと楽しくなる鑑賞入門。

角川ソフィア文庫ベストセラー

女性芸能の源流
傀儡子・曲舞・白拍子
脇田晴子

芸能と宗教が切り離せない中世、仏教を中心とした支配階級の男性に対し、社会の底辺に生きた女性芸能者が果たした役割とはなにか。封建社会の発達につれ歴史の表舞台から姿を消した芸能者たちの実像を追う。

能、世阿弥の「現在」
土屋恵一郎

面や装束の記号的な意味、序の舞の身体、ドラマを生み出す仕掛けとしての夢、世阿弥の言葉「花」「離見の見」「幽玄」。能のさまざまな側面に切り込み、演劇空間の「現在」がどのようにつくられるかに肉薄する。

能の読みかた
林望

能の85演目を生き生きと洒脱な文章で描く。簡潔かつ平易な解説は、能初心者から楽しめて観賞の手引きとしても便利。古典文学や民俗学に精通した著者ならではの視点で、中世の感受性を現代によみがえらせる。

能楽手帖
天野文雄

現代に受け継がれる能のレパートリー約250曲のうち、今観ることのできる全200曲を精選。作者、上演史、展開、素材、演出を多角的に解読し、込められた作意、舞台作品としての輪郭を浮かび上がらせる。

落語名作200席（上）
京須偕充

「子別れ」「紺屋高尾」「寿限無」「真景累ヶ淵」ほか、寄席や口演会で人気の噺を厳選収録。演目別に筋書や会話、噺のサゲ、噺家の十八番をコンパクトにまとめる極上の落語ガイドブック。上巻演目【あ〜さ行】。

角川ソフィア文庫ベストセラー

落語名作200席（下）

京須偕充

「文七元結」「千早振る」「時そば」「牡丹灯籠」ほか、落語の人気演目を厳選収録。圓生、志ん朝、小三治など、名人の落語を世に送り出した名プロデューサーならではの名解説が満載。下巻演目【た～わ行】。

落語ことば・事柄辞典

榎本滋民
編／京須偕充

落語を楽しむ616項目を、時・所・風物／金銭・暮らし・衣食住／文化・芸能・娯楽／男と女・遊里・風俗／武家・制度・罪／心・体・霊・異の6分野、五十音順に配列して解説。豊富な知識満載の決定版。

真景累ケ淵《しんけいかさねがふち》

三遊亭円朝

根津の鍼医宗悦が貸金の催促から旗本の深見新左衛門に殺された。新左衛門は宗悦の霊と誤り妻を殺害し、非業の死を遂げ家は改易。これが因果の始まりで……続く血族の殺し合いは前世の因縁か。円朝の代表作。

怪談牡丹燈籠・怪談乳房榎

三遊亭円朝

駒下駄の音高くカランコロンカランコロンと。美男の浪人・萩原新三郎の家へ旗本の娘・お露と女中のお米が通ってくる。新三郎が語らうのは2人の「幽霊」であった。怪談噺の最高峰。他に「怪談乳房榎」を収録。

文楽手帖

高木秀樹

『仮名手本忠臣蔵』『菅原伝授手習鑑』『義経千本桜』をはじめ、骨太な人間ドラマを解説。文楽ならではの観どころ・聴きどころを逃さず味わえる。臨場感溢れるエンターテイメントとして楽しめる入門書。

角川ソフィア文庫ベストセラー

浮世絵鑑賞事典　高橋克彦

歌麿、北斎、広重をはじめ、代表的な浮世絵師五九人を名品とともにオールカラーで一挙紹介！　生い立ちや特徴、絵の見所はもちろん技法や判型、印の変遷など豆知識が満載。直木賞作家によるユニークな入門書。

音楽入門　伊福部昭

真の美しさを発見するためには、教養と呼ばれるものを否定する位の心がまえが必要です——。日本に根ざす作品世界を追求し、「ゴジラ」の映画音楽でも知られる作曲家が綴る、音楽への招待。解説・鷺巣詩郎

クラシック音楽の歴史　中川右介

人物や事件、概念、専門用語をトピックごとに解説。時間の流れ順に掲載しているため、通して読めば流れも分かる。グレゴリオ聖歌から二十世紀の映画音楽まで。「クラシック音楽」の学び直しに最適な1冊。

至高の十大指揮者　中川右介

「三大指揮者」と称されたトスカニーニ、ワルター、フルトヴェングラーから現代の巨匠ラトルまで。無数の指揮者から10人を選び、どうキャリアを積み上げ、何を成し遂げたかという人生の物語を提示する。

不朽の十大交響曲　中川右介

「クラシックジャーナル」誌の編集長を務めた中川右介による不朽の一〇曲。ベストセラー『クラシック音楽の歴史』、『至高の十大指揮者』に続く、クラシック音楽、交響曲の学び直しに最適な一冊。